Crea y divaga

Empresa

Biografía

Jeff Bezos es el fundador y CEO de Amazon y el creador de Blue Origin, una compañía aeroespacial que investiga la forma de incrementar la seguridad de los vuelos espaciales reduciendo su coste. Es propietario de *The Washington Post* y en 2018 fundó Bezos Day One Fund, dedicada a la financiación de proyectos sin ánimo de lucro para familias sin hogar y comunidades necesitadas.

Jeff Bezos

Crea & Divaga

Vida y reflexiones de Jeff Bezos

Prólogo de Walter Isaacson
Traducción de Albert Beteta Mas
y Arnau Figueras Deulofeu

Obra editada en colaboración con Editorial Planeta – España

Título original: *Invent and Wander*

Publicado en acuerdo con Harvard Business Review Press

Bajo el sello editorial PAIDÓS M.R.
Avenida Presidente Masarik núm. 111,
Piso 2, Polanco V Sección, Miguel Hidalgo
C.P. 11560, Ciudad de México
www.planetadelibros.com.mx
www.paidos.com.mx

Primera edición impresa en España: noviembre de 2020
ISBN: 978-84-08-23620-7

Primera edición impresa en México en Booket: agosto de 2025
ISBN: 978-607-639-054-2

Impreso en los talleres de Corporación en Servicios
Integrales de Asesoría Profesional, S.A. de C.V.,
Calle E # 6, Parque Industrial
Puebla 2000, C.P. 72225, Puebla, Pue.
Impreso y hecho en México / *Printed in Mexico*

Índice

SEGUNDA PARTE
VIDA Y OBRA

Prólogo
de Walter Isaacson

A menudo me preguntan quién, hoy en día, considero que está a la altura de aquellos sobre quienes he escrito como biógrafo: Leonardo Da Vinci, Benjamin Franklin, Ada Lovelace, Steve Jobs y Albert Einstein. Aunque todos ellos eran muy inteligentes, no era la inteligencia lo que les hacía especiales. Personas inteligentes las hay hasta debajo de las piedras, pero muchas de ellas a menudo no llegan demasiado lejos. Lo que convierte a alguien en un verdadero innovador es su creatividad y su ingenio. Y ese es el motivo por el que mi respuesta a la anterior pregunta es Jeff Bezos.

Así pues, cabría preguntarse cuáles son los ingredientes de la inventiva y de la imaginación y qué es lo que me lleva a pensar que Bezos puede equipararse a aquellas grandes personalidades.

El primer requisito es la curiosidad, una curiosidad obsesiva. Tomemos como ejemplo a Leonardo. En sus bellos cuadernos de notas observamos que su mente se deleita con una curiosidad alegre y exuberante en todos los ámbitos de la naturaleza. Leonardo se plantea cuestiones de todo tipo e intenta responderlas: ¿por qué el cielo es azul?, ¿cómo es la lengua de un pájaro carpintero?, ¿las alas de un pájaro se mueven más rápido cuando remonta el vuelo o cuando desciende?, ¿existe alguna relación entre un remolino de agua y el rizo de los cabellos?, ¿el músculo del labio inferior está conectado con el del labio superior? Leonardo no necesitaba saber las respuestas a todas estas preguntas para pintar la *Mona Lisa* (aunque le hubiera resultado útil); necesitaba conocerlas porque era Leonardo, alguien dotado de una curiosidad insaciable. «No tengo ningún talento especial —dijo una vez Einstein—. Solo soy extremadamente curioso». Eso no es del todo cierto, pues realmente poseía un talento excepcional, pero tenía razón cuando dijo: «La curiosidad es más importante que el conocimiento».

Una segunda característica indispensable es sentir un profundo interés por las humanidades y las ciencias que permita relacionarlas de manera fructífera. Siempre que Steve Jobs lanzaba un nuevo producto, como el iPod o el iPhone, en su presentación terminaba destacando la importancia de aunar arte y tecnología. «En el ADN de Apple la tecnología no basta —dijo una vez en una de esas presentaciones—. Creemos que la tecnología debe entrelazarse con las humanidades para que todo cobre sentido». Einstein también señaló la importancia de combinar arte y ciencia. Cuando se sentía atascado en sus investigaciones en torno a la teoría de la relatividad general, sacaba su violín e interpretaba a Mozart, y decía que la música le ayudaba a conectar con la armonía de las esferas. Leonardo da Vinci, por su parte, es el artífice del mayor símbolo de la conexión entre el arte y las ciencias: el *Hombre de Vitruvio*. Su dibujo de un hombre desnudo inscrito en un círculo y un cuadrado escenifica un triunfo de la anatomía, de las matemáticas, de la belleza y de la espiritualidad.

De hecho, dicho interés ayuda a despertar la fascinación por todas las disciplinas del saber. Leonardo da Vinci y Benjamin Franklin quisieron atesorar todo el conocimiento posible sobre todos los pilares de la ciencia. Estudiaron anatomía, botánica, música, arte, fabricación de armamento e ingeniería hidráulica, entre otras disciplinas relacionadas. Las personas que aman todos los campos del conocimiento son quienes mejor pueden comprender los patrones que rigen el comportamiento de la naturaleza. Tanto Franklin como Leonardo estaban fascinados por los torbellinos y los remolinos de agua. Esta fascinación ayudó a Franklin a entender cómo ascienden las tormentas por la costa y a representar gráficamente la corriente del Golfo, mientras que a Leonardo le ayudó a comprender cómo funcionan las válvulas del corazón y a pintar tanto el agua arremolinada alrededor de los tobillos de Jesús en *El bautismo de Cristo* como los rizos de la *Mona Lisa*.

Otra particularidad de las personas verdaderamente innovadoras y creativas es que disponen de un «campo de distorsión de la realidad», expresión que se ha empleado en referencia a Steve Jobs y que proviene de un episodio de *Star Trek* en el que aparecen unos alienígenas que son capaces de crear un mundo nuevo a través del extraordinario poder de su mente. Cuando sus compañeros se quejaban de que una de sus ideas era imposible de ejecutar, Jobs empleaba un truco que había aprendido de un gurú en la India. Los miraba fijamente sin parpadear y les decía: «No temáis. Podéis hacerlo». Solía funcionarle. Volvía locos a todos, los desconcertaba, pero conseguía que hicieran cosas que no creían que fueran capaces de lograr.

La capacidad de «pensar diferente», como afirmaba Jobs en una serie de anuncios de Apple, también está relacionada con el punto anterior. A principios del siglo XX, la comunidad científica trataba de averiguar por qué la velocidad de la luz se mantenía aparentemente constante independientemente de la rapidez con que el observador se acercase a la fuente o se alejase de ella. Por aquel entonces, Albert Einstein trabajaba en Suiza como examinador de patentes de tercera clase y estudiaba dispositivos que enviaban señales entre diferentes relojes para sincronizarlos. Einstein planteó una idea original tras observar que las personas que se encontraban en diferentes estados de movimiento tenían diferentes percepciones acerca de la sincronización de los relojes. Basándose en sus apreciaciones, teorizó que la velocidad de la luz en el vacío era siempre constante puesto que el propio tiempo es relativo dependiendo del estado de movimiento de cada uno. Sin embargo, el resto de la comunidad científica tardó años en comprender que la teoría de la relatividad era acertada.

Un último rasgo que comparten todos mis personajes es que

nunca perdieron la capacidad que tienen los niños para maravillarse por todo. En un momento determinado de nuestra vida muchos de nosotros dejamos de sorprendernos ante los fenómenos cotidianos. A menudo, cansados de escuchar siempre la misma cantinela, padres y profesores reiteran a los niños que dejen de hacer tantas preguntas. A partir de entonces, aunque podamos apreciar la belleza del cielo azul, ya no volvemos a preguntarnos por qué es de ese color. En cambio, Leonardo y Einstein nunca dejaron de hacerse preguntas. Einstein escribió a un amigo: «Tú y yo nunca dejamos de asombrarnos como niños inquietos ante los grandes misterios del mundo que nos rodea». Como adultos, deberíamos tratar de mantener esa fascinación por todo aquello que escapa a nuestro conocimiento e impedir que nuestros hijos la pierdan.

Jeff Bezos encarna todas estas cualidades. Nunca ha dejado de maravillarse como un niño y mantiene una curiosidad desbordante, juvenil y alegre por casi todo. La literatura no solo inspiró el origen de Amazon en el sector de la venta de libros, sino que además es una de sus pasiones. De niño, durante el verano, Bezos leía docenas de novelas de ciencia ficción en la biblioteca local, y en la actualidad organiza un retiro anual para escritores y cineastas. Asimismo, Amazon despertó en él un profundo interés intelectual por la robótica y la inteligencia artificial. En este sentido, Bezos organiza otro encuentro anual que reúne a expertos en ámbitos tan dispares como el aprendizaje automático, la automatización, la robótica y las ciencias espaciales. Jeff colecciona artefactos históricos relacionados con grandes momentos de la ciencia, la exploración y los descubrimientos. Su capacidad para conjugar su amor por las humanidades con su pasión por la tecnología agudiza su instinto para los negocios.

Esa tríada —humanidades, tecnología y negocios— es lo que le convierte en uno de los innovadores más exitosos e influyentes de nuestra era. Igual que Steve Jobs, Bezos ha transformado múltiples sectores. Amazon, el mayor minorista online del mundo, ha cambiado nuestra forma de comprar y nuestras expectativas respecto a los envíos y las entregas. Más de la mitad de las familias estadounidenses están suscritas a Amazon Prime, y en 2018 Amazon entregó 10.000 millones de paquetes, 2.000 millones más que el número de habitantes del planeta. Amazon Web Services (AWS) proporciona servicios y aplicaciones de computación en la nube que permiten a *start-ups* y otras empresas crear nuevos productos y servicios fácilmente, de la misma forma que iPhone App Store abrió vías totalmente nuevas para los negocios. Echo ha creado un nuevo mercado para los altavoces domésticos inteligentes y Amazon Studios está produciendo películas y programas televisivos de gran éxito. Amazon también se está preparando para transformar el sector sanitario y farmacéutico. En un primer momento su compra de la cadena Whole Foods Market causó cierto desconcierto, hasta que resultó evidente que la jugada reflejaba de forma brillante las características del nuevo modelo de negocio planteado por Bezos, que pretende compaginar la venta minorista, los pedidos online y las entregas extremadamente rápidas con los establecimientos físicos. Bezos también ha creado una empresa en el sector aeroespacial cuya meta a largo plazo es trasladar la industria pesada al espacio. Asimismo, es el propietario del *Washington Post*.

Obviamente, Bezos también presenta algunas de las cualidades exasperantes que caracterizaron a Steve Jobs y a otros de su talla. A pesar de su fama e influencia, de alguna forma continúa siendo, más allá de su risa estruendosa, una personalidad enigmática. No obstante, a través de su biografía y de sus escritos podemos hacernos una idea bastante fidedigna sobre él.

Cuando Jeff Bezos era un niño de orejas grandes, risa explosiva e inquieta curiosidad, pasaba los veranos en el vasto sur de Texas, en el rancho de su abuelo materno, Lawrence Gise. Lawrence era oficial de la Marina, un hombre íntegro y cariñoso que había ayudado a desarrollar la bomba de hidrógeno como director adjunto de la Comisión de Energía Atómica. Allí Jeff aprendió a ser autosuficiente. Cuando una excavadora se averió, su abuelo y él construyeron una grúa para extraer los engranajes y repararlos. Juntos esterilizaban el ganado, construían molinos de viento, instalaban tuberías y mantenían largas conversaciones sobre las fronteras de la ciencia y los viajes espaciales. «Mi abuelo hacía él solo todas las labores veterinarias —recuerda Bezos—. Se fabricaba sus propias agujas para suturar al ganado. Cogía un trozo de alambre, lo calentaba con un soplete, lo martilleaba hasta dejarlo plano, lo afilaba, hacía un pequeño agujero en la punta y así obtenía una aguja. Algunos animales incluso llegaron a sobrevivir».

Jeff era un ávido lector de mente aventurera y su abuelo solía llevarle a la biblioteca, que disponía de una enorme colección de libros de ciencia ficción. Durante aquellos veranos Jeff recorrió todas las estanterías y leyó cientos de volúmenes. Isaac Asimov y Robert Heinlein pasaron a ser sus autores favoritos. Aún hoy Bezos los cita en ocasiones, e incluso ha adoptado sus reglas, sus enseñanzas y su jerga.

La madre de Jeff, Jackie, que era tan obstinada y perspicaz como su padre y su hijo, también cultivó un espíritu autónomo y aventurero. Jackie quedó embarazada de Jeff con solo diecisiete años. «Era una estudiante de secundaria —explica Bezos—. Estaréis pensando: "¡Guau! Seguro que en 1964 Albuquerque era un lugar maravilloso para una adolescente embarazada. Pero nada más lejos. Requirió mucho valor por su parte y mucho apoyo por parte de mis abuelos. En el instituto intentaron expulsarla, supongo que no querían que el resto de las chicas la tomara como ejemplo. Mi abuelo, que era un tipo sabio y tranquilo, llegó a un acuerdo con el director para que mi madre pudiera quedarse y terminar la secundaria». ¿Cuál fue la lección principal que Jeff aprendió de ella? «Cuando te crías con una madre como la mía, adquieres un coraje extraordinario», explica orgulloso.

El padre de Jeff regentaba una tienda de bicicletas y actuaba en un grupo de circo con un monociclo. Él y Jackie estuvieron casados muy poco tiempo. Cuando Jeff tenía cuatro años, su madre volvió a casarse. Su segundo marido, Miguel Bezos, conocido como Mike, era mejor partido. Mike también enseñó a Jeff la importancia del coraje y de la determinación. Era un hombre autosuficiente y aventurero. Había llegado a los Estados Unidos con tan solo dieciséis años como refugiado de la Cuba de Fidel Castro. Había emigrado por su cuenta con una chaqueta que su madre le había cosido con andrajos que encontró por casa. Tras casarse con Jackie, adoptó a su alegre hijo, que tomó su apellido y desde entonces siempre le consideró su verdadero padre.

En julio de 1969, con cinco años, Jeff vio por televisión a Neil Armstrong caminando sobre la Luna en lo que fue la culminación de la misión Apolo 11. Fue un momento transcendental. «Recuerdo estar viéndolo desde nuestra televisión del comedor y el entusiasmo de mis padres y mis abuelos —dice—. Los niños pequeños pueden contagiarse de ese estado de ánimo. Cuando sucede algo extraordinario, son capaces de percibirlo. Ese día el espacio se convirtió en una de mis grandes pasiones». Entre otras cosas, ese entusiasmo lo convirtió en uno de esos fans incondicionales de *Star Trek* que se saben todos los episodios de memoria.

En la escuela infantil Montessori a la que asistía, Bezos ya mostró su tendencia a concentrarse plenamente en lo que estuviera haciendo. «La profesora le dijo a mi madre que me abstraía tanto haciendo los ejercicios que cuando quería captar mi atención para cambiar de actividad se veía obligada a arrastrarme con la silla —recuerda—. Si preguntáis a la gente que trabaja conmigo, probablemente os dirán que hoy me sigue pasando lo mismo».

En 1974, cuando tenía diez años, la serie *Star Trek* despertó su interés por los ordenadores. Descubrió que podía jugar a un videojuego sobre el espacio en un terminal de la sala de ordenadores de su escuela de primaria de Houston, donde su padre trabajaba para Exxon. Por aquel entonces todavía no había ordenadores personales y un módem de acceso telefónico conectaba el terminal informático del colegio al servidor de una empresa que había donado su excedente de tiempo de uso de la computadora. «Teníamos un teletipo conectado a un antiguo módem acústico —explica Bezos—. Marcabas un teléfono convencional, cogías el auricular y lo colocabas en esa pequeña horquilla. Ninguno de los profesores sabía cómo utilizar aquel ordenador, nadie tenía ni idea. Pero había un montón de manuales, y un par de chicos y yo nos quedábamos después de clase y aprendimos a programar aquel trasto... Acabamos descubriendo que los programadores del servidor, desde su sede central en algún lugar de Houston, ya habían programado el ordenador para jugar al juego de *Star Trek,* que se convirtió en nuestro gran pasatiempo».

Jackie también alentó su interés por la electrónica y la mecánica. Solía llevarlo de visita a la cadena de electrónica RadioShack y le dejó convertir el garaje de casa en un laboratorio de proyectos científicos. La mujer incluso consentía que Jeff creara trampas ingeniosas para asustar a sus hermanos pequeños: «A menudo tendía pequeñas trampas por la casa con distintos tipos de alarmas. Algunas de ellas no solo producían sonidos, sino que eran auténticas trampas físicas —afirma—. Mi madre era una santa, a veces me llevaba a RadioShack varias veces en un mismo día».

Sus héroes empresariales de la infancia eran Thomas Edison y Walt Disney. «Los inventores y la innovación siempre me han interesado», afirma. A pesar de que Edison fue un inventor prolífico, Bezos admiraba más a Disney por la audacia de su visión. «Me daba la sensación de que él tenía una capacidad extraordinaria para crear una visión que podía ser compartida con un gran número de personas —afirma—. Las cosas que Disney inventó, como Disneyland o los parques temáticos, eran ideas que nadie jamás había logrado llevar a la práctica, a diferencia de muchas cosas en las que Edison trabajó. Walt Disney en realidad fue capaz de reunir a un gran equipo de personas para que trabajaran en la misma dirección».

Bezos cursó la secundaria en Miami, adonde se había mudado la familia. Era un estudiante sobresaliente, una especie de cerebrito, y seguía obsesionado con la exploración espacial. Fue elegido para pronunciar el discurso de despedida de su promoción en la ceremonia de graduación, en el que abordó toda una serie de cuestiones sobre el espacio. Jeff habló de colonizar planetas, de construir hoteles espaciales y de salvar nuestro frágil planeta trasladando las fábricas al espacio exterior. Y cerró su discurso con la siguiente frase: «El espacio es la última frontera, ¡nos vemos allí!».

Bezos fue a Princeton con el propósito de estudiar física. Le pareció una decisión acertada hasta que se dio de bruces con la mecánica cuántica. Un día su compañero de habitación y él estaban intentando resolver una ecuación diferencial parcial particularmente difícil y fueron a la habitación de otro compañero para pedirle ayuda. El chico le echó un vistazo y en un momento les dio la respuesta. Bezos quedó impresionado al ver que su compañero había resuelto la ecuación mentalmente, pues requería tres páginas de expresiones algebraicas detalladas. «Ese día me di cuenta de que nunca iba a ser un gran físico teórico —dice Bezos—. Interpreté aquel incidente como una señal e inmediatamente decidí cambiar mi especialidad a ingeniería electrónica y ciencias informáticas». Fue una decisión difícil. Desde siempre había querido ser físico, pero al final tuvo que aceptar sus propios límites.

Tras graduarse, Bezos se mudó a Nueva York para ofrecer sus habilidades informáticas al sector financiero. Allí terminó trabajando para un fondo de inversión libre dirigido por David E. Shaw, donde se utilizaban algoritmos informáticos para detectar disparidades de precios en los mercados financieros. Bezos desempeñaba su trabajo con gran pasión. Anticipando la disciplina laboral que posteriormente trataría de inculcar en Amazon, tenía un saco de dormir en la oficina para los días en que se quedaba trabajando hasta altas horas de la noche.

En 1994, mientras trabajaba en el sector financiero, Bezos se enteró de que, según las estadísticas, la red informática mundial estaba creciendo a un ritmo anual de más del 2.300 %. Entonces decidió que quería subirse a ese tren y se le ocurrió abrir una tienda minorista online, una especie de catálogo Sears[1] de la era digital. Sabiendo que lo más prudente era comenzar con un único producto, apostó por los libros —en parte porque le gustaban y también porque no eran perecederos y podía comprarlos a dos grandes distribuidores mayoristas—. Además, existían más de tres millones de títulos en papel, muchos más de los que una tienda física podía llegar a tener expuestos.

Cuando le dijo a David Shaw que quería dejar el fondo para hacer realidad su idea, Shaw se lo llevó a pasear por Central Park durante un par de horas. «Jeff, es una idea muy buena, pero le encajaría mejor a alguien que no tuviera un buen trabajo». Shaw convenció a Bezos para que reflexionara unos días antes de tomar una decisión. Luego Bezos lo consultó con su esposa, MacKenzie, a quien había conocido en el fondo en el que ambos trabajaban y con quien llevaba casado un año. «Ya sabes que puedes contar conmigo al cien por cien para lo que quieras», le dijo.

Para tomar la decisión, Bezos llevó a cabo un ejercicio mental que acabaría siendo parte de su procedimiento para calcular los riesgos. Lo llamó *marco de minimización del arrepentimiento.* Consistía en pensar en cómo se sentiría cuando tuviera ochenta años y recordara la decisión que había tomado. «Quiero minimizar el número de veces que haya tenido que arrepentirme de algo —explica—. Supe que a los ochenta años no me arrepentiría de haber intentado participar en esta cosa que llaman Internet y que intuía que iba a ser algo grande. Aunque fracasara, era consciente de que no me arrepentiría de mi decisión. En cambio, lo que sí lamentaría era no haberlo intentado nunca. Eso era precisamente lo que me atormentaría toda la vida».

Bezos y MacKenzie volaron a Texas, donde pidieron prestado un Chevrolet al padre de Jeff y emprendieron un viaje que se

1. N. del T.: Cadena de grandes almacenes caracterizada por la venta por catálogo que llegó a convertirse en el mayor minorista de los Estados Unidos en el siglo XX.

convertiría en leyenda dentro de los relatos empresariales. Mientras MacKenzie conducía, Jeff esbozó un plan de negocio y redactó hojas de cálculo llenas de predicciones de ingresos. «Uno ya sabe que su plan de negocio no sobrevivirá a su primer encuentro con la realidad —afirma—. Pero la disciplina de redactar el plan te obliga a considerar detenidamente algunos de los problemas y a prepararte mentalmente para afrontarlos. Entonces empiezas a predecir las consecuencias de tus acciones. Y ese es el primer paso».

Bezos escogió Seattle como sede para su nueva empresa, en parte porque allí se encontraban Microsoft y muchas otras empresas tecnológicas y había muchos ingenieros a los que tal vez podría contratar. Otra razón fue que estaba cerca de una empresa de distribución de libros. Como Bezos quería constituir su negocio de inmediato, durante el viaje llamó a un amigo para que le recomendara a un abogado de Seattle. Este le habló del letrado que había llevado su divorcio, que fue quien finalmente le arregló todos los papeles. Cuando se encontraron, Bezos le dijo al abogado que quería llamar su nueva empresa Cadabra, en referencia a la palabra cabalística *abracadabra,* a la que se atribuyen efectos mágicos. Sorprendido, el abogado respondió: «¿Cadáver?». Bezos soltó su característica risa explosiva y se dio cuenta de que necesitaba encontrar un nombre más apropiado. Finalmente decidió que el nombre de la que esperaba fuera la mayor tienda del mundo sería el del río más largo de la Tierra.

Cuando llamó a su padre para explicarle lo que estaba haciendo, Mike Bezos le preguntó: «¿Qué es Internet?». O al menos eso es lo que cuentan los relatos románticos sobre Jeff. En realidad, Mike Bezos había sido usuario de los servicios de acceso telefónico a Internet y podía hacerse una idea bastante aproximada de lo que podía ser el comercio minorista online. Aun sabiendo, tanto él como Jackie, que era precipitado dejar un trabajo en el sector financiero tan bien remunerado como el de Jeff por esa aventura, sacaron buena parte de sus ahorros vitalicios —primero 100.000

dólares, luego más— y accedieron a invertir. «El capital inicial de la *start-up* provino principalmente de mis padres, que invirtieron gran parte de los ahorros de toda su vida en lo que pasó a ser Amazon.com —explica Bezos—. Para ellos fue una apuesta muy arriesgada y depositaron en mí toda su confianza».

Mike Bezos admitió que jamás entendió ni el concepto ni el plan de negocio. «Estaba apostando por su hijo, como había hecho mi madre —dice Jeff—. Les dije que estimaba que había un 70 % de posibilidades de que perdieran toda su inversión. [...] En realidad, me estaba concediendo a mí mismo el triple de posibilidades de éxito, ya que solo alrededor del 10 % de las empresas de nueva creación consiguen salir adelante. Y allí estaba yo, con un 30 % de posibilidades». Su madre, Jackie, dijo más tarde: «No invertimos en Amazon, invertimos en Jeff». Finalmente pusieron más dinero, terminaron poseyendo el 6 % de la empresa y utilizaron su riqueza para convertirse en dos filántropos muy activos y creativos dedicados a brindar oportunidades de aprendizaje a todos los niños durante la temprana infancia.

Otros ni siquiera entendieron la idea. Craig Stoltz era por aquel entonces un reportero del *Washington Post* que dirigía el magazín del diario sobre tecnología de consumo. Bezos acudió a él para exponer su proyecto. Stoltz escribió posteriormente en un artículo de su blog: «Era bajo, de sonrisa incómoda, con poco pelo y un afecto febril». Tras mostrarse totalmente indiferente ante sus propuestas, Stoltz ignoró a Bezos y declinó escribir un artículo sobre la idea. Años más tarde, mucho después de que Stoltz dejara el periódico, Bezos terminó comprándolo.

Inicialmente, Jeff y MacKenzie establecieron la empresa en una casa con dos habitaciones que habían alquilado cerca de Seattle. Josh Quittner escribió más tarde en el *Time:* «Convirtieron el garaje en un espacio de trabajo e instalaron tres terminales Sun. Los alargues serpenteaban hasta el garaje desde cada toma disponible de la casa a través de un agujero abierto en el techo, que daba a un lugar de la planta superior donde había habido una estufa de leña que habían retirado para ganar espacio. Para ahorrar dinero, Bezos compró tres puertas de madera en la cadena Home Depot. Usando escuadras y ristreles, armó tres escritorios a un coste de sesenta dólares cada uno».

Amazon.com comenzó a funcionar el 16 de julio de 1995. Bezos y su pequeño equipo programaron un aviso que sonaba cada vez que entraba un pedido, pero pronto tuvieron que deshabilitarlo porque enseguida alcanzaron un enorme volumen de ventas. En el primer mes, sin ningún plan real de promoción o publicidad más allá del boca a boca, Amazon registró ventas en todo Estados Unidos y en otros cuarenta y cinco países. «A los pocos días supe que esto iba a ser enorme —afirmó Bezos en el *Time*—. Era obvio que estábamos construyendo algo mucho más grande de lo que jamás hubiéramos podido llegar a imaginar».

Al principio Jeff, MacKenzie y unos pocos empleados se encargaban de hacerlo todo, incluso de empaquetar, envolver y llevar las cajas para que las enviaran. «Teníamos tantos pedidos que no estábamos preparados para gestionarlos y ni siquiera disponíamos de una organización real en nuestro centro de distribución —explica Bezos—. De hecho, empaquetábamos arrodillados sobre el duro suelo de cemento». Uno de los relatos más icónicos sobre el origen de Amazon que Bezos cuenta a menudo con su escandalosa risa explica cómo encontraron la manera de agilizar el embalaje.

«¡Empaquetar así es matador! Tengo la espalda molida y me estoy dejando las rodillas en este maldito suelo —exclamó Bezos un buen día—. ¿Sabes qué necesitamos? ¡Rodilleras!».

Un empleado se quedó mirando a Bezos como si fuera la persona más estúpida de la Tierra. «Lo que necesitamos son mesas de embalaje», le dijo.

A Bezos el empleado le pareció un genio. «Pensé que era la idea más inteligente que había escuchado jamás —recuerda Bezos—. Al día siguiente ya teníamos mesas de embalaje, y creo que doblamos nuestra productividad».

El rápido crecimiento de Amazon puso en evidencia que Bezos y sus colegas no estaban preparados para muchos de los retos a los que se enfrentaban. Pero él veía un aspecto positivo en la forma que tenían de trabajar. «Instauramos una cultura de atención al cliente en todos los departamentos de la empresa. Como teníamos que trabajar codo con codo con nuestros clientes y asegurarnos de que los pedidos salieran, cada uno de los trabajadores de la empresa contribuyó a fomentar una cultura que nos dio muy buenos resultados. Y esa es nuestra meta, ser la empresa más orientada al cliente del mundo».

Poco después, el propósito de Bezos fue la creación de una tienda para todo, «la tienda de los sueños». Su siguiente paso fue expandir sus horizontes con la venta de música y vídeos. Con el foco puesto en el cliente, mandó correos electrónicos a miles de ellos para saber qué les gustaría poder comprar. Sus respuestas le ayudaron a entender mejor el concepto *the long tail,* que implica poder ofrecer artículos que no son los más vendidos del momento y, por consiguiente, no tienen cabida en las estanterías de la mayoría de las tiendas minoristas. «Respondieron a la pregunta según lo que estaban buscando en aquel momento —dice—. Recuerdo que una de las respuestas fue "Ojalá vendieras escobillas de limpiaparabrisas, porque tengo que cambiarlas ya". En aquel momento vi que con este sistema podíamos vender cualquier cosa, y desde entonces empezamos a vender productos de electrónica, juguetes y, con el tiempo, muchas otras cosas».

A finales de 1999 yo era el editor de *Time,* y en cierto modo tomamos una decisión poco convencional al nombrar a Bezos nuestra persona del año, a pesar de que no era un líder mundial famoso ni un político destacado. Yo tenía la teoría de que la gente que influye más en nuestras vidas a menudo son personas que se dedican a los negocios y a la tecnología, y que, al menos al principio de sus carreras, normalmente no aparecen en las portadas. Por ejemplo, habíamos nombrado a Andy Grove, de Intel, la persona del año a finales de 1997 porque me dio la sensación de que el auge del microchip estaba cambiando más nuestra sociedad que cualquier primer ministro, presidente o secretario del Tesoro.

Pero cuando ya se acercaba la fecha de publicación de nuestra edición sobre Bezos en diciembre de 1999, la burbuja de las puntocoms estaba empezando a desinflarse. Me preocupaba —y con razón— que las acciones de las empresas vinculadas a Internet, como Amazon, cayeran en picado. De modo que le pregunté al director general de Time Inc., el muy juicioso Don Logan, si estaba cometiendo un error al escoger a Bezos y si sería una estupidez hacerlo si la economía de Internet terminaba hundiéndose en los próximos años. «No —me dijo Don—. Mantén tu elección. Jeff Bezos no está metido en el negocio de Internet. Él se dedica al negocio de la atención al cliente. Va a seguir ahí durante las próximas décadas, mucho después de que la gente se haya olvidado de todas las puntocoms que se van a ir a pique».

Así que seguimos adelante. El gran fotógrafo retratista Greg Heisler convenció a Bezos para que posara con la cabeza saliendo de una caja de Amazon llena de material de embalaje, e hicimos una fiesta en la casa de Margaret Carlson en la que solo había comida y bebida pedida online. Joshua Cooper Ramo, uno de nuestros jóvenes editores más inteligentes, escribió el resumen de la crónica que puso a Bezos en perspectiva histórica:

> Cada vez que se produce un movimiento sísmico en nuestra economía, hay personas que perciben las vibraciones mucho antes que el resto, por lo que sienten que deben pasar a la acción y actúan de una forma que puede parecer precipitada o incluso estúpida. El propietario de transbordadores Cornelius Vanderbilt dejó los barcos cuando advirtió la llegada del ferrocarril. Thomas Watson Jr., abrumado por la sensación de que los ordenadores serían omnipresentes incluso cuando no los había en ningún sitio, apostó por ellos para renovar el equipamiento de la oficina de su padre después de que este le legara el IBM. Jeffrey Preston Bezos experimentó lo mismo cuando entró en contacto por primera vez con el

> laberinto de ordenadores conectados a una red informática mundial, la World Wide Web, y enseguida se dio cuenta de que estaba contemplando el futuro de la venta al por menor... La visión de Bezos del universo de la venta al detalle por Internet era tan completa y su página web Amazon.com tan elegante y atractiva que pasó a ser desde el primer día el punto de referencia de todo aquel que tuviera algo que vender online. Y resulta que todos tenemos algo que vender.

En efecto, Amazon sufrió un duro golpe a causa del crac de la burbuja de Internet. Sus acciones cotizaban a 106 dólares en diciembre de 1999, cuando salió la publicación de nuestra persona del año. Al cabo de un mes, bajaron un 40 %. En dos años su valor había caído a 6 dólares la acción. La prensa y los analistas bursátiles la ridiculizaron, apodando a la empresa Amazon.toast y Amazon.bomb. Bezos empezó la carta anual a los accionistas, escrita después del derrumbe, con una interjección: «¡Ouch!».

Pero Don Logan tenía razón. Amazon y Bezos eran capaces de sobrevivir a la quiebra. «Cuando vi que las acciones cayeron de 113 a 6, también visualicé todos nuestros indicadores comerciales internos: número de clientes, beneficio por unidad... —señala—. Cada pequeña cosa relacionada con el negocio estaba mejorando y lo hacía con rapidez. Es un negocio de costes fijos. Por lo tanto, lo que podía ver es que, según los indicadores internos, a partir de cierto volumen de negocio cubriríamos nuestros costes fijos y la empresa sería rentable».

Bezos triunfó manteniendo su atención en los beneficios anteriores y a largo plazo para crecer, y siendo implacable y a veces despiadado con sus competidores e incluso con sus propios colegas. En una ocasión, durante el desplome de las puntocoms, compareció, junto con otros emprendedores de Internet, en un programa especial del noticiario *NBC Nightly News* con Tom Brokaw. «Señor Bezos, ¿puede tan siquiera deletrear la palabra *beneficio*?», le preguntó Brokaw, que enfatizó el hecho de que, a medida que crecía, Amazon iba desangrándose a nivel financiero. «Por supuesto —respondió Bezos—, V-I-S-I-O-N-A-R-I-O». En 2019, las acciones de Amazon cotizaban a 2.000 dólares, y la empresa obtenía 233.000 millones de dólares en ingresos y disponía de una plantilla de 647.000 empleados en todo el mundo.

Un ejemplo de cómo Bezos innova y actúa fue el lanzamiento de Amazon Prime, que transformó la perspectiva de los estadounidenses en lo que respecta a la rapidez y a la asequibilidad para realizar pedidos online de forma satisfactoria. Uno de sus directivos había sugerido que Amazon implantase un programa de fidelidad a semejanza de los que contemplan las líneas aéreas para los pasajeros habituales. Por otro lado, un ingeniero de Amazon sugirió que la empresa ofreciera envíos gratuitos a sus clientes más leales. Bezos relacionó ambas ideas y pidió a su equipo financiero que evaluara los costes y beneficios. «Los resultados eran horribles», relata Bezos entre risas. Pero él seguía una regla, la de escuchar a su corazón y a sus intuiciones y analizar datos empíricos antes de tomar decisiones importantes. «Tienes que asumir riesgos. Tienes que tener instinto. Todas las grandes decisiones hay que tomarlas así —afirma—. Lo haces con un grupo. Lo haces con mucha humildad». Él era consciente de que crear Amazon Prime era lo que él llama *una puerta unidireccional,* es decir, una decisión prácticamente irreversible. «Hemos cometido errores, algunos clamorosos, como el Fire Phone, y muchas otras cosas que sencillamente no han funcionado. No voy a enumerar todos nuestros experimentos fallidos, pero los grandes ganadores invierten en miles de ellos». Era consciente de que al principio sería vertiginoso, porque aquellos que se suscribieran a Prime serían los usuarios más importantes a los que hacíamos envíos. «¿Y qué sucede cuando ofreces un bufet libre, quiénes son los primeros que entran por la puerta? —pregunta—. Los más glotones. Y da miedo. Entonces es cuando te dices: "¡Dios mío! ¿En serio acabo de decir que podéis comer tantas gambas como queráis?"». Pero finalmente Amazon Prime nos permitió combinar un programa de fidelidad, la comodidad de los clientes y una gran fuente de datos de usuarios.

La mayor y más serendípica innovación de Bezos fue la creación de Amazon Web Services. La idea inicial —que incluía una capa de software conocida como Elastic Compute Cloud y un servicio de alojamiento web conocido como Simple Storage Service— surgió dentro de la empresa. Finalmente, en un memorándum que recogía diversas ideas relacionadas entre sí, se propuso la creación de un servicio que «permitiría a los desarrolladores y a las empresas utilizar Web Services para crear aplicaciones sofisticadas y escalables».

Bezos adivinó su potencial, de modo que presionó a su equipo para que lo desarrollara de forma más rápida y con mayor dimensionamiento. Su pasión exacerbada incluso le llevó a desatar su ira ante sus ingenieros, pero el resultado disparó el emprendimiento online como no lo había hecho ninguna otra plataforma desde iPhone App Store. Esta tecnología permitiría que cualquier niño desde su habitación o cualquier comercio local —y, de hecho, cualquier gran compañía— experimentara con ideas y proporcionara nuevos servicios sin tener que comprar bastidores de servidores ni paquetes de software. En vez de ello, podrían compartir una infraestructura distribuida por todo el mundo de torres de servidores, potencia de procesamiento bajo demanda y aplicaciones más amplias que las de cualquier empresa del mundo.

«Reinventamos la forma en que las empresas invierten en computación —dice Bezos—. Tradicionalmente, si tenías una empresa y necesitabas computación, creabas un centro de datos y lo llenabas de servidores. Luego tenías que actualizar los sistemas operativos de aquellos servidores, mantenerlo todo en funcionamiento, etc., y nada de todo eso aportaba valor al negocio. Era una especie de requisito de admisión, un trabajo pesado indiscriminado». Bezos advirtió que este proceso también estaba ralentizando varios grupos de innovación dentro de la propia Amazon. Los desarrolladores de aplicaciones de la empresa habían estado lidiando constantemente con los equipos de hardware, pero Bezos les hizo desarrollar algunas interfaces de programación de aplicaciones estándar (API) y proveer acceso a recursos informáticos. «Tan pronto como lo hicimos, nos dimos cuenta de inmediato de que todas las empresas del mundo querrían tenerlo», comenta.

Y sucedió un milagro: durante unos años ninguna empresa fue capaz de competir con ellos. La visión de Bezos iba muy por delante de la del resto del mundo. «Que yo sepa, tuvimos la mayor suerte empresarial de la historia de los negocios», afirma.

A veces el éxito y el fracaso van cogidos de la mano. Esto es lo que sucedió con el fracaso del Fire Phone y el éxito del Amazon Echo, el altavoz inteligente y asistente doméstico conocido como Alexa. «Aunque el Fire Phone fue un fracaso, nos sirvió para aprender (también a sus desarrolladores) y acelerar nuestros esfuerzos para crear Echo y Alexa», escribió Bezos en su carta a los accionistas de 2017.

Su entusiasmo por Echo surgió de su pasión por *Star Trek*. Cuando de niño jugaba a *Star Trek* con sus amigos, a Bezos le gustaba asumir el papel del ordenador de la nave Enterprise. «La visión de crear Echo y Alexa está inspirada por el ordenador de *Star Trek* —escribió—. La idea también tuvo su origen en otros dos ámbitos que hemos estado desarrollando y sobre los que hemos divagado durante años: el aprendizaje automático y la nube. Desde los comienzos de Amazon, el aprendizaje automático era una parte esencial de nuestras recomendaciones de productos, y AWS nos permitió estar a la vanguardia de las capacidades de la nube. En 2014, tras muchos años de desarrollo, se produjo el lanzamiento de Echo, controlado por Alexa, el asistente virtual alojado en la nube de AWS». El resultado fue una maravillosa combinación de altavoces inteligentes, un ordenador doméstico hablante como el de *Star Trek* y un asistente personal inteligente.

El origen de Amazon Echo fue, de algún modo, como el desarrollo del iPod de Steve Jobs. Surge de la intuición y no de grupos de trabajo, y no es una respuesta a las exigencias habituales del cliente. «Ningún cliente nos pidió Echo —dice Bezos—. La investigación de mercado es inútil. Si en 2013 le hubiéramos preguntado a un cliente si quería un cilindro negro del tamaño de un bote de Pringles encendido permanentemente en la cocina al que le pudiera hablar y hacer preguntas y que también encendiera la luz y pusiera música, ya os aseguro que habría fruncido el ceño y os habría respondido: "No, gracias"». Irónicamente, Bezos fue capaz de ganarle la partida a Apple con la creación de este dispositivo doméstico, y consiguió que sus componentes —el reconocimiento de voz y el aprendizaje automatizado— funcionaran mejor que los de los dispositivos de la competencia, aventajándose a Google y, más tarde, a Apple.

Finalmente, Bezos espera integrar la tienda de Amazon online, Amazon Prime, Echo y los análisis de datos de los clientes de Amazon con la cadena de comestibles Whole Foods Market, que Amazon compró en 2017. Bezos afirma que la adquisición de la empresa se debió en parte a su admiración por la visión de su fundador, John Mackey. Cuando se reúne con el fundador o con el director ejecutivo de una empresa que Amazon pretende comprar, Bezos intenta valorar si a esa persona la mueve el hecho de ganar dinero o una auténtica pasión por servir a los clientes. «Antes que nada siempre intento averiguar si se trata de un misionero o un mercenario —dice Bezos—. Los mercenarios intentan vender lo antes posible para maximizar las ganancias. Los misioneros aman su producto o el servicio que ofrecen, adoran a sus clientes e intentan ofrecer el mejor servicio. La gran paradoja es que los misioneros suelen ser quienes ganan más dinero». Mackey le parecía un misionero, y su pasión infundió el espíritu de Whole Foods. «Es una empresa misionera, y él es un misionero».

Al margen de Amazon, la mayor pasión de Bezos, alimentada desde su infancia, son los viajes espaciales. En el año 2000 creó una empresa en secreto cerca de Seattle llamada Blue Origin, cuyo nombre hace referencia a nuestro planeta azul. Bezos propuso a uno de sus escritores favoritos de ciencia ficción, Neal

Stephenson, que se convirtiera en su asesor. Juntos llegaron a ideas extremadamente novedosas, como la utilización de un aparato en forma de látigo para propulsar objetos al espacio. Finalmente, Bezos se centró en los cohetes reutilizables. «¿En qué ha cambiado la situación en el año 2000 respecto a la de 1960? —preguntó—. Los motores pueden ser algo mejores, pero todavía siguen siendo motores de cohetes químicos. La diferencia reside en la informatización de los sensores, de las cámaras y del software. A diferencia de la tecnología existente en 1960, la tecnología en el año 2000 puede abordar problemas como la posibilidad de efectuar un aterrizaje vertical».

En marzo de 2003, Bezos se hizo con una enorme extensión de tierras en Texas donde poder construir sus cohetes reutilizables en secreto. Uno de los grandes pasajes de la obra *Los señores del espacio,* de Christian Davenport, describe el viaje que hizo Jeff Bezos en helicóptero para encontrar dichas tierras, que terminó en un accidente aterrador.

Cuando Brad Stone, reportero y biógrafo de Bezos, supo de la existencia de Blue Origin, le mandó un correo electrónico para pedirle que comentara algo al respecto. Bezos no estaba dispuesto a hablar sobre ello, pero quiso comparecer públicamente para desmentir la idea de que había fundado la empresa porque pensaba que el programa de la NASA dirigido por el Gobierno se había convertido en un proyecto demasiado lento y poco ambicioso. «La NASA es un tesoro nacional, y es absolutamente falso que alguien sienta frustración por la NASA —escribió Bezos a Stone—. Si estoy interesado en el espacio es justamente porque la NASA me inspiró cuando tenía cinco años. ¿Cuántas agencias gubernamentales crees que pueden inspirar a un niño de cinco años? El trabajo que desempeña la NASA es técnicamente superexigente e inherentemente arriesgado, y continúan haciendo una labor excelente. La única razón por la que cualquiera de estas pequeñas empresas espaciales tiene la posibilidad de hacer algo es porque se apoyan en los logros y en el ingenio de la NASA».

Bezos afronta sus proyectos espaciales futuros como un misionero y no como un mercenario. «Este es el trabajo más importante que estoy llevando a cabo, estoy absolutamente convencido de ello», sostiene. Él cree que la Tierra es finita y que el consumo de energía ha aumentado tanto que pronto se agotarán los recursos de nuestro pequeño planeta. Eso solo nos deja una opción: resignarnos ante el crecimiento incesante de la población o explorar y expandirnos hacia lugares más allá de la Tierra. «Quiero que los nietos de mis nietos utilicen más energía per cápita que yo —explica—. Y no me gustaría ver cómo nuestra población llega al límite. Ojalá hubiera tres trillones de humanos en el sistema solar; entonces habría mil Einsteins y mil Mozarts». Pero Bezos teme que dentro de un siglo la Tierra sea incapaz de sostener el crecimiento de la población y su consumo energético. «Así que, ¿adónde conduce todo esto? Nos conduce al estancamiento, y creo que el estancamiento no es compatible con la libertad». Eso le llevó a creer que deberíamos empezar a pensar en nuevas fronteras. «Podemos solucionar este problema reduciendo el coste de acceso al espacio y utilizando recursos espaciales», afirma.

Blue Origin tiene por objetivo reducir el coste de acceso al espacio a través de sus vehículos de lanzamiento y sus motores reutilizables. El New Shepard, llamado así en homenaje a Alan Shepard, el primer estadounidense que fue al espacio, fue el primer cohete en efectuar un despegue vertical, ir al espacio y aterrizar verticalmente en la Tierra. También fue el primero que se reutilizó. Lanzado desde el oeste de Texas, el cohete se está preparando para llevar y traer de vuelta a los clientes que paguen por viajar al espacio, y a bordo de él se han llevado a cabo experimentos de investigación para universidades, laboratorios y personal de la NASA. El cohete orbital más grande de Blue Origin, el New Glenn, cuyo nombre se debe a John Glenn, la primera persona que orbitó alrededor de la Tierra, está preparado para llevar al espacio a clientes privados, miembros de la NASA y agentes de seguridad nacional. En 2019 Bezos también presentó el módulo lunar Blue Moon, al que se adjudicó un contrato de cerca de 500 millones de dólares de la NASA para desarrollar un sistema que volviera a llevar humanos a la Luna. En el proyecto, Blue Origin ha colaborado con Lockheed Martin, Northrop Grumman y Draper. Bezos financió una expedición por su cuenta que recuperó varios de los motores F-1 que propulsaron el cohete Saturno a la Luna V durante el programa Apolo.

Otra de sus pasiones es el *Washington Post,* que Bezos compró en 2013. En una época en que los periódicos están en declive, el *Post* recibió una inversión de capital, energías, competencias tecnológicas y nuevos reporteros que permitió a su gran editor, Martin Baron, ejercer el control editorial sin restricciones. «Yo no buscaba un periódico —explica Bezos—. Nunca se me había pasado por la cabeza. No era el sueño de mi vida». Pero entonces el propietario del diario, Donald Graham, se puso en contacto conmigo y, tras una serie de conversaciones, me convenció de que se trataba de una misión importante. Así que Bezos hizo un examen de conciencia y, como siempre, confió en su intuición y en su capacidad de razonamiento. «Es una institución importante —concluyó—. Este es el diario de la capital del país más importante del mundo. El *Washington Post* tiene un papel asombrosamente relevante en esta democracia». De modo que le dijo a Graham que lo compraría, sin regatear el precio propuesto. «No negocié con él y no obré con la diligencia debida —señala—. Con Don no era necesario. Me explicó todos los inconvenientes y todas las cosas fantásticas que conllevaba. Y todo lo que me contó de las dos caras de ese libro de contabilidad resultó ser cierto».

Aunque Bezos ha mejorado el diario y le ha conferido estabilidad financiera, la compra fue muy costosa. Donald Trump no entendió ni tuvo en cuenta que Bezos no ejercía ningún control editorial y que el diario era completamente independiente de Amazon. De modo que el presidente, por medios que yo considero corruptos, ha abusado del poder del Gobierno federal para intentar castigar a Amazon y denegar contratos legítimos a Amazon Web Services.

La propia política y filosofía de Bezos, que no impone en el *Post,* comprende una mezcla de socioliberalismo —donó fondos para la campaña de legalización del matrimonio homosexual— y de visiones económicas favorables a la libertad individual. Es una mentalidad que comparte con su padre, que se marchó de la Cuba de Castro. «Una economía de libre mercado, que necesariamente implica mucha libertad, simplemente funciona bien en cuanto a la distribución de recursos», sostiene. Asimismo, considera que el mérito del libre mercado no radica tan solo en su eficiencia, sino también en el valor moral que confiere a los individuos.

> Imaginad un mundo en el que un ordenador con una inteligencia artificial asombrosa pudiera hacer un trabajo mejor que la mano invisible que asigna recursos, y que dijera: «No debería haber la cantidad actual de pollos, sino concretamente esta», solo unos pocos más o unos pocos menos. En cierto modo, esto incluso podría desembocar en una mayor riqueza agregada. Así pues, podría ser una sociedad en la que, si renuncias a la libertad, cada individuo podría ser un poco más rico. Ahora bien, la pregunta que me plantearía es: «¿Merecería la pena llegar hasta ese punto?». Yo pienso que eso sería terrible. Opino que el sueño americano es la libertad.

A lo largo de este libro podrás aprender las lecciones y descubrir los secretos que revelan las entrevistas de Bezos, sus escritos y las cartas anuales que ha redactado y enviado a sus accionistas desde 1997. Para mí, sus cinco lecciones más importantes son las siguientes:

1. *Pensar a largo plazo*. «Todo se reduce al largo plazo», rezaba el titular inicial que escribió en su primera carta a los accionistas en 1997. «Seguiremos tomando decisiones de inversión atendiendo a las consideraciones de liderazgo de mercado a largo plazo y no en función de las consideraciones de rentabilidad a corto plazo o de las reacciones de Wall Street a corto plazo». Pensar a largo plazo permite alinear los intereses de los clientes, que

quieren un servicio mejor, más rápido y más barato, con los de los accionistas, que quieren ver rentabilidad en sus inversiones. Esto no siempre se da a corto plazo.

Además, el pensamiento a largo plazo permite innovar. «Nos gusta inventar y hacer cosas nuevas —señala—, y sé a ciencia cierta que el posicionamiento a largo plazo es esencial para la innovación porque a lo largo del camino hay muchos fracasos de por medio».

Según él, su interés por los viajes espaciales le ayuda a mantener el pensamiento en el lejano horizonte. Una de sus virtudes es la habilidad para tener siempre un ojo puesto en la lejanía, como ha hecho en Amazon. En la declaración de objetivos de su empresa espacial, escribió: «Blue Origin perseguirá pacientemente y paso a paso este objetivo a largo plazo». Cuando Elon Musk impulsó a bombo y platillo su propio programa espacial, Bezos advirtió a su equipo: «Sed la tortuga y no la liebre». El emblema empresarial de Blue Origin tiene un lema en latín que reza *Gradatim ferociter,* cuya traducción es «paso a paso, con ferocidad».

Una de las muchas virtudes de Bezos es su capacidad de seguir este lema siendo apasionadamente paciente y pacientemente apasionado. En su rancho de Texas, Bezos ha empezado la construcción de un «reloj de largo plazo» de diez mil años, diseñado por el inventor Danny Hillis, que tiene una manecilla centenaria que avanza cada siglo y un cuco que sale cada milenio. «Es un reloj especial diseñado para ser un símbolo, un icono del pensamiento a largo plazo», dice Bezos.

2. *Pensar eterna y apasionadamente en el cliente.* Como dijo en su carta de 1997, «Obsesionaos con los clientes». Cada carta anual refuerza este mantra. «Intentamos crear la empresa más orientada al cliente del mundo —escribió el año siguiente—. Damos por hecho que los clientes son perspicaces e inteligentes. [...] Pero no hay descanso para los incansables. A nuestros empleados les recuerdo constantemente que tengan miedo, que cada mañana se levanten atemorizados. No de nuestros competidores, sino de nuestros clientes».

En una entrevista que le hice en una conferencia patrocinada por el Aspen Institute y la revista *Vanity Fair*, Bezos profundizó sobre este punto. «El valor de la empresa es la obsesión por el cliente frente a la obsesión por la competencia —señaló—. La ventaja de centrarse en el cliente es que los clientes nunca están satisfechos. Siempre quieren más, de modo que te llevan al límite. Sin embargo, si estás obsesionado con la competencia y lideras el mercado, puede que cuando mires a tu alrededor y veas a tus competidores correr detrás de ti sientas la tentación de aflojar la marcha».

Un ejemplo de la relevancia que se otorga al cliente fue su política de permitir las reseñas negativas en los productos que aparecen en Amazon. Un inversor, que consideraba que las reseñas negativas perjudicaban al negocio, se quejó de que Bezos se estaba olvidando de que Amazon solo gana dinero vendiendo. «Cuando leí esa carta pensé que nosotros no ganamos dinero vendiendo cosas —afirma Bezos—, nosotros ganamos dinero ayudando al consumidor a tomar sus decisiones de compra».

Amazon recibe críticas —como Walmart— por presionar a los proveedores y obligarlos a abaratar costes. Sin embargo, Bezos cree que el cometido principal de Amazon «es la reducción implacable de precios en favor de los clientes». Durante los últimos años Amazon ha ocupado el primer lugar en las principales encuestas de satisfacción del cliente.

3. *Evitar el PowerPoint y las presentaciones con diapositivas.* Este es un planteamiento que Steve Jobs también siguió. La creencia de Bezos en el poder de contar historias le hace pensar que sus colegas deberían ser capaces de exponer de forma correcta sus ideas. «En Amazon no hacemos presentaciones con PowerPoint (ni con ningún otro mostrador de diapositivas) —escribió recientemente en una carta a los accionistas—. En vez de eso, escribimos memorándums de seis páginas estructurados de forma narrativa. Leemos uno en silencio al principio de cada reunión en una especie de salón de estudio».

Se supone que los memorándums, que tienen un límite de seis páginas, deben escribirse con claridad, ya que Bezos considera (acertadamente) que ello implica claridad de pensamiento. A menudo son fruto de la colaboración entre varias personas, pero pueden tener un estilo personal. A veces incluyen sugerencias de comunicados de prensa. «Incluso en el caso de escribir un memorándum de seis páginas, se trata de trabajo en equipo —dice—. Alguien del equipo debe tener esa capacidad».

4. *Pensar en grandes decisiones.* «Como ejecutivo principal, ¿para qué te pagan? —pregunta—. Te pagan para que tomes un reducido número de decisiones de alta calidad. Tu trabajo no consiste en tomar miles de decisiones cada día».

Bezos divide las decisiones que tomar en aquellas que permiten dar marcha atrás y aquellas que son irrevocables. Las segundas requieren mucha más precaución. En el caso de las primeras, intenta descentralizar el proceso. En Amazon creó lo que él denomina *múltiples caminos hacia el sí.* Señala que en otras organizaciones una propuesta puede ser desestimada por los supervisores a muchos niveles, y necesita pasar toda una serie de puertas para que la aprueben. En Amazon, los empleados pueden tratar de vender sus ideas a cualquiera de los cientos de ejecutivos con potestad para darles el sí.

5. *Contratar a las personas adecuadas.* «Continuaremos poniendo énfasis en contratar y mantener a empleados versátiles y talentosos», escribió recientemente en una carta a los accionistas. En las retribuciones de los empleados, especialmente al principio, las acciones de la empresa primaban sobre el dinero en efectivo. «Sabemos que nuestro éxito dependerá principalmente de nuestra capacidad de atraer y conservar una base de empleados motivados, cada uno de los cuales debe pensar como un propietario, por lo que, por consiguiente, debe serlo».

Bezos exige a los ejecutivos que tengan en cuenta tres criterios en el momento de contratar a alguien: ¿admirarás a esta persona?, ¿esta persona alcanzará el nivel de eficiencia del grupo con el que va a trabajar?, y ¿en qué faceta esta persona podría llegar a ser una superestrella?

Nunca ha sido fácil trabajar en Amazon. Cuando Bezos entrevista a alguien, le advierte: «Puedes trabajar mucho, puedes trabajar muchas horas o puedes trabajar con eficacia, pero en Amazon.com no puedes escoger dos de las tres». Bezos no se disculpa por ello. «Trabajamos para construir algo relevante, algo que importa a nuestros clientes, algo que podremos contar a nuestros nietos —afirma—. Estas cosas no se antojan fáciles. Nos consideramos extraordinariamente afortunados de contar con este grupo de empleados comprometidos cuyo sacrificio y pasión construyen Amazon.com».

Estas lecciones me recuerdan la manera de trabajar de Steve Jobs. A veces este modelo puede resultar abrumador, y a muchos les puede parecer duro e incluso cruel. Pero también puede llevar a la creación de nuevas, grandes innovaciones, y empresas que cambien nuestro estilo de vida.

Bezos lo ha hecho. Pero todavía le quedan muchos capítulos por escribir en su historia. Siempre ha sido una persona solidaria, pero sospecho que en los próximos años se va a dedicar más a la filantropía. Igual que los padres de Bill Gates favorecieron su implicación en este tipo de iniciativas, Jackie y Mike Bezos han sido un ejemplo para Jeff cuando se ha comprometido en misiones como proporcionar educación a todos los niños en la primera infancia.

También confío en que tiene al menos otro gran paso que dar. Sospecho que será —y, en efecto, desea serlo— uno de los primeros ciudadanos particulares en viajar al espacio. Como dijo a sus compañeros del instituto cuando se graduaron en 1982: «El espacio es la última frontera, ¡nos vemos allí!».

Durante los años en que Amazon ha ido adquiriendo su formidable posición global actual, Bezos no pudo anticipar la sucesión de crisis del año 2020. La pandemia de la COVID-19 provocó una subida inmediata de la demanda de las entregas del comercio electrónico cuando se pidió a la gente que permaneciera en sus casas, y Amazon afrontó el reto abrumador de mantener la seguridad de cientos de miles de trabajadores en sus almacenes. Bezos afirmó que su tiempo y su mente estaban «totalmente dedicados a la COVID-19 y a encontrar la mejor manera de que Amazon desempeñara sus funciones». El *New York Times* publicó que hacía llamadas a diario para ayudar a tomar decisiones sobre cuestiones como el inventario y las pruebas de detección del virus, lo que supuso un cambio significativo en su rutina de los últimos años, en los que Bezos había delegado sus responsabilidades diarias habituales a los altos ejecutivos para centrar su atención en los proyectos a largo plazo. Y luego vino la presión del Congreso sobre la industria de la tecnología. El 29 de julio, Bezos declaró ante el Comité Judicial de la Cámara de Representantes de los Estados Unidos junto con los CEO de Facebook, Google y Apple. En su declaración Bezos planteó los desafíos a los que se enfrentaba la nación: «Nos encontramos en medio de un reajuste muy necesario de las relaciones raciales. También afrontamos los desafíos del cambio climático y de la desigualdad de ingresos, y estamos atravesando las dificultades de la crisis generada por una pandemia mundial». Y luego cambió el tono y se expresó con la positividad de un emprendedor. «A pesar de todos nuestros fallos y de nuestros problemas, al resto del mundo le encantaría beber aunque solo fuera un sorbo del elixir que tenemos aquí en los Estados Unidos. [...] Todavía es el día 1 para este país».

Fuentes de referencia

Todo el contenido de la parte I y de la parte II de este libro se ha extraído de las palabras e ideas de Jeff Bezos.

La primera parte, «Las cartas a los accionistas», es una recopilación de las cartas que Jeff Bezos envía cada año en abril a los accionistas de Amazon.com.

La segunda parte, «Vida y obra», se ha basado en las siguientes transcripciones de entrevistas y discursos de Jeff Bezos:

Economic Club de Washington, 13 de septiembre de 2018 (entrevistado por David Rubenstein)

Conferencia de prensa «Presentación de la Promesa del Clima», 19 de septiembre de 2019

Conferencia «Transformers» del *Washington Post,* 18 de mayo de 2016

Jeff Bezos se dirige a la promoción de graduados de 2010 de Princeton

Conferencia en el Foro Reagan de Defensa Nacional 2019, Ronald Reagan Institute (presidida por Fred Ryan, entrevista a cargo de Roger Zakheim), 7 de diciembre de 2019

Evento en Washington DC, 9 de mayo de 2019, para presentar el módulo lunar de Blue Origin, el Blue Moon

Conversación de Jeff Bezos con su hermano Mark Bezos en el Summit LA17, 4 de noviembre de 2017

Las secciones de la segunda parte se han extraído de las fuentes de referencia siguientes:

«El don de mi vida» (entrevista en el Economic Club)
«Un momento crucial en Princeton» (entrevista en el Economic Club)
«Somos lo que escogemos ser»: discurso dirigido a la promoción de graduados de 2010 de Princeton
«Ingenio» (transcripción de la conversación que mantuvieron Jeff Bezos y Mark Bezos)
«¿Cómo pasé de un fondo de inversión a vender libros?» (entrevista en el Economic Club)
«Encontrar la causa primordial» (entrevista en el Economic Club)
«Crear riqueza» (entrevista en el Economic Club)
«La idea de Prime» (entrevista en el Economic Club)
«Pensar a tres años vista» (entrevista en el Economic Club)
«¿De dónde surgió la idea de Amazon Web Services?» (entrevista en el Economic Club)
«Alexa, inteligencia artificial y aprendizaje automático» (entrevista en el Economic Club)
«Tiendas físicas y Whole Foods»
«Comprar el *Washington Post*» (entrevista en el Economic Club)
«Confiar» (entrevista en el Foro Reagan de Defensa Nacional)
«La armonía de vivir y trabajar» (transcripción de la conversación que mantuvieron Jeff Bezos y Mark Bezos)
«Contratar talento: ¿queréis mercenarios o misioneros?» (entrevista en el Foro Reagan de Defensa Nacional)
«Decisiones» (entrevista en el Foro Reagan de Defensa Nacional)
«Competición» (entrevista en el Foro Reagan de Defensa Nacional)

«Escrutinio gubernamental y grandes empresas» (entrevista en el Economic Club)
«La promesa del clima» (conferencia de prensa «La promesa del clima»)
«El Fondo Bezos Día Uno» (entrevista en el Economic Club)
«El propósito de ir al espacio» (evento de Blue Origin en Washington DC)
«Todavía es el día uno para América» (reflexiones expuestas por Jeff Bezos antes de comparecer ante el Comité de la Cámara de Representantes de los EE. UU. frente al Subcomité Judicial de Derecho Antimonopolio, Comercial y Administrativo el 29 de julio de 2020).

PRIMERA PARTE

LAS CARTAS A LOS INVERSORES

Todo se reduce al largo plazo

1997

AMAZON.COM alcanzó muchos hitos en 1997: a finales de año habíamos atendido a más de 1,5 millones de clientes, incrementamos un 838 % nuestros ingresos, que ascendieron a 147,8 millones de dólares, y ampliamos nuestro liderazgo de mercado a pesar de la agresiva entrada de la competencia.

Pero este es el día uno para Internet y, si lo hacemos bien, también para Amazon.com. Hoy el comercio electrónico ahorra dinero y un tiempo precioso a los clientes. Mañana, a través de la personalización, el comercio electrónico acelerará el mismo proceso de búsqueda y compra de productos. Amazon.com utiliza Internet para crear valor real para sus clientes y, al hacerlo, espera establecer una franquicia duradera, incluso en mercados grandes y consolidados.

Tenemos una oportunidad de oro ya que, por un lado, las grandes empresas están organizando sus recursos para establecerse en el comercio electrónico y, por el otro, los clientes, que están empezando a comprar online por primera vez, se están mostrando receptivos ante las nuevas relaciones comerciales. El marco competitivo ha seguido evolucionando a un ritmo acelerado. Muchas grandes empresas han irrumpido en el mercado electrónico con buenas ofertas y han dedicado energía y recursos sustanciales a generar conciencia, tráfico y ventas. Nuestro objetivo es movernos rápido para consolidar y expandir nuestra posición actual mientras empezamos a explorar las oportunidades del comercio electrónico en otras áreas. Vemos una oportunidad transcendental en los grandes mercados que tenemos como objetivo. Esta estrategia no está exenta de riesgos: requiere una inversión seria y una ejecución meticulosa frente a los líderes de franquicias ya establecidas.

Todo se reduce al largo plazo

Consideramos que una de las claves de nuestro éxito será el valor accionista que creamos *a largo plazo*. Este valor será un resultado directo de nuestra capacidad de expandir y consolidar nuestra posición actual de liderazgo en el mercado. Cuanto más fuerte sea nuestro liderazgo de mercado, más poderoso será nuestro modelo económico. El liderazgo de mercado puede traducirse directamente en mayores ingresos, mayor rentabilidad, mayor velocidad de movimiento del capital y, en consecuencia, mayor retorno del capital invertido.

Nuestras decisiones han reflejado sistemáticamente este enfoque. Primero nos autoevaluamos en base a los indicadores más significativos de nuestro liderazgo de mercado: el crecimiento de clientes e ingresos, el grado en que nuestros clientes nos siguen comprando de forma continuada y la fortaleza de nuestra marca. Hemos invertido y continuaremos invirtiendo agresivamente para ampliar y potenciar nuestra base de clientes, nuestra marca y nuestra infraestructura mientras avanzamos para consolidar una franquicia duradera.

Debido a nuestro énfasis en el largo plazo, podemos tomar decisiones y plantear compensaciones de forma distinta a otras empresas. Por consiguiente, queremos compartir con vosotros nuestra estrategia básica de gestión y de toma de decisiones para que vosotros, nuestros inversores, podáis confirmar que es coherente con vuestra filosofía inversora:

Seguiremos centrándonos incansablemente en nuestros clientes.

Seguiremos tomando decisiones de inversión atendiendo a las consideraciones de liderazgo de mercado a largo plazo y no en función de las consideraciones de rentabilidad a corto plazo o de las reacciones de Wall Street a corto plazo.

Seguiremos analizando cuidadosamente nuestros programas y la efectividad de nuestras inversiones, para desestimar aquellos que no ofrezcan una rentabilidad aceptable y aumentar nuestra inversión en aquellos que funcionen mejor. Continuaremos aprendiendo tanto de nuestros éxitos como de nuestros fracasos.

En lugar de decisiones de inversión timoratas, tomaremos decisiones audaces allí donde constatemos cierta probabilidad de obtener ventajas de liderazgo de mercado. Algunas de estas inversiones tendrán éxito, otras no, pero en ambos casos habremos aprendido una valiosa lección.

Cuando nos veamos obligados a escoger entre optimizar nuestras prácticas de contabilidad generalmente aceptadas y maximizar el valor actual de los flujos de caja futuros, escogeremos los flujos de caja.

Compartiremos nuestros procesos de planteamiento estratégico con vosotros cuando tomemos decisiones audaces (en la medida en que la presión competitiva lo permita), de modo que podréis valorar por vosotros mismos si estamos llevando a cabo inversiones racionales a largo plazo.

Nos esforzaremos para invertir sabiamente y mantener nuestra cultura *Lean* de mejora continua. Comprendemos la importancia de reforzar continuamente una cultura de optimización de costes, especialmente en un negocio que incurre en pérdidas netas.

Equilibraremos nuestro enfoque en el crecimiento poniendo énfasis en la rentabilidad a largo plazo y en la gestión de capital. En esta etapa, preferimos priorizar el crecimiento porque creemos que esa escala es fundamental para lograr el potencial de nuestro modelo de negocio.

Seguiremos enfocándonos en contratar y conservar a personas versátiles y talentosas, y proseguiremos mejorando su retribución anteponiendo las opciones sobre acciones al dinero en efectivo. Sabemos que nuestro éxito dependerá principalmente de nuestra capacidad de atraer y conservar una base de empleados motivados, cada uno de los cuales debe pensar como un propietario, por lo que, por consiguiente, debe serlo.

No somos tan osados como para afirmar que esta sea la filosofía de inversión «correcta», pero es la nuestra, y seríamos deshonestos si no fuéramos claros en el objetivo que nos hemos fijado y en el que nos seguiremos centrando.

Con esta base, nos gustaría pasar a analizar nuestro enfoque comercial, nuestro progreso en 1997 y nuestras perspectivas de futuro.

Obsesionarnos con los clientes

Desde el principio, nuestro objetivo ha sido ofrecer a nuestros clientes un valor convincente. Nos dimos cuenta de que Internet era, y sigue siendo, la World Wide Wait. Así que nos propusimos ofrecer a nuestros clientes algo que simplemente no podían obtener de ninguna otra forma, y empezamos a vender libros. Les ofrecimos una oferta mucho más amplia que la disponible en una tienda física (actualmente nuestra tienda ocuparía seis campos de fútbol), y la presentamos en un formato fácil de utilizar que permite encontrar volúmenes en una tienda abierta las 24 horas los 365 días del año. Nos esforzamos en mejorar la experiencia de compra, y en 1997 mejoramos sustancialmente nuestra tienda. Ahora ofrecemos a nuestros clientes cupones de regalo, la posibilidad de realizar pedidos con 1-Clic y muchas más reseñas, contenidos, opciones de navegación y funciones de recomendación. Bajamos drásticamente los precios, y con ello incrementamos todavía más la satisfacción del cliente. El boca a boca sigue siendo la herramienta más poderosa que tenemos para captar clientes, a quienes agradecemos la confianza que han depositado en nosotros. Las compras habituales y el boca a boca han convertido Amazon en el líder del mercado de la venta de libros online.

En muchos aspectos Amazon.com hizo grandes progresos en 1997:

—Las ventas pasaron de 15,7 millones de dólares en 1996 a 147,8 millones de dólares, un incremento de más del 838 %.

—Las cuentas totales de clientes aumentaron de 180.000 a 1.510.000, un incremento de más del 738 %.

—El porcentaje de pedidos de clientes habituales pasó del 46 % en el cuarto trimestre de 1996 a más del 58 % en el mismo periodo de 1997.

—En términos de audiencia, según Media Metrix, nuestra página web pasó de estar entre las 90 mejores a posicionarse entre las 20 mejores.

—Establecimos relaciones a largo plazo con muchos socios estratégicos importantes, entre ellos America Online, Yahoo!, Excite, Netscape, GeoCities, AltaVista, @Home y Prodigy.

Infraestructura

Durante 1997 nos esforzamos en expandir nuestra infraestructura de negocio para mantener el gran aumento del nivel del tráfico, de las ventas y del servicio:

La base de empleados de Amazon.com creció de 158 a 614, y reforzamos significativamente nuestro equipo de gestión.

La capacidad de nuestro centro de distribución pasó de 15.240 m^2 a 86.868 m^2, incluyendo un 70 % de expansión de nuestras instalaciones en Seattle y el lanzamiento de nuestro segundo centro de distribución en Delaware en noviembre.

Los inventarios se incrementaron en 200.000 títulos más a final de año, lo que nos permitió ampliar la oferta a nuestros clientes.

Nuestros balances de saldo e inversión a finales de año eran de 125 millones de dólares, gracias a nuestra oferta pública inicial en mayo de 1997 y a nuestro crédito de 75 millones de dólares, que nos permitieron disponer de una importante flexibilidad estratégica.

Nuestros empleados

El éxito del año pasado es el producto de un grupo de trabajo talentoso, inteligente y trabajador, y para mí es un gran orgullo formar parte de este equipo. Poner el listón alto en nuestros criterios de contratación es y seguirá siendo la clave del éxito de Amazon.com.

No es fácil trabajar aquí (cuando entrevisto a alguien le digo: «Puedes trabajar mucho, puedes trabajar muchas horas o puedes trabajar con eficacia, pero en Amazon.com no puedes escoger dos de las tres»), pero trabajamos para construir algo relevante, algo que importa a nuestros clientes, algo que podremos contar a nuestros nietos. Estas cosas no se antojan fáciles. Nos sentimos increíblemente afortunados de contar con este grupo de empleados comprometidos cuyo sacrificio y pasión construyen Amazon.com.

Metas para 1998

Todavía estamos en las primeras etapas de aprender a aportar un nuevo valor a nuestros clientes a través del comercio y de la comercialización por Internet. Nuestro objetivo sigue siendo consolidarnos y ampliar nuestra marca y nuestra base de clientes. Esto requiere una inversión constante en sistemas e infraestructuras para garantizar a nuestros clientes la máxima comodidad, las mejores gamas de productos y un servicio excelente a medida que nos expandimos. Estamos pensando en añadir música a nuestra oferta, y con el tiempo consideraremos otros productos para invertir prudentemente. También consideramos que hay oportunidades significativas para atender mejor a nuestros clientes en el extranjero, como reducir los tiempos de entrega y adaptarnos mejor a la experiencia del cliente. Para asegurarnos de ello, buena parte del desafío consistirá en priorizar nuestras inversiones, más que en encontrar nuevas formas de ampliar nuestro negocio.

Ahora sabemos mucho más sobre el comercio electrónico que cuando fundamos Amazon.com, pero todavía nos queda mucho por aprender. Aunque somos optimistas, debemos mantener el sentido de urgencia y no bajar la guardia. Los desafíos y obstáculos que tendremos que afrontar para hacer realidad nuestra visión a largo plazo de Amazon.com son varios: una competencia agresiva, hábil y bien financiada; desafíos importantes de crecimiento y riesgos de ejecución considerables; riesgos de la expansión geográfica y de productos, y la necesidad de llevar a cabo grandes inversiones constantemente para aprovechar las oportunidades de un mercado en crecimiento. Sin embargo, como llevamos tiempo diciendo, la venta de libros online y el comercio electrónico en general pasarán a convertirse en un mercado muy grande, y es probable que muchas compañías se beneficien significativamente de ello. Estamos muy contentos de todo lo que hemos hecho y aún más entusiasmados con todo lo que queremos hacer.

1997 fue ciertamente un año increíble. En Amazon.com estamos muy agradecidos a nuestros clientes por su actividad y su confianza, a nuestra plantilla por el gran trabajo desempeñado y a nuestros inversores por su apoyo y aliento.

Obsesiones
1998

Los últimos tres años y medio han sido apasionantes. Hemos atendido a un total de 6,2 millones de clientes, hemos terminado el año con una tasa de proyección de ingresos de 1.000 millones de dólares, hemos empezado a vender música y vídeos, hemos abierto tiendas de regalos en los Estados Unidos, hemos inaugurado tiendas en el Reino Unido y Alemania, y muy recientemente hemos lanzado Amazon.com Auctions, un servicio de subastas online.

Presagiamos que los próximos tres años y medio van a ser todavía más emocionantes. Estamos trabajando para crear un lugar donde decenas de millones de clientes puedan venir a buscar y descubrir todo aquello que puede que quieran comprar online. Es realmente el día uno para Internet y, si desarrollamos bien nuestro plan de negocio, seguirá siendo el día uno para Amazon.com. Dado lo que ha ocurrido, puede que sea difícil de imaginar, pero creemos que las oportunidades y los riesgos que tenemos por delante son incluso mayores que los que hemos dejado atrás. Tendremos que tomar decisiones conscientes y deliberadas, algunas de las cuales serán audaces y poco convencionales. Con suerte, algunas tendrán éxito. Sin duda, otras resultarán un fracaso.

Un resumen de 1998

Centrar nuestra atención en los clientes nos ha ayudado a hacer progresos sustanciales en 1998:

Las ventas aumentaron de 148 millones de dólares en 1997 a 610 millones de dólares, un incremento de más del 313 %.

El número de cuentas totales de clientes ascendió de 1,5 millones a finales de 1997 a 6,2 millones a finales de 1998, un incremento de más del 300 %.

A pesar de este fuerte aumento de nuevos clientes, el porcentaje de pedidos realizados en la web de Amazon.com por clientes habituales pasó del 58 % en el primer trimestre de 1997 al 64 % en el mismo periodo en 1998.

Nuestra primera gran expansión de productos, la tienda de música de Amazon.com, se convirtió en el principal minorista de música online en su primer trimestre completo.

Después de su lanzamiento en octubre bajo la marca de Amazon y con la tecnología de Amazon.com, las ventas combinadas del cuarto trimestre en las tiendas del Reino Unido y Alemania casi se cuadruplicaron durante el tercer trimestre, lo que convirtió a Amazon.co.uk y a Amazon.de en los principales minoristas de libros online de sus respectivos mercados.

Tras la incorporación de música, en noviembre añadimos vídeos y regalos, y nos convertimos en el principal minorista de vídeos online en tan solo seis semanas.

Las recientes iniciativas de Amazon.co.uk y Amazon.de, junto con las ventas de música, vídeo y regalos, generaron el 25 % de las ventas del cuarto trimestre de 1998 de Amazon.com.

Mejoramos significativamente la experiencia del cliente, con innovaciones como los pedidos en 1-Clic, regalos en 1-Clic, Gift Click y la opción de consultar el ranking de ventas en toda la tienda y de recibir recomendaciones instantáneas.

El aumento de ingresos y de clientes en 1998 y el objetivo de continuar creciendo para 1999 dependían y siguen dependiendo de la expansión de nuestra infraestructura. Algunos puntos que destacar:

En 1998 nuestra base de empleados creció de aproximadamente 600 a más de 2.100 trabajadores, y reforzamos significativamente nuestro equipo de gestión.

Abrimos centros de distribución y de atención al cliente en el Reino Unido y Alemania, y, a principios de 1999, anunciamos el arrendamiento de un centro de distribución altamente mecanizado de aproximadamente 30.000 m^2 en Frenley (Nevada). Esta última incorporación aumentará en más del doble nuestra capacidad total de distribución y nos permitirá mejorar todavía más el tiempo de envío a nuestros clientes.

Los inventarios aumentaron de 9 millones de dólares a principios de año a 30 millones de dólares a final de año, lo que nos permite mejorar la disponibilidad de productos para nuestros clientes y reducir su coste a través de la compra directa a nuestros fabricantes.

Nuestros balances de saldo e inversión, tras nuestra oferta de deuda de alto rendimiento de mayo de 1998 y la oferta de deuda convertible de principios de 1999, ahora superan los 1.500 millones de dólares (sobre una base pro forma), lo que nos proporciona solidez financiera y flexibilidad estratégica.

Somos afortunados por beneficiarnos de un modelo de negocio que favorece la liquidez y la eficacia del capital. Dado que no necesitamos construir tiendas físicas ni almacenar existencias en ellas, nuestro modelo centralizado de distribución nos ha permitido impulsar nuestro negocio con una tasa de ventas de 1.000 millones de dólares con tan solo 30 millones de dólares en inventario y 30 millones de dólares en planta y equipo netos. En 1998 generamos un flujo de caja operativo de 31 millones de dólares que compensa con creces las adiciones netas de activos fijos de 28 millones de dólares.

Nuestros clientes

Nuestro objetivo es crear la empresa más orientada al cliente del mundo. Damos por hecho que los clientes son perspicaces e inteligentes, y que la imagen de marca refleja la realidad y no al revés. Nuestros clientes nos dicen que escogen Amazon.com y les hablan a sus amigos de nosotros por nuestra oferta, facilidad de uso, precios bajos y servicio.

Pero no hay descanso para los incansables. A nuestros empleados les recuerdo constantemente que tengan miedo, que cada mañana se levanten atemorizados. No de nuestros competidores, sino de nuestros clientes. Nuestros clientes han hecho de nuestro negocio lo que es, es con ellos con quienes mantenemos una relación y tenemos un gran compromiso. Y consideramos que nos serán fieles hasta el momento en que venga otro y les ofrezca un mejor servicio.

Debemos comprometernos a mejorar constantemente, a experimentar y a innovar en cada iniciativa. Nos encanta ser pioneros, es el ADN de la empresa, y eso es bueno porque necesitaremos mantener ese espíritu pionero para triunfar. Estamos orgullosos de haber marcado la diferencia a través de la innovación constante y de poner persistentemente nuestro foco de atención en la experiencia del cliente, y creemos que nuestras iniciativas de 1998 son un reflejo de ello: nuestras ofertas de música y vídeo, nuestras tiendas en el Reino Unido y Alemania, así como nuestra tienda de libros en los Estados Unidos son las mejores del sector.

Trabaja duro, diviértete, haz historia

Sería imposible obtener resultados positivos en un ambiente tan dinámico como Internet sin gente extraordinaria. Trabajar para hacer un poco de historia no se antoja una tarea fácil, y, bueno, ¡estamos descubriendo que las cosas son tal y como esperábamos que fueran! Ahora tenemos un equipo de 2.100 personas inteligentes, trabajadoras y apasionadas que ponen al cliente en primer lugar. Poner el listón alto en nuestros criterios de contratación es y seguirá siendo la clave del éxito de Amazon.com.

En nuestras reuniones sobre nuevas contrataciones, pedimos a nuestra gente que considere tres preguntas antes de tomar una decisión:

¿Admirarás a esta persona? Si piensas en una persona que has admirado a lo largo de tu vida, probablemente sea alguien de quien has podido aprender algo o has tomado como ejemplo. En mi caso, siempre me he esforzado por trabajar solo con gente a la que admiro, por lo que animo a mis compañeros a ser tan exigentes como yo. La vida es demasiado corta para no serlo.

¿Esta persona alcanzará el nivel de eficiencia del grupo con el que vaya a trabajar? Queremos combatir la entropía. El nivel de exigencia tiene que aumentar constantemente. Propongo a la gente que visualice la empresa dentro de cinco años.

Para entonces, cada uno de nosotros debería mirar a su alrededor y decir: «Los estándares son muy altos ahora. ¡Menos mal que entré en su momento!».

¿En qué faceta esta persona podría llegar a ser una superestrella? Mucha gente tiene habilidades, intereses y perspectivas particulares que enriquecen el ambiente de trabajo de todos los que les rodean. A menudo es algo que ni siquiera está relacionado con el trabajo que desempeñan. Hay una persona aquí que es campeona nacional del concurso de deletreo National Spelling Bee (de 1978, creo). Supongo que eso no la ayuda en su trabajo diario, pero hace que trabajar aquí sea más divertido si de vez en cuando te cruzas con ella en el pasillo y la retas a un desafío rápido: «¡Onomatopeya!».

Metas para 1999

Cuando miramos hacia adelante, creemos que la oportunidad de comercio electrónico global es enorme y 1999 será un año importante. Aunque Amazon.com ha consolidado una posición de liderazgo importante, es cierto que la competencia será todavía más fuerte. Planificamos invertir agresivamente para crear las bases de una empresa con ingresos multimillonarios que atienda a decenas de millones de clientes con excelencia operativa y alta eficiencia. Aunque este nivel de inversión futura es costoso y conlleva muchos riesgos inherentes, creemos que proporcionará la mejor experiencia integral para los clientes y que, en realidad, constituye la estrategia de creación de valor a largo plazo menos arriesgada para los inversores.

Los elementos de nuestro plan de 1999 puede que no os sorprendan:

Capacidad de distribución: intentamos crear una importante infraestructura de distribución que nos permita acceder rápidamente a un extenso inventario de productos para garantizar que podemos asumir todas las ventas que exigen nuestros clientes.

Capacidad de los sistemas: Ampliaremos la capacidad de nuestros sistemas para alcanzar niveles de crecimiento similares. El grupo de sistemas tiene una tarea importante: expandirse para conseguir crecimiento a corto plazo, reestructurar los sistemas para gestionar miles de millones de dólares y decenas de millones de clientes, desarrollar funciones y sistemas para poner en práctica nuevas iniciativas e innovaciones, e incrementar la excelencia y la eficiencia de nuestro funcionamiento. Todo ello manteniendo una tienda que factura 1.000 millones de dólares y con 8 millones de clientes abierta las 24 horas todos los días del año.

La promesa de la marca: Amazon.com todavía es una empresa joven y pequeña en comparación con los grandes minoristas físicos, y debemos asegurarnos de establecer relaciones amplias y sólidas con los clientes durante este periodo crítico.

Ofertas ampliadas de productos y servicios: en 1999 continuaremos aumentando el marco de nuestra oferta de productos y servicios actuales, así como añadiendo nuevas iniciativas. Amazon.com Auctions es nuestra novedad más reciente. Si todavía no habéis probado este nuevo servicio, os animo a que vayáis corriendo —no andéis— a www.amazon.com y hagáis clic en la pestaña de Auctions. Como clientes de Amazon.com, ya estáis prerregistrados tanto para pujar como para vender. Como vendedores, tenéis acceso a los 8 millones de expertos compradores online de Amazon.com.

Desarrollo de talento y procesos: hemos complicado excesivamente nuestra actividad con nuevos productos, servicios, áreas geográficas, adquisiciones e incorporaciones a nuestro modelo de negocio. Tenemos la intención de invertir en equipos, en procesos, en comunicación y en la formación de nuestros recursos humanos. Crecer de esta forma es uno de los desafíos más grandes a los que nos enfrentamos.

Amazon.com ha hecho grandes avances durante el último año, pero todavía nos queda mucho por hacer y por aprender. Aunque somos optimistas, sabemos que debemos mantener el sentido de urgencia y no bajar la guardia. Tenemos muchos desafíos y obstáculos por delante. Entre otros, la competencia agresiva, hábil y bien financiada; los desafíos de crecimiento y el riesgo de ejecución asociados a nuestra propia expansión, y la necesidad de hacer grandes inversiones constantemente para aprovechar las oportunidades de un mercado en expansión.

Lo más importante que puedo decir en esta carta ya lo dije en la carta del año pasado, que detallaba nuestro objetivo de inversión a largo plazo. Como tenemos tantos nuevos accionistas (este año hemos impreso más de 200.000 cartas, el año pasado imprimimos unas 13.000), hemos adjuntado la carta del año pasado inmediatamente después de la de este año. Os invito a leer la sección titulada «Todo se reduce al largo plazo». La podéis leer dos veces para aseguraros de que somos el tipo de empresa en la que queréis invertir. Como dije allí, no garantizamos que esta sea la filosofía correcta, ¡simplemente reivindicamos que es la nuestra!

Os deseo lo mejor y doy las gracias de corazón una vez más a nuestros clientes y accionistas y a toda nuestra gente, que trabaja apasionadamente cada día para crear una empresa importante y duradera.

Construir a largo plazo

1999

En los primeros cuatro años y medio de nuestro viaje hemos conseguido resultados asombrosos: ahora atendemos a unos 17 millones de clientes en más de 150 países y hemos creado una marca y una plataforma que lideran el comercio electrónico global.

En los próximos años esperamos beneficiarnos de la difusión constante del comercio electrónico por todo el mundo, cuando millones de nuevos clientes se conecten a Internet por primera vez. A medida que mejore la experiencia de compra online, aumentará la confianza del usuario, lo que generará una mayor captación de clientes. Y si en Amazon.com hacemos bien nuestro trabajo, estaremos en una situación inmejorable para ofrecer el mejor servicio a los nuevos clientes y obtener un beneficio a cambio.

Un resumen de 1999

A lo largo de 1999 nuestro enfoque centrado en los clientes ha dado sus frutos:

Las ventas han aumentado de 610 millones de dólares en 1998 a 1.640 millones de dólares, un incremento del 169 %.

Incorporamos 10,7 millones de nuevos clientes, lo que supuso un incremento de las cuentas totales de clientes de 6,2 millones a 16,9 millones.

El porcentaje de pedidos realizados por clientes habituales pasó de más del 64 % en el cuarto trimestre de 1998 a más del 73 % en el mismo periodo de 1999.

Ahora clientes de todo el mundo eligen Amazon.com por su amplia gama de productos. Hace solo dos años, el negocio del libro en Estados Unidos representaba el 100 % de nuestras ventas. Hoy, a pesar del fuerte crecimiento de las ventas de libros en Estados Unidos, otras áreas generan más de la mitad de nuestras ventas. Las principales iniciativas de 1999 incluyeron subastas, zShops,[1] juguetes, productos electrónicos, mejoras del hogar, software, videojuegos, Payments[2] y nuestro proyecto inalámbrico, Amazon Anywhere.

Seguimos siendo reconocidos como los mejores de nuestro sector no solo en nuestras áreas más consolidadas, como los libros, sino también en nuestras nuevas tiendas online. Por poner un ejemplo concreto, Amazon Toys ha recibido múltiples reconocimientos: ha sido valorada como la mejor tienda de juguetes online en una encuesta del canal de noticias MSNBC, también ha sido escogida como la tienda de juguetes online número uno según la empresa de estudios de mercado Forrester Research y ha obtenido la mejor calificación electrónica de la organización de consumidores Consumer Reports en la categoría de juguetes, superando en cada caso a un gran número de empresas más consolidadas.

Las ventas fuera de los Estados Unidos representaron el 22 % de nuestro negocio con un total de 358 millones de dólares. En el Reino Unido y Alemania hemos incorporado música, subastas y zShops. De hecho, Amazon.co.uk, Amazon.de y Amazon.com ahora son los tres dominios de venta minorista online más populares de Europa.

1. N. del T.: Tiendas que permiten vender mercancía a cualquier individuo.

2. N. del T.: Función que hará posible el pago a individuos o pequeñas y medianas empresas a través del sitio web.

Aumentamos la capacidad de distribución en todo el mundo de aproximadamente 30.000 m^2 a 464.515 m^2 en menos de doce meses.

En parte debido a esta infraestructura, pudimos aumentar los ingresos un 90 % en solo tres meses, mientras enviamos satisfactoria y puntualmente en torno al 99 % de nuestros pedidos navideños. Según hemos podido constatar, ninguna otra empresa ha aumentado nunca un 90 % en tres meses sobre una base de ventas de aproximadamente 1.000 millones de dólares.

Estoy tremendamente orgulloso de todos los trabajadores de Amazon.com por sus incansables esfuerzos para ofrecer lo que se ha convertido en un nuevo estándar de experiencia de cliente, el estándar Amazon.com, mientras nuestra tasa de crecimiento aumenta simultáneamente de forma tan extraordinaria. Si alguno de vosotros, inversores, queréis darle las gracias a este increíble equipo mundial de *amazonians,* no dudéis en enviar un correo electrónico a jeff@amazon.com. Con la ayuda de mi fantástico personal de oficina, los recopilaré y los enviaré a la empresa. Sé que os lo agradecerán. (Como beneficio secundario, ¡comprobaré si alguien lee estas cartas!).

En 1999 continuamos beneficiándonos de un modelo de negocio que es inherente al alto rendimiento de capital. No necesitamos construir tiendas físicas ni proveerlas de inventario, y nuestro modelo centralizado de distribución nos ha permitido desarrollar un negocio con aproximadamente 2.000 millones en ventas anuales, pero que solo requiere 220 millones de dólares en inventario y 318 millones de dólares en activos fijos. En los últimos cinco años, en conjunto hemos utilizado solo 62 millones de capital operativo.

¿Qué es lo que tienes?

En un evento reciente en el campus de la Universidad de Stanford, una chica joven se acercó al micrófono y me planteó una excelente pregunta: «Tengo 100 acciones de Amazon.com. ¿Qué es lo que tengo?».

Me sorprendió que nadie me lo hubiera preguntado hasta entonces, al menos de esa forma tan sencilla. ¿Qué tienes? Tienes una parte de la plataforma líder del comercio electrónico.

La plataforma Amazon.com la componen la marca, los clientes, la tecnología, la capacidad de distribución, la profunda experiencia del comercio electrónico y un gran equipo con pasión por innovar y por atender bien a sus clientes. Empezamos el año 2000 con 17 millones de clientes, una reputación mundial por su enfoque en el cliente, los mejores sistemas de software de comercio electrónico y la mejor infraestructura de servicio al cliente. Creemos que hemos llegado a un «punto de inflexión» en el que esta plataforma nos permite lanzar nuevos negocios de comercio electrónico con mayor rapidez, mayor calidad de experiencia del cliente, un coste progresivo más bajo, una alta posibilidad de éxito y una vía más rápida de expansión y rentabilidad que cualquier otra compañía.

Nuestra visión es utilizar esta plataforma para crear la empresa más orientada al cliente del mundo, un lugar donde los clientes puedan venir a buscar y descubrir cualquier cosa y todo lo que puedan desear comprar online. No lo haremos solos, sino junto con aquellos que serán nuestros miles de socios de todo tipo. Escucharemos a los clientes, inventaremos por ellos y personalizaremos la tienda para cada uno de ellos, todo ello mientras nos esforzamos en continuar ganándonos su confianza. Como es probablemente obvio, esta plataforma proporciona una inusual oportunidad a gran escala que debería resultar muy valiosa tanto para los clientes como para los inversores si podemos sacarle el mayor partido. A pesar de los numerosos riesgos y complejidades que entraña, estamos profundamente comprometidos con ello.

Metas para 2000

Para el año 2000, Amazon.com se plantea seis grandes metas: aumentar el número de clientes y reforzar la relación que mantenemos con cada uno de ellos; incrementar rápida y constantemente los productos y servicios que ofrecemos; impulsar la excelencia operativa en todas las áreas de la empresa; expandirse a nivel internacional; ampliar nuestros programas de asociación; y, final y significativamente, impulsar la rentabilidad en todos y cada uno de los negocios que tenemos entre manos. Voy a hablar un poco de cada meta.

Aumento y refuerzo de la relación con nuestros clientes: continuaremos invirtiendo agresivamente en la captación de nuevos clientes. Aunque a veces cuesta imaginar todo lo que ha pasado en los últimos cinco años, sigue siendo el día uno para el comercio electrónico, y nos encontramos en las primeras etapas de difusión en las que muchos clientes están empezando a comprar online por primera vez. Debemos esforzarnos en aumentar el número de clientes que compran con nosotros, el número de productos que adquieren, la frecuencia con que lo hacen y el nivel de satisfacción que tienen tras haberlo hecho.

Incremento de los productos y servicios: estamos trabajando para crear un lugar donde los clientes puedan encontrar y descubrir cualquier producto que deseen comprar a cualquier hora y en cualquier lugar. Cada nuevo producto y servicio que ofrecemos aumenta la importancia que tenemos para un grupo más amplio de clientes y puede incrementar la frecuencia con que visitan nuestra tienda. De modo que, a medida que ampliamos nuestra oferta, estamos creando un círculo virtuoso para todo el negocio. Cuanto mayor sea la frecuencia con que nuestros clientes visitan nuestra tienda, menor será el tiempo, la energía y la inversión de marketing requeridos para conseguir que vuelvan. Siempre a la vista, siempre en mente.

Además, a medida que nos expandimos, cada nueva tienda

cuenta con un equipo comprometido de trabajadores que se esfuerza por ofrecer el mejor servicio en su ámbito; por ello, cada nueva tienda también supone una nueva oportunidad para que los clientes puedan constatar que son nuestro foco de atención. Finalmente, cada nuevo producto o servicio potencia todavía más nuestras inversiones en distribución, nuestro servicio al cliente, nuestra tecnología y nuestra marca, y puede generar una mayor influencia en nuestra línea de producción.

Excelencia operacional: para nosotros, la excelencia operacional implica dos cosas: mejorar continuamente la experiencia del cliente y aumentar la productividad, el margen, la eficiencia y la rotación de activos en todos nuestros negocios.

A menudo, la mejor forma de obtener una cosa es ofreciendo otra. Por poner un ejemplo, una distribución más eficiente genera tiempos de entrega más rápidos, y esto a su vez reduce los contactos por pedido y los costes de servicio del cliente. Todo ello, asimismo, reduce los costes de captación y retención de clientes.

Toda nuestra empresa está altamente focalizada en conseguir la excelencia operativa en cada área de nuestro negocio para el año 2000. Ser una de las primeras empresas del mundo tanto en experiencia del cliente como en operaciones nos permitirá crecer más rápido y ofrecer un nivel de servicios incluso superior.

Expansión internacional: pensamos que los clientes de fuera de Estados Unidos tienen unos servicios minoristas peores incluso que los clientes estadounidenses, y, con nuestra plataforma actual, Amazon.com está bien posicionada para asumir el liderazgo de la venta minorista a nivel mundial. Ya contamos con una marca importante, un índice de ventas significativo y una base mundial de clientes considerable, ya que hemos hecho envíos a unos 150 países durante casi cinco años. Me complace informaros de que nuestras tiendas en el Reino Unido y Alemania han empezado con fuerza: ya están entre los diez mejores sitios web y son las principales tiendas online en sus respectivos países. Nuestros clientes y accionistas de todo el mundo pueden esperar una mayor expansión geográfica desde esta base durante el próximo año.

Ampliación de nuestro programa de asociación: a través de nuestra plataforma podemos aportar un enorme valor a nuestros socios, como drugstore.com. De hecho, hasta el momento, nuestra experiencia sugiere que Amazon.com puede convertirse con facilidad en el medio más eficiente y efectivo para que nuestros socios construyan sus negocios. En muchas áreas, la asociación es la mejor forma que tenemos de ampliar rápidamente nuestra tienda de una forma rentable y enfocada en el cliente. Cabe destacar el siguiente punto: la calidad de la experiencia del cliente que un socio aporta es el criterio más importante de nuestro proceso de selección, es decir, no estableceremos asociaciones con empresas que no compartan nuestra pasión por el servicio al cliente.

Nos encantan este tipo de asociaciones porque gustan tanto a nuestros clientes como a nuestros socios y son atractivas desde el punto de vista financiero, por lo que también complacen a nuestros accionistas: a vosotros y a nosotros.

Impulso de la rentabilidad en cada uno de los negocios que tenemos entre manos: cada meta previa que nos hemos fijado contribuye a nuestro objetivo de largo alcance de construir la mejor franquicia a largo plazo, la más rentable y la que genere el mayor retorno de la inversión. Por ello, en cierto modo, impulsar la rentabilidad es el fundamento que subyace en todas estas metas. El próximo año esperamos ofrecer una mejora sustancial en los márgenes y en el aprovechamiento de costes mientras impulsamos la mejora continua en nuestras asociaciones con los proveedores, en nuestra propia productividad y eficiencia, en nuestra gestión de capital fijo y circulante, y en nuestra experiencia en gestionar la variedad y el precio de los productos.

Cada producto y servicio que lanzamos este año debería contribuir a desarrollar nuestra plataforma, de modo que nuestra curva de inversión tienda a ser menos pronunciada y el tiempo de beneficio por cada negocio, en general, continúe reduciéndose.

Todo se reduce al largo plazo

Para concluir, considerad este el punto más importante: la experiencia actual de compra online es la peor que habrá jamás. Hoy es lo bastante buena como para atraer a 17 millones de clientes, pero va a mejorar mucho. El aumento del ancho de banda permitirá visualizar páginas de mayor contenido con mayor rapidez. Otras mejoras permitirán el acceso permanente (que confío será un fuerte estímulo para las compras online desde casa, en lugar de ir a una tienda física) y veremos avances importantes en los dispositivos que no sean ordenadores personales y en el acceso inalámbrico. Además, es maravilloso estar participando en un mercado global de millones de dólares en el que somos muy pequeños. Somos doblemente afortunados. Tenemos la oportunidad de disponer de un volumen de mercado ilimitado en un área donde la base tecnológica subyacente que empleamos mejora cada día. Eso no es normal.

Como siempre, en Amazon.com seguimos dando las gracias a nuestros clientes por su actividad y su confianza, a la plantilla por el gran trabajo desempeñado y a nuestros inversores por su apoyo y aliento. Muchísimas gracias.

Adoptar una perspectiva a largo plazo

2000

Ouch. Ha sido un año terrible para muchos en los mercados de capitales y ciertamente para Amazon.com. En el momento en que escribo esta carta, nuestras acciones han bajado más de un 80 % desde que os escribí el año pasado. Sin embargo, en todos los aspectos, Amazon.com está en una posición más fuerte ahora que en ningún otro momento de su historia.

Hemos atendido a 20 millones de clientes en 2000, frente a 14 millones en 1999.

Las ventas aumentaron a 2.760 millones de dólares en 2000, frente a 1.640 millones en 1999.

La pérdida operativa (pro forma) se redujo al 6 % de ventas en el cuarto trimestre de 2000, frente al 26 % de ventas en el cuarto trimestre de 1999.

La pérdida operativa (pro forma) en los Estados Unidos se redujo al 2 % de ventas en el cuarto trimestre de 2000, frente al 24 % de ventas en el cuarto trimestre de 1999.

El gasto medio por cliente en 2000 fue de 134 dólares, un 19 % más.

El beneficio bruto aumentó a 656 millones de dólares en 2000, frente a 291 millones de dólares en 1999, un 125 % más.

Casi el 36 % de los clientes de los Estados Unidos compraron en una de nuestras tiendas de electrónica, herramientas y menaje de cocina en el cuarto trimestre de 2000.

Las ventas internacionales aumentaron a 381 millones de dólares en 2000, frente a 168 millones de dólares en 1991.

Ayudamos a nuestro socio Toysrus.com a vender más de 125 millones de dólares en juguetes y videojuegos en el cuarto trimestre de 2000.

Terminamos el año 2000 con un saldo en efectivo y valores negociables de 1.100 millones de dólares, frente a 706 millones de dólares a finales de 1999, gracias a nuestra reciente financiación euroconvert de principios de 2000.

Y, lo que es más importante, nuestro enfoque en el cliente se ha visto recompensado con una puntuación del 84 % en el Índice de Satisfacción del Cliente Estadounidense. Nos han comentado que es la puntuación más alta obtenida por una empresa de servicios de cualquier sector.

No obstante, si la empresa está mejor posicionada hoy que hace un año, ¿por qué la cotización actual en bolsa es mucho más baja que entonces? Como dijo el célebre inversor Benjamin Graham: «A corto plazo, el mercado de valores es una máquina de votar; a largo plazo actúa como una báscula». Es obvio que en el próspero año 1999 hubo mucha votación y mucho menos pesaje. Somos una empresa que quiere pasar por la báscula, y con el tiempo lo haremos; a largo plazo, todas las empresas lo hacen. Mientras tanto, nuestros esfuerzos se dirigen a crear una empresa cada vez más sólida.

Muchos de vosotros me habéis oído hablar de las apuestas arriesgadas que hemos realizado y continuaremos realizando como empresa, y que comprenden desde nuestra inversión en tecnologías digitales e inalámbricas hasta nuestra decisión de invertir en empresas pequeñas de comercio electrónico como living.com y Pets.com, que finalizaron su actividad en 2000. Al ser accionistas destacados en ambas, hemos perdido una cantidad significativa de dinero.

Hicimos estas inversiones porque sabíamos que no entraríamos en estos sectores a corto plazo y creímos fervientemente en el mito de la «fiebre del oro» de Internet. Ciertamente, este mito nos resultó muy útil para tomar decisiones durante varios años a partir de 1994, pero ahora creemos que se ha ido desvaneciendo durante los dos últimos años. En retrospectiva, subestimamos significativamente el tiempo que nos llevaría poder entrar en estos sectores y la dificultad que entrañaría conseguir la escala necesaria para tener éxito en empresas online especializadas en un ámbito concreto.

La venta online (en relación con la venta minorista tradicional) es un negocio a escala caracterizado por costes fijos elevados y costes variables relativamente bajos. Esto conlleva que sea difícil consolidarse como una empresa de comercio electrónico de tamaño medio. Con un margen financiero suficiente, Pets.com y living.com podrían haber llegado a captar suficientes clientes para conseguir la escala necesaria. No obstante, cuando los mercados de capital se negaron a financiar las empresas de Internet, estas se vieron obligadas a cerrar. Por muy doloroso que fuera, la alternativa —invertir más de nuestro capital en estas empresas para mantenerlas a flote— habría sido un error más grave aún.

Futuro: la propiedad inmobiliaria no obedece a la ley de Moore

Pensemos en el futuro. ¿Por qué deberíais ser optimistas sobre el futuro del comercio electrónico y de Amazon.com?

Durante los próximos años, las mejoras constantes en la experiencia de la compra online impulsarán el crecimiento industrial y la captación de nuevos clientes. El aumento espectacular de la banda ancha, del espacio en disco y de la capacidad de procesamiento, cuyos costes están bajando rápidamente, propiciará innovaciones que permitirán mejorar la experiencia del cliente.

La capacidad de procesamiento por unidad de precio se duplica aproximadamente cada dieciocho meses (ley de Moore), la del espacio en disco aproximadamente cada doce, y la del ancho de banda aproximadamente cada nueve. Según esta predicción, dentro de cinco años Amazon.com podrá utilizar sesenta veces más ancho de banda por cliente manteniendo coste actual. Asimismo, la mejora de la relación calidad-precio del espacio en disco y de la capacidad de procesamiento, por ejemplo, nos permitirán ofrecer incluso más y mejores personalizaciones de nuestra página web en tiempo real.

En el mundo físico, los minoristas continuarán utilizando la tecnología para reducir costes, pero no para transformar la experiencia del cliente. Nosotros también la usaremos para reducir costes, pero el mayor efecto será utilizar la tecnología para impulsar la incorporación de nuevos negocios e incrementar nuestros ingresos. Todavía creemos que es probable que un 15% del comercio minorista acabe por establecerse en Internet.

Si bien nuestras conclusiones no son infalibles y todavía nos queda mucho por demostrar, hoy por hoy, Amazon.com sigue siendo un activo único. Tenemos la marca, las relaciones con los clientes, la tecnología, la infraestructura logística, el potencial financiero, la gente y la determinación necesarios para expandir nuestro liderazgo en esta industria incipiente y crear una empresa importante y duradera. Y lo haremos manteniendo la prioridad en el cliente.

2001 será un año importante para nuestro desarrollo. Igual que el 2000, este será un año de enfoque y de ejecución. Como primer paso, hemos establecido el objetivo de conseguir un beneficio operativo pro forma en el cuarto trimestre. Aunque tenemos un ingente trabajo por delante y no podemos garantizar el éxito, tenemos un plan para conseguirlo; es nuestra máxima prioridad, y cada persona de esta empresa está comprometida para contribuir a dicho objetivo. Estoy impaciente por anunciaros nuestros progresos el próximo año.

En Amazon.com seguimos estando muy agradecidos a nuestros clientes por su actividad y su confianza, a la plantilla por el gran trabajo desempeñado y a nuestros inversores por su apoyo y aliento. Muchísimas gracias.

Nuestra cartera de clientes es nuestro valor más preciado

2001

En julio del pasado año, el tren de Amazon.com alcanzó una estación importante en su recorrido. Tras cuatro años centrados en el crecimiento y unos dos años dedicados casi exclusivamente a reducir costes, llegamos a un punto donde podíamos permitirnos equilibrar el crecimiento y la mejora de costes, dedicando a ambos recursos y proyectos con personal. Nuestra gran reducción de precios en julio, en que aplicamos un descuento del 30 % en libros cuyo precio de catálogo superaba los 20 dólares, supuso un cambio significativo.

Este balance empezó a dar resultados en el cuarto trimestre, cuando superamos significativamente nuestros objetivos en el balance final y aceleramos simultáneamente el crecimiento de nuestro negocio. Volvimos a bajar los precios en enero, cuando ofrecimos una nueva opción de envíos gratuitos (todo el año) en pedidos superiores a los 99 dólares. Enfocarnos en abaratar los costes nos permite ofrecer precios más bajos y acelerar nuestro crecimiento. Este genera más ventas y reduce el coste fijo por unidad, lo cual nos permite mejorar aún más los precios. A los clientes les gusta y es beneficioso para los accionistas. Espero que podamos volver a repetir este círculo virtuoso.

Como ya he señalado, superamos nuestros objetivos para el cuarto trimestre con un beneficio operativo pro forma de 59 millones de dólares y un beneficio neto pro forma de 35 millones de dólares. Miles de empleados de Amazon.com de todo el mundo se esforzaron para conseguir este objetivo; deben estar orgullosos de lo que han logrado, y espero que lo estén. Otros de los aspectos más destacables de este año memorable son:

Las ventas aumentaron un 13 %, de 2.760 millones de dólares en 2000 a 3.120 millones de dólares en 2001; en el cuarto trimestre, conseguimos nuestros primeros 1.000 millones de dólares en ventas totales, el 23 % del crecimiento interanual.

Atendimos 25 millones de cuentas de clientes en 2001, frente a 20 millones en 2000 y 14 millones en 1999.

Las ventas internacionales aumentaron un 74 % en 2001, y más de la cuarta parte de las ventas se efectuaron fuera de los Estados Unidos. El Reino Unido y Alemania, nuestros mercados internacionales más grandes, obtuvieron un beneficio operativo pro forma conjunto por primera vez en el cuarto trimestre. Un año después de su apertura, la sede de Japón aumentó a 100 millones de dólares la tasa de proyección anual en el cuarto trimestre.

Cientos de miles de pequeñas empresas y particulares ganaron dinero vendiendo productos nuevos y usados a nuestros clientes directamente desde nuestras páginas de información del producto, con un alto volumen de tráfico. Estos pedidos de Marketplace alcanzaron un 15 % de los pedidos en Estados Unidos en el cuarto trimestre, y han superado las expectativas que teníamos cuando lanzamos Marketplace en noviembre de 2000.

La rotación de inventario aumentó de 12 en 2000 a 16 en 2001.

Lo más importante es que nos mantuvimos firmes en nuestra orientación al cliente, como refleja la puntuación de 84/100 obtenida por segundo año consecutivo en el célebre Índice de Satisfacción del Cliente Estadounidense, elaborado por la Universidad de Michigan. Nos han comunicado que se trata de la mayor puntuación jamás registrada no solo por cualquier minorista, sino por cualquier empresa de servicios.

Obsesionarse con los clientes: mantenemos nuestro compromiso

Hasta julio, Amazon.com se ha erigido principalmente sobre dos pilares de la experiencia del cliente: la oferta y la comodidad. En julio, como ya he comentado, incorporamos un tercer pilar: la reducción paulatina de los precios. Debéis saber que nuestro compromiso con los primeros dos pilares sigue siendo tan firme como siempre.

Ahora disponemos de más de 45 millones de artículos en nuestra tienda de electrónica (unas siete veces la oferta que probablemente encontraríais en una gran superficie de electrónica), hemos triplicado nuestra oferta de menaje cocina (encontraréis todas las mejores marcas), hemos lanzado tiendas de ordenadores y de suscripciones a revistas, y hemos incorporado una selección con socios estratégicos como Target y Circuit City.

Hemos mejorado la comodidad de los clientes con opciones como Instant Order Update, que te avisa si vas a comprar el mismo artículo dos veces (¡la gente tiene muchas cosas en la cabeza y se olvida de que ya lo ha comprado!).

Hemos mejorado considerablemente las capacidades de autoservicio del cliente. Ahora los clientes tienen más facilidad para localizar, cancelar o modificar sus propios pedidos. Para localizar un pedido, basta con iniciar la sesión y hacer una búsqueda convencional sobre cualquier producto incluido en el pedido. Cuando llega a la página de detalle del producto, en la parte superior de la pantalla aparece un enlace al pedido.

Hemos creado una nueva funcionalidad llamada «Echa un vistazo». Los clientes pueden ver las imágenes en alta resolución no solo de la cubierta del libro, sino también de la contracubierta, el índice y la tabla de contenidos, además de una muestra razonable de las páginas interiores. De este modo, pueden ver el libro por dentro antes de tomar la decisión de comprarlo. La opción está disponible en aproximadamente 200.000 de nuestros millones de títulos (como punto de comparación, una cadena minorista tradicional dispone de unos 100.000 títulos).

Como último ejemplo, solo señalaré que una de las cosas más importantes que hemos hecho para mejorar la comodidad y la experiencia de los clientes es además un enorme impulsor de la productividad de coste variable: eliminar de raíz fallos y errores. Cada año transcurrido desde la fundación de Amazon.com hemos mejorado en nuestros esfuerzos por eliminar errores, y el año pasado fue el mejor de todos. Eliminar de raíz las causas de los errores nos permite reducir costes y ahorra tiempo a nuestros clientes.

Nuestra cartera de clientes es nuestro valor más preciado y lo cuidaremos con esfuerzo e innovación.

Un marco de inversión

En cada carta anual (incluyendo esta) adjuntamos una copia de nuestra carta de 1997 para ayudar a los accionistas a decidir si Amazon.com es el tipo de inversión adecuada para ellos, y para que nos ayuden a valorar si nos hemos mantenido fieles a nuestros objetivos y valores originarios. Yo creo que sí.

En esa carta de 1997 escribimos: «Cuando nos veamos obligados a escoger entre optimizar nuestras prácticas de contabilidad generalmente aceptadas y maximizar el valor actual de los flujos de caja futuros, escogeremos los flujos de caja».

¿Por qué centrarnos en los flujos de caja? Porque una acción es una participación de los flujos de caja futuros de una empresa y, en consecuencia, más que cualquier otra variable única, los flujos de caja parecen ser el medio más fiable de explicar la cotización en bolsa de una empresa a largo plazo.

Si pudierais saber a ciencia cierta solo dos cosas, los flujos de caja futuros de una empresa y su futuro número de acciones en circulación, os podríais hacer una idea excelente del valor actual razonable de una participación de las acciones de esa empresa. (También necesitaríais conocer las tasas de descuento apropiadas, pero si supierais «a ciencia cierta» los flujos de caja futuros, también sería razonablemente fácil saber qué tasas de descuento usar). No es fácil, pero podéis hacer un pronóstico bastante correcto de los flujos de caja futuros examinando la actividad de una empresa en el pasado y observando factores como los puntos de apalancamiento y la escalabilidad de ese modelo de empresa. Estimar el número de acciones en circulación en un futuro requiere predecir elementos como el otorgamiento de opciones a los empleados u otras transacciones potenciales de capital. Finalmente, vuestra determinación del flujo de caja por acción será un importante indicador del precio que estaréis dispuestos a pagar por una participación de propiedad de cualquier empresa.

Como esperamos mantener en gran medida la estabilidad de nuestros costes fijos, incluso en unidades de volumen significativamente más elevadas, creemos que Amazon.com está preparado para generar durante los próximos años un flujo de caja disponible, constante y significativo. Nuestra meta para 2002 es precisamente un reflejo de nuestros planteamientos. Como dijimos en enero, cuando anunciamos nuestros resultados del cuarto trimestre, este año planeamos generar flujo de capital operativo positivo que derive en flujo de caja disponible (la diferencia entre ambos es una inversión prevista de hasta 75 millones de dólares). Nuestros ingresos netos pro forma de los últimos doce meses deberían reflejar de forma aproximada el flujo de caja de ese periodo.

Limitar el número de acciones implica más flujo de caja por acción y más valor a largo plazo para los propietarios. Nuestro objetivo actual es la dilución neta de las opciones de compra de acciones de los empleados (concesiones netas de cancelaciones) a una media del 3 % anual durante los próximos cinco años, aunque dependiendo del año podría ser mayor o menor.

Compromiso incondicional con el valor accionista a largo plazo

Como ya he comentado muchas veces anteriormente, creemos firmemente que los intereses a largo plazo de los accionistas están intrínsecamente relacionados con los intereses de nuestros clientes: si hacemos nuestro trabajo correctamente, los clientes de hoy comprarán más mañana y captaremos más clientes, lo que aportará más flujo de caja y más valor a largo plazo para nuestros accionistas. Con este propósito, nos comprometemos a expandir nuestro liderazgo en el comercio electrónico de forma que beneficie a los clientes e, inherentemente, a los inversores —pues una cosa conlleva la otra.

En este comienzo de 2002, me complace anunciar que sigo tan entusiasmado como siempre con este negocio. Tenemos más potencial de innovación que nunca, estamos cerca de acreditar el apalancamiento operativo de nuestro modelo de negocio, y trabajo con un formidable equipo internacional de *amazonians*. Estoy agradecido de lo afortunado que soy. Os damos las gracias, queridos propietarios, por vuestro apoyo, por vuestro aliento y por acompañarnos en esta aventura. Si eres un cliente, ¡también te damos las gracias!

Lo que beneficia a nuestros clientes beneficia a nuestros accionistas

2002

Existen muchas razones por las que Amazon.com no es una tienda convencional. Por ejemplo, tenemos una amplia oferta que no se ve limitada por el espacio de las estanterías. Rotamos nuestro inventario nueve veces al año. Personalizamos la tienda para todos y cada uno de nuestros clientes. Intercambiamos bienes inmuebles por tecnología (que cada año es más barata y competitiva). Mostramos reseñas críticas de clientes sobre nuestros productos. Hacemos posible realizar una compra en unos pocos segundos con un solo clic. Exponemos productos usados al lado de los nuevos para que puedas escoger. Compartimos nuestro bien más preciado —nuestras páginas de información del producto— con terceros, y si los vendedores externos pueden ofrecer un producto más económico, dejamos que lo hagan.

Puede que cueste entender una de nuestras peculiaridades más importantes. La gente ve que estamos dispuestos a ofrecer una experiencia de cliente de primer nivel mundial al precio más bajo posible, pero a algunos este doble objetivo les parece paradójico, por no decir verdaderamente quijotesco. Las tiendas tradicionales se enfrentan a la eterna disyunción entre proporcionar al cliente una experiencia personalizada u ofrecerle los precios más bajos posibles. ¿Cómo se las arregla Amazon.com para hacer ambas cosas?

La respuesta es que transformamos buena parte de la experiencia del cliente —como nuestra inigualable oferta de productos, la detallada información que ofrecemos sobre ellos, las recomendaciones personalizadas y las nuevas prestaciones de software— principalmente en un coste fijo. Con unos costes de la experiencia del cliente mayoritariamente fijos (más similares a un modelo editorial que a un modelo minorista), nuestros costes en porcentaje de ventas pueden reducirse rápidamente a medida que expandimos nuestro negocio. Además, aquellos costes de la experiencia del cliente que permanecen variables —como la parte variable de los gastos de funcionamiento— mejoran con nuestro modelo a medida que eliminamos defectos. Eliminar los defectos mejora los costes y proporciona una mejor experiencia del cliente.

Creemos que nuestra capacidad de reducir precios y mejorar al mismo tiempo la experiencia del cliente es muy importante, y los años anteriores evidencian que la estrategia está funcionando.

Primero, continuamos mejorando la experiencia del cliente. La temporada navideña de este año es un buen ejemplo de ello. Además de entregar una cifra récord de pedidos a nuestros clientes, también les hemos ofrecido nuestra mejor experiencia. El tiempo de ciclo, es decir, el tiempo que tardan nuestros centros logísticos en procesar un pedido, mejoró en un 17 % en comparación con el año anterior. Y nuestra medida más fidedigna de satisfacción del cliente, los contactos por pedido, experimentaron una mejora del 13 %.

Dentro de las categorías de productos existentes, hemos trabajado diligentemente para aumentar la oferta. En electrónica, esta ha subido más de un 40 % solo en los Estados Unidos en relación con el año pasado, y ahora es diez veces superior a la de una gran superficie de electrónica convencional. Incluso en cuanto a libros estadounidenses, sector al que nos hemos dedicado durante ocho años, hemos aumentado la oferta un 15 %, especialmente en títulos descatalogados o difíciles de encontrar. Y, por supuesto, hemos añadido nuevas categorías. Nuestra tienda de ropa y accesorios cuenta con más de 500 marcas de las principales firmas de ropa, y en sus primeros sesenta días los clientes compraron

153.000 camisetas, 106.000 pares de pantalones y 31.000 conjuntos de ropa interior.

En el Índice de Satisfacción del Cliente Estadounidense del presente año, el estudio más fiable de satisfacción del cliente, Amazon.com ha obtenido una nota de 88/100, la mayor puntuación jamás registrada —no solo por una empresa en línea o una empresa minorista, sino por una empresa del sector de servicios—. Según este índice: «Amazon.com continúa presentando unos niveles de satisfacción de cliente extraordinarios. Con una puntuación de 88/100 (un 5 % más), está generando un nivel de satisfacción inaudito en el sector de servicios. [...] ¿Puede aumentar más la satisfacción del cliente de Amazon? Los últimos datos del Índice de Satisfacción del Cliente Estadounidense sugieren que en efecto es posible. Tanto el servicio como la propuesta de valor ofrecida por Amazon han aumentado a un ritmo exorbitante».

Segundo, además de mantener nuestro enfoque en la experiencia del cliente, también hemos ido bajando sustancialmente los precios. Los hemos reducido ampliamente en todas las categorías de productos, desde libros hasta electrónica, y hemos eliminado las tasas de envío con nuestro Free Super Saver Shipping en pedidos a partir de 25 dólares. Hemos adoptado medidas similares en cada país en el que operamos.

Nuestro objetivo en materia de precios no es hacer descuentos en un reducido número de productos durante un tiempo limitado, sino ofrecer precios bajos todos los días e implantarlos ampliamente en toda nuestra gama de productos. En este sentido, recientemente comparamos nuestros precios con los de una de las grandes cadenas de libros más reconocidas. No escogimos arbitrariamente una selección de libros, sino que utilizamos la lista pública de sus cien libros más vendidos en 2002. Era una buena representación del tipo de libros que más compra la gente, y consistía en 45 títulos de tapa dura y 55 de tapa blanda de muchas categorías distintas, que incluían literatura, novela rosa, misterio, suspense, no ficción, infantil, autoayuda y demás.

Anotamos el precio de cada uno de los cien títulos visitando sus almacenes de Seattle y Nueva York. Pasamos seis horas en cuatro almacenes distintos para encontrar todos los libros de su lista. Cuando sumamos todos los precios, averiguamos lo siguiente:

En sus tiendas, los 100 *best sellers* costaban 1.561 dólares. En Amazon.com, los mismos libros costaban 1.195 dólares, lo que suponía un ahorro total de 366 dólares, es decir, un 23 %.

En 72 de los 100 libros, nuestro precio era más barato. En 25 de los libros, nuestro

precio era el mismo. En tres de los 100 libros, sus precios eran mejores (acto seguido, redujimos nuestro precio en esos tres libros).

En estas grandes tiendas físicas, solo 15 de sus 100 títulos tenían descuento —los otros 85 los vendían a precio de lista—. En Amazon.com, 76 de los 100 tenían descuento, y 24 se vendían a precio de lista.

Con toda seguridad, si por alguna razón compráis en tiendas físicas —por ejemplo, porque necesitáis algo inmediatamente—, estaréis pagando de más. Si queréis ahorrar dinero y tiempo, mejor comprad en Amazon.com.

Tercero, nuestra determinación para ofrecer precios bajos y experiencia del cliente está generando resultados financieros. Las ventas netas de este año han aumentado un 26 %, hasta lograr un récord de 3.900 millones de dólares, y las unidades de venta se incrementaron todavía más rápido, un 34 %. El flujo de caja disponible —nuestra medida financiera más importante— alcanzó los 135 millones de dólares, una mejora de 305 millones de dólares respecto al año anterior.[1]

1. El flujo de caja disponible para 2002 de 135 millones de dólares es efectivo neto proporcionado por actividades operativas de 174 millones de dólares menos compras de activos fijos de 39 millones de dólares. El flujo de caja disponible para 2001 de 170 millones de dólares negativos es efectivo neto utilizado en actividades operativas de 120 millones de dólares menos compras de activos fijos de 50 millones de dólares.

En resumen, lo que beneficia a nuestros clientes beneficia a nuestros accionistas.

Este año, una vez más, adjunto una copia de nuestra carta original de 1997 y animo a los actuales y a los futuros accionistas a que la lean. Dado lo mucho que hemos crecido y lo mucho que Internet ha evolucionado, es significativo que las bases de nuestro modelo de negocio sigan siendo las mismas.

Pensar en el largo plazo
2003

El pensamiento a largo plazo es tanto un requisito como un resultado de la auténtica propiedad. Los propietarios son distintos a los arrendatarios. Una pareja que alquiló su casa me explicó que la familia que se mudó allí clavó su árbol de Navidad en el suelo de madera en vez de ponerlo en un soporte. Hay que admitir que se trataba de pésimos arrendatarios, pero es cierto que ningún propietario sería tan corto de miras. De un modo similar, muchos inversores son efectivamente arrendatarios a corto plazo que cambian su cartera de productos tan rápido que en realidad alquilan las acciones que «poseen» temporalmente.

Ya remarcamos nuestra visión a largo plazo en nuestra carta a los accionistas de 1997, la primera que enviamos como empresa privada que cotiza en bolsa, porque ese enfoque realmente lleva a tomar muchas decisiones concretas, no abstractas. Me gustaría hablar un poco de estas decisiones concretas en el contexto de la experiencia del cliente. En Amazon.com utilizamos ampliamente la expresión *experiencia del cliente,* que incluye cada aspecto de nuestro negocio relacionado con el cliente —desde nuestros precios hasta nuestra oferta, desde nuestra interfaz de usuario de la página web hasta cómo empaquetamos y enviamos los artículos—. La experiencia del cliente que creamos es con diferencia el factor más importante de nuestro negocio.

Cuando diseñamos nuestra experiencia del cliente, lo hacemos pensando en los propietarios a largo plazo. Intentamos basar en ese marco todas las decisiones —grandes y pequeñas— que tomamos respecto a la experiencia del cliente.

Por ejemplo, poco después de lanzar Amazon.com en 1995, permitimos hacer reseñas de productos a los clientes. Aunque ahora es una práctica habitual en Amazon.com, en aquel momento recibimos quejas de algunos vendedores que básicamente se preguntaban si entendíamos de qué iba nuestro negocio: «Vosotros ganáis dinero vendiendo cosas, ¿por qué permitís que se hagan reseñas negativas en nuestra página web?». Como cliente, sé que a veces he cambiado de opinión antes de hacer compras en Amazon.com como resultado de reseñas de clientes negativas o poco entusiastas. Aunque las reseñas negativas nos cuestan algunas ventas a corto plazo, ayudar a los clientes a tomar mejores decisiones de compra finalmente resulta beneficioso para la empresa.

Otro ejemplo es nuestra función Instant Order Update, que te recuerda que ya has comprado un artículo concreto. Los clientes llevan vidas muy ajetreadas y a veces se olvidan de que ya han comprado un artículo determinado, ya sea un DVD o un CD que adquirieron un año antes. Cuando lanzamos Instant Order Update, pudimos medir estadísticamente que la opción conllevó un ligero descenso de las ventas. ¿Eso es bueno para los clientes? Definitivamente, sí. ¿Es bueno para los accionistas? Sí, a largo plazo.

Algunas de las mejoras más costosas de la experiencia del cliente en las que estamos embarcados son nuestras ofertas diarias de envío gratuito y nuestras continuas reducciones de precios de productos. Eliminar defectos, mejorar la productividad y repercutir los ahorros de costes resultantes en los clientes en forma de precios más bajos es una decisión a largo plazo. El aumento del volumen tarda en materializarse, y las reducciones de precio casi siempre dañan los resultados actuales. Sin embargo, a largo plazo, impulsar implacablemente el «ciclo estructural precio-coste» nos proporcionará un negocio más fuerte y más valioso. Dado que muchos de nuestros costes, como la ingeniería de software, son relativamente fijos y muchos de nuestros costes variables también se pueden gestionar mejor a mayor escala, impulsar más volumen a través de nuestra estructura de costes reduce esos costes como porcentaje de las ventas. Por poner un pequeño ejemplo de ello: diseñar una opción como Instant Order Update para que la usen 40 millones de clientes resulta mucho más barato proporcionalmente que diseñarla solo para un millón.

Nuestra estrategia de precios no pretende maximizar los *porcentajes* de margen, sino impulsar el máximo valor para los clientes y, por consiguiente, generar unos resultados finales del producto mucho mayores —a largo plazo—. Por ejemplo, hemos decidido que los márgenes brutos de nuestra venta de joyas sean sustancialmente más bajos que los habituales en el sector porque creemos que, con el tiempo —los clientes detectan estas cosas—, este enfoque generará más valor a nuestros accionistas.

Tenemos un equipo fuerte de personas diligentes e innovadoras construyendo Amazon.com que se centran en el cliente y piensan a largo plazo. Esa escala temporal es lo que alinea los intereses de los accionistas y los de los clientes.

P. D. Este año, una vez más, el reputado Índice de Satisfacción del Cliente Estadounidense dio una puntuación de 88/100 a Amazon.com, la mayor puntuación jamás registrada por una empresa de servicios física u online. Un representante de dicho índice dijo lo siguiente: «Si siguen ascendiendo así, sufrirán una hemorragia nasal». Estamos trabajando en ello.

Pensar en clave financiera

2004

Nuestra principal medida financiera, y la que más queremos emplear a largo plazo, es el flujo de caja disponible por acción.

¿Por qué no nos enfocamos primero, como hacen muchos, en las ganancias por acción o en las ganancias por rendimiento? La respuesta es simple. Las ganancias no se traducen directamente en flujos de caja y las acciones solo tienen el valor presente de sus flujos de caja futuros, no el valor actual de los beneficios futuros. Las ganancias futuras son un componente importante del flujo de caja futuro por acción, pero no el único. El capital circulante y las inversiones de capital también son importantes, como lo es la dilución de acciones futuras.

Aunque hay quien lo ve como una contradicción, en ciertas circunstancias, una empresa puede llegar a perjudicar el valor accionista al incrementar los ingresos. Esto sucede cuando las inversiones de capital requeridas para la expansión superan el valor actual del flujo de caja generado por tales inversiones.

Para ilustrarlo con un ejemplo hipotético muy sencillo, imaginad que un emprendedor inventa una máquina que puede transportar gente rápidamente de un lugar a otro. La máquina es cara —160 millones de dólares con una capacidad de 100.000 viajes anuales y una vida útil de cuatro años—. Cada viaje recauda 1.000 dólares y tiene un coste de 450 dólares en bienes energéticos y materiales y 50 dólares en costes de mano de obra y demás.

Pongamos que el negocio va viento en popa, con 100.000 viajes en el primer año, y rentabiliza completa y perfectamente la capacidad de una máquina. Esto conlleva unas ganancias de 10 millones de dólares después de deducir gastos operativos, incluyendo la amortización —un 10 % de margen neto—. El enfoque principal de la empresa son las ganancias; así que, basándose en los resultados iniciales, el emprendedor decide invertir más capital en incentivar las ventas y aumentar los beneficios, por lo que incorpora nuevas máquinas entre el segundo y el cuarto año.

Este es el estado de los resultados de los primeros cuatro años del negocio:

Ganancias (en millares)

	Año 1	**Año 2**	**Año 3**	**Año 4**
Ventas	100.000 $	200.000 $	400.000 $	800.000 $
Unidades vendidas	100	200	400	800
Crecimiento	N/A	100 %	100 %	100 %
Beneficio bruto	55.000	110.000	220.000	440.000
Margen bruto	55 %	55 %	55 %	55 %
Depreciación	40.000	80.000	160.000	320.000
Mano de obra y otros costes	5.000	10.000	20.000	40.000
Beneficios	10.000	20.000	40.000	80.000
Margen	10 %	10 %	10 %	10 %
Crecimiento	N/A	100 %	100 %	100 %

Es impresionante: un aumento del 100 % de las ganancias compuestas y 150 millones de dólares de ingresos acumulados. Los inversores consideran que solo el estado de resultados anterior ya sería óptimo.

Sin embargo, los flujos de caja no dicen lo mismo. A lo largo de esos mismos cuatro años, el negocio del transporte genera un flujo de caja disponible acumulado negativo de 530 millones de euros.

Flujo de caja (en millares)

	Año 1	Año 2	Año 3	Año 4
Beneficios	10.000 $	20.000 $	40.000 $	80.000 $
Depreciación	40.000	80.000	160.000	320.000
Capital circulante	—	—	—	—
Flujo de caja operativo	50.000	100.000	200.000	400.000
Inversiones de capital	160.000	160.000	320.000	640.000
Flujo de caja disponible	110.000 $	60.000 $	120.000 $	240.000 $

Por supuesto, hay otros modelos de negocio donde las ganancias se aproximan más a los flujos de caja. Sin embargo, como ilustra nuestro ejemplo de transporte, no se puede analizar con certeza la creación o la destrucción del valor accionista observando solo el estado de los resultados.

Observad también que centrarse en los beneficios antes de calcular intereses, impuestos, depreciaciones y amortizaciones (EBITDA, por sus siglas en inglés) llevaría a la misma conclusión errónea sobre la salud del negocio. Los EBITDA secuenciales anuales habrían sido de 50, 100, 200 y 400 millones de dólares —el 100 % de crecimiento durante tres años consecutivos—. Pero si no tenemos en cuenta los 1.280 millones en inversiones de capital necesarias para generar este «flujo de caja», solo obtenemos parte del resultado —los EBITDA no son flujo de caja.

¿Qué pasaría si modificamos las tasas de crecimiento y, en

consecuencia, las inversiones de capital en maquinaria? ¿Los flujos de caja empeorarían o mejorarían?

Tasa de crecimiento de ventas y beneficios durante el segundo, el tercer y el cuarto año	Número de máquinas en el cuarto año	Beneficios acumulados del primer al cuarto año	Flujo de caja disponible acumulado del primer al cuarto año
		(en millares)	
0 %, 0 %, 0 %	1	40.000 $	40.000 $
100 %, 50 %, 33 %	4	100.000 $	(140.000) $
100 %, 100 %, 100 %	8	150.000 $	(530.000) $

Paradójicamente, desde una perspectiva de flujo de caja, cuanto más despacio crezca el negocio, mejor va a ir. Una vez que se ha hecho la inversión del capital inicial en la primera máquina, la trayectoria de crecimiento ideal es que escale hasta el 100 % de la capacidad rápidamente y luego pare de crecer. Sin embargo, incluso con una sola pieza de maquinaria, el flujo de caja acumulado no sobrepasa el coste de la máquina inicial hasta el cuarto año y el valor actual neto de esta corriente de flujos de caja (utilizando el 12 % del coste de capital) todavía es negativo.

Desafortunadamente, nuestro negocio de transporte es básicamente erróneo. No presenta una tasa de crecimiento en la que tenga sentido invertir capital inicial o posterior para que el negocio funcione. De hecho, nuestro ejemplo es tan simple y claro que resulta obvio. Los inversores harían un análisis del valor actual neto de la empresa y rápidamente determinarían que no es rentable. Aunque todo es más difuso y complejo en el mundo real, esta cuestión —la dualidad entre los beneficios y el flujo de caja— surge constantemente.

A menudo no se presta a los estados de flujo de caja la atención que merecen. A los inversores exigentes no les basta con conocer el estado de ganancias y pérdidas.

Nuestra medida financiera más importante: el flujo de caja disponible por acción

El enfoque financiero de Amazon.com es el crecimiento a largo plazo en flujo de caja disponible por acción. Este flujo está impulsado principalmente por el aumento de la cantidad de beneficio operativo y la gestión eficiente tanto del capital circulante como de las inversiones de capital. Trabajamos para aumentar el beneficio operativo centrándonos en mejorar todos los aspectos de la experiencia del cliente para aumentar las ventas, manteniendo una estructura de coste ajustada.

Tenemos un ciclo operativo generador de efectivo[1] porque rotamos nuestro inventario rápidamente, recaudando los pagos de nuestros clientes antes de satisfacer los pagos a nuestros proveedores. Nuestra alta rotación de inventario implica que mantengamos niveles de inversión en inventario relativamente bajos —480 millones de dólares a final de año en una base de ventas de aproximadamente siete mil millones de dólares.

La eficiencia del capital de nuestro modelo de negocio se refleja en nuestras modestas inversiones en activos fijos, que eran de 246 millones a final de año, lo que supone el 4 % de las ventas de 2004.

El flujo de caja disponible[2] aumentó un 38 % hasta 477 mi-

1. El ciclo operativo es el número de días de ventas en inventario más el número de días de ventas en cuentas por cobrar menos los días de cuentas por pagar.

2. El flujo de caja disponible se define como efectivo neto generado por actividades operativas menos compras de activos fijos, incluyendo software de uso interno capitalizado y desarrollo de sitios web, los cuales se presentan en nuestros estados de flujo de caja. El flujo de caja disponible para 2004 de 477 millones de dólares es efectivo neto generado por actividades operativas de 567 millones de dólares menos compras de activos fijos, incluyendo software de uso interno capitalizado y costes de desarrollo de sitios web, de 89 millones de dólares. El flujo de caja disponible para 2003 de 346 millones de dólares es efectivo neto generado por actividades operativas de 392 millones de dólares menos compras de activos fijos, incluyendo software de uso interno capitalizado y costes de desarrollo de sitios web, de 46 millones de dólares.

llones de dólares en 2004, una mejora de 131 millones de dólares respecto del año anterior. Estamos seguros de que, si continuamos mejorando la experiencia del cliente —incluyendo el aumento de la oferta de productos y la reducción de los precios— y seguimos trabajando eficientemente, ampliaremos aún más todavía nuestra propuesta de valor, así como nuestro flujo de caja disponible.

Respecto a la dilución, el total de acciones en circulación más las bonificaciones en función de las acciones esencialmente no ha cambiado a finales de 2004 en comparación con 2003 y ha bajado un 1 % durante los últimos tres años. Durante ese mismo periodo, también hemos eliminado unos 6 millones de acciones de potenciales diluciones futuras reembolsando más de 600 millones de dólares de deuda convertible a satisfacer en 2009 y 2010. Gestionar eficientemente las cuentas de participación implica más flujo de caja por acción y más valor a largo plazo para los propietarios.

Este enfoque respecto a los flujos de caja disponibles no es nuevo en Amazon.com. Tal como explicamos claramente en nuestra carta a los accionistas de 1997 —la primera que enviamos como empresa privada de cotización en bolsa—: «Cuando nos veamos obligados a escoger entre optimizar nuestras prácticas de contabilidad generalmente aceptadas y maximizar el valor actual de los flujos de caja futuros, escogeremos los flujos de caja».

La toma de decisiones

2005

Muchas de las decisiones importantes que tomamos en Amazon.com están basadas en datos. Hay una respuesta correcta y otra incorrecta, una respuesta mejor y otra peor, y las matemáticas nos dicen cuál es cuál. Este tipo de decisiones son nuestras preferidas.

La apertura de un nuevo centro logístico es un ejemplo de ello. Utilizamos el historial de nuestra red de gestión de pedidos actual para calcular los periodos de máxima actividad y modelizar alternativas para ganar mayor capacidad. Tenemos en cuenta la cartera de productos prevista, incluyendo el volumen y el peso de los productos, para decidir cuánto espacio requerimos y si necesitamos una instalación para artículos «clasificables» más pequeños o para artículos más grandes que normalmente enviamos de forma individual. Para reducir los tiempos de entrega y los costes de transporte saliente, analizamos los posibles emplazamientos basándonos en la proximidad de los clientes, los centros de transporte y las instalaciones existentes. El análisis cuantitativo mejora la experiencia del cliente y nuestra estructura de costes.

Asimismo, la mayoría de nuestras decisiones de compra de inventario se pueden modelizar y analizar numéricamente. Queremos que los productos estén en stock e inmediatamente disponibles para los clientes, y queremos una cantidad mínima del inventario total para mantener bajo el coste de almacenamiento asociado, y, por lo tanto, precios bajos para el cliente. Para conseguir ambas cosas, disponemos de una cantidad adecuada de inventario. Utilizamos datos históricos de compra para predecir la demanda de un producto por parte del cliente y la variabilidad esperada respecto a esa demanda. Utilizamos datos del historial de rendimiento de los proveedores para estimar los tiempos de reaprovisionamiento. Podemos determinar dónde almacenar el producto dentro de nuestra red de gestión de pedidos basándonos en los costes de transporte entrante y saliente, en los costes de almacenamiento y en el lugar de destino del envío. Con este enfoque, guardamos aproximadamente un millón de artículos dentro de nuestros propios almacenes, disponibles inmediatamente para nuestros clientes, mientras seguimos cambiando el inventario más de catorce veces al año.

Aunque en las decisiones anteriores también nos planteamos algunas hipótesis y valoraciones, la última palabra la tienen siempre las matemáticas.

Sin embargo, como es evidente, no todas nuestras decisiones importantes pueden tomarse mediante este envidiable método matemático. A veces disponemos de pocos datos históricos o de ninguno para guiarnos, y la experimentación proactiva es imposible o inviable o equivale a tomar una decisión. Aunque los datos, los análisis y las matemáticas tienen una gran importancia, la clave de estas decisiones es la deliberación.[1]

1. «The Structure of "Unstructured" Decision Processes» (La estructura de los procesos de decisión «desestructurados») es un artículo fascinante de 1976 escrito por Henry Mintzberg, Duru Raisinghani y Andre Theoret. En él se analiza cómo las instituciones toman decisiones estratégicas «desestructuradas» frente a decisiones «operativas» más cuantificables. Una de las joyas que encontraréis en el artículo es la siguiente: «Prestar excesiva atención a las ciencias de la gestión en las decisiones operativas puede provocar que las organizaciones sigan eficientemente líneas de acción inapropiadas». No debaten la importancia de los análisis rigurosos y cuantitativos, solo destacan que conllevan un importante trabajo de estudio, probablemente por el hecho de que son más cuantificables. El documento completo puede consultarse en www.amazon.com/ir/mintzberg.

Como saben nuestros accionistas, hemos tomado la decisión de bajar los precios continua y significativamente a los consumidores año tras año mientras nuestra eficiencia y crecimiento lo permitan. Este ejemplo demuestra que una decisión muy importante no puede tomarse mediante un método matemático. De hecho, cuando bajamos los precios vamos en contra de nuestros cálculos matemáticos, que siempre indican que la jugada más inteligente es *subir* los precios. Tenemos datos significativos relacionados con la elasticidad de los precios. Podemos predecir con bastante precisión que una reducción del precio en un cierto porcentaje generará un incremento de unidades vendidas en un cierto porcentaje. Con pocas excepciones, el aumento del volumen de ventas a corto plazo nunca es suficiente para compensar la reducción del precio. No obstante, nuestra comprensión cuantitativa de la elasticidad es a corto plazo. Es decir, podemos estimar lo que generará una reducción de precios esta semana y este trimestre, pero no podemos calcular numéricamente el efecto que tendrá la reducción sistemática de precios en nuestro negocio a lo largo de cinco, diez o más años. A nuestro *juicio,* recompensar continuamente a los clientes con mejoras de eficiencia y economías de escala en forma de precios más bajos crea un círculo virtuoso que a largo plazo conduce a una cantidad de flujo de caja disponible en dólares mucho mayor, y, por ende, a que Amazon.com sea mucho más valiosa. Hemos adoptado planteamientos similares respecto a Free Super Saver Shipping y Amazon Prime, los cuales, aunque costosos a corto plazo, creemos que son importantes y valiosos a largo plazo.

Como ejemplo adicional, en 2000 invitamos a terceros a competir directamente con nosotros en nuestro «bien más preciado de venta al por menor», nuestras páginas de información del producto. Lanzar una única página de detalles de productos tanto para la venta minorista de Amazon como para artículos de un tercero parecía arriesgado. A algunas personas bienintencionadas les preocupaba interna y externamente que esta apuesta devorara el negocio minorista de Amazon, y, como sucede a menudo con innovaciones enfocadas en el cliente, no hubo manera de demostrar de antemano que funcionaría. Nuestros compradores señalaron que invitar a terceros a Amazon.com dificultaría las previsiones de inventario y podríamos «quedar atrapados» en el exceso de inventario si «perdíamos la página de detalles de productos» a manos de nuestros vendedores externos. No obstante, nuestra reflexión fue simple. Si un tercero podía ofrecer un mejor precio o una mejor disponibilidad de un artículo en particular, queríamos que a nuestro cliente le resultara fácil acceder a esa oferta. Con el tiempo, las ventas de terceros han pasado a ser una parte importante y lucrativa de nuestro negocio. Las unidades externas han aumentado de un 6 % del total de unidades vendidas en 2000 a un 28 % en 2005, incluso cuando los ingresos por ventas al detalle han aumentado el triple.

Las decisiones basadas en los números son objeto de amplios acuerdos, mientras que las decisiones basadas en la deliberación exigen debates en profundidad que a menudo generan controversias, al menos hasta que se llevan a la práctica y se ponen en evidencia. Una institución que rehúye las controversias debe limitarse a tomar el primer tipo de decisiones, que, desde nuestro punto de vista, no solo evitan la controversia, sino que además reducen significativamente la innovación y la creación de valor a largo plazo.

En nuestra carta a los accionistas de 1997 exponemos la base de la filosofía que adoptamos para tomar decisiones:

Seguiremos centrándonos incansablemente en nuestros clientes.

Seguiremos tomando decisiones de inversión atendiendo a las consideraciones de liderazgo de mercado a largo plazo y no en función de las consideraciones de rentabilidad a corto plazo o de las reacciones de Wall Street a corto plazo.

Seguiremos analizando cuidadosamente nuestros programas y la efectividad de nuestras inversiones, para desestimar aquellos que no ofrezcan una rentabilidad aceptable y aumentar nuestra inversión en aquellos que funcionen mejor. Continuaremos aprendiendo tanto de nuestros éxitos como de nuestros fracasos.

En lugar de decisiones de inversión timoratas, tomaremos decisiones audaces allí donde constatemos cierta probabilidad de obtener ventajas de liderazgo de mercado. Algunas de estas inversiones tendrán éxito, otras no, pero en ambos casos habremos aprendido una valiosa lección.

Podéis estar seguros de que combinaremos una fuerte cultura cuantitativa y analítica con la voluntad de tomar decisiones audaces. A medida que lo hacemos, empezaremos con el cliente y trabajaremos a la inversa. A nuestro juicio, esa es la mejor manera de crear valor para los accionistas.

Expandir nuevos negocios
2006

En la escala actual de Amazon, plantar semillas que se conviertan en nuevos negocios significativos requiere disciplina, paciencia y una cultura recolectora.

Nuestros negocios consolidados son árboles firmemente arraigados. Están en crecimiento, cosechan altos retornos de capital y operan en sectores muy grandes del mercado. Estas características conllevan que cualquier nuevo negocio que iniciemos tenga el listón muy alto. Antes de invertir el dinero de nuestros accionistas en un nuevo negocio, debemos estar convencidos de que la nueva oportunidad puede generar los retornos de capital que nuestros inversores esperaban cuando invirtieron en Amazon. Y debemos estar convencidos de que el nuevo negocio puede expandirse a una escala significativa en torno al conjunto de nuestra empresa.

Además, debemos creer que actualmente la oportunidad está desatendida y que tenemos las capacidades necesarias para diferenciarnos ostensiblemente en el mercado frente al cliente. Sin eso, es improbable que ampliemos nuestro crecimiento en este nuevo negocio.

A menudo me preguntan cuándo voy a abrir tiendas físicas. Esa es una oportunidad de expansión a la que nos hemos resistido, pues solo supera uno de los test resumidos anteriormente. El tamaño potencial de una red de tiendas físicas es tentador. Sin embargo, no sabemos cómo crearla con poco capital y rendimientos elevados; el sector de la venta minorista con establecimientos físicos es un terreno traicionero y tradicional que ya está bien atendido; y nosotros carecemos de ideas para crear una tienda física que ofrezca a los clientes una experiencia de compra que se diferencie significativamente de la competencia.

Cuando iniciamos un negocio es porque consideramos que ha pasado los test anteriores. Nuestra adquisición de Joyo.com es un primer paso para ofrecer nuestros servicios en el país más poblado del mundo. El comercio electrónico todavía vive sus primeros días en China, y creemos que esto constituye una excelente oportunidad de negocio. Zapatos, ropa, comestibles: son grandes sectores donde tenemos las capacidades necesarias para inventar y expandir negocios de alto rendimiento a gran escala que naturalmente mejoran la experiencia del cliente.

Logística de Amazon consiste en un conjunto de API de servicios web que convierten nuestro centro logístico de 1.858.061 m^2 en un periférico informático gigantesco y sofisticado. Tú nos pagas 45 centavos al mes por metro cúbico de espacio de nuestro centro logístico y podrás almacenar tus productos en nuestra red. Utilizas los servicios web para avisarnos de que llegará inventario, para pedirnos que recojamos y empaquetemos uno o más artículos, y para decirnos dónde los enviamos. No hace falta que hables nunca con nosotros. Es un servicio diferenciado, puede ser grande y supera nuestros requisitos en materia de beneficios.

Amazon Web Services es otro ejemplo. Con AWS estamos construyendo un nuevo negocio enfocado a un nuevo conjunto de clientes: los desarrolladores de software. Actualmente ofrecemos diez servicios web diferentes y hemos creado una comunidad de aproximadamente 240.000 desarrolladores registrados. Tenemos como objetivo cubrir las grandes necesidades a las que se enfrentan los desarrolladores, tales como la capacidad de almacenaje y la capacidad informática —áreas en las que los desarrolladores han pedido ayuda y en las que tenemos vasta experiencia tras haber expandido Amazon.com durante los últimos doce años—. Estamos bien posicionados para hacerlo, nos diferenciamos manifiestamente en el mercado y con el tiempo puede ser un negocio importante y financieramente atractivo.

En algunas grandes compañías resulta difícil cultivar nuevos negocios a partir de pequeñas semillas, ya que esperar a que den sus frutos requiere mucha paciencia. Desde mi punto de vista, la cultura de Amazon es excepcionalmente partidaria de los pequeños negocios con gran potencial, y creo que eso es una gran ventaja competitiva.

Como cualquier otra compañía, tenemos una cultura corporativa derivada no solo de nuestros planteamientos, sino también del resultado de nuestra historia. Para Amazon, esa historia es bastante reciente y, afortunadamente, incluye varios ejemplos de pequeñas semillas que se han convertido en grandes árboles. Mucha gente de nuestra empresa ha visto numerosas semillas de 10 millones de dólares convertirse en negocios billonarios. Esa experiencia de primera mano y la cultura que ha crecido alrededor de estos éxitos son, en mi opinión, dos de las claves que nos permiten empezar un negocio desde cero. La cultura exige que estos nuevos negocios tengan un gran potencial y sean innovadores y diferenciados, pero no requiere que sean grandes cuando nacen.

Recuerdo lo emocionados que estábamos en 1996 cuando recaudamos 10 millones de dólares en ventas de libros. No es extraño que estuviéramos emocionados, habíamos obtenido 10 millones partiendo de cero. Hoy, cuando un nuevo negocio dentro de Amazon genera 10 millones de dólares, la compañía en su conjunto crece de 10.000 millones de dólares a 10.010 millones de dólares. Lo más normal sería que los altos directivos que dirigen nuestros negocios millonarios consolidados se rieran de ello. Pero no lo hacen, sino que observan las tasas de crecimiento de los negocios emergentes y escriben correos electrónicos de felicitación. Todo ello es algo magnífico y estamos orgullosos de que forme parte de nuestra cultura.

Desde nuestra experiencia, si un nuevo negocio goza de un

éxito arrollador, solo puede *empezar* a ser significativo para el conjunto de la economía de la empresa aproximadamente entre los tres y los siete años. Hemos visto confirmarse esos plazos en nuestros proyectos internacionales, en nuestros negocios anteriores distintos de los medios de comunicación y en nuestra iniciativa de permitir vender a terceros. Hoy, nuestros proyectos internacionales generan el 45 % de las ventas, nuestros negocios distintos de los medios de comunicación generan el 34 % de las ventas y las ventas de terceros representan el 28 % de las unidades vendidas. En efecto, estaríamos contentos si algunas de las nuevas semillas que estamos plantando tienen un éxito similar.

Hemos recorrido un largo camino desde que celebramos nuestros primeros 10 millones de dólares en ventas. Mientras seguimos creciendo, trabajaremos para mantener una cultura que se embarque en nuevos negocios. Lo haremos de forma disciplinada, con un ojo puesto en el rendimiento, el tamaño potencial y la capacidad de diferenciación que tanto valoran los clientes. No siempre acertaremos, no siempre triunfaremos. Pero seremos exigentes y trabajaremos con esfuerzo y perseverancia.

Un equipo de misioneros
2007

El 19 de noviembre de 2007 fue un día especial. Después de tres años de trabajo, presentamos Amazon Kindle a nuestros clientes.

Muchos de vosotros puede que ya sepáis algo de Kindle —somos afortunados (y estamos agradecidos) de que se haya escrito y hablado tanto de ello—. En resumen, Kindle es un dispositivo de lectura diseñado especialmente para acceder sin cables a más de 100.000 libros, blogs, revistas y periódicos. La conexión sin cables no es Wi-Fi —en vez de ello, utiliza la misma red inalámbrica que los teléfonos móviles más avanzados, lo que significa que funciona cuando estás en casa metido en la cama o fuera cuando te desplazas—. Puedes comprar un libro directamente desde el dispositivo; se descargará de modo inalámbrico y podrás empezar a leerlo en menos de sesenta segundos. No hay ninguna suscripción a un «plan de servicio inalámbrico», ni ningún contrato de permanencia anual que debas cumplir, ni ningún cargo mensual por el servicio. Tiene una pantalla de tinta electrónica similar al papel que facilita la lectura incluso en días muy luminosos. La gente que ve la pantalla por primera vez no puede apartar la vista de ella. Es más fino y ligero que un libro de bolsillo y puede contener doscientos libros. Echad un vistazo a la página de Kindle en Amazon.com para ver las opiniones de los clientes, Kindle ya tiene más de 2.000 reseñas.

Como podéis imaginar, después de tres años de trabajo esperábamos que Kindle tuviera una buena acogida, pero no que tuviera tanta demanda. Kindle se agotó en cinco horas y media después de su lanzamiento, y nuestra cadena de suministros y nuestros equipos de fabricación han tenido que emplearse a fondo para mejorar la capacidad de producción.

Empezamos por fijarnos el objetivo ciertamente audaz de mejorar el libro físico, meta que no escogimos a la ligera. Algo que se ha mantenido prácticamente igual durante quinientos años era poco probable que pudiera perfeccionarse fácilmente. Al comienzo de nuestro proceso de diseño, identificamos la que creemos que es la característica más importante del libro: *desaparece*. Cuando lees un libro no notas el papel, ni la tinta, ni la cola ni el cosido. Todo ello se diluye y lo que permanece es el mundo del autor.

Sabíamos que Kindle tendría que *quedar en un segundo plano*, como un libro físico, para que los lectores se abstraigan con el texto y se olviden de que están leyendo en un dispositivo. También sabíamos que no teníamos que intentar copiar hasta el último detalle de un libro —nunca podríamos clonarlo—, sino atribuirle *nuevas* prestaciones que nunca podría tener un libro tradicional.

Los primeros días de Amazon.com proporcionan una analogía. Por aquel entonces era tentador creer que una librería online debía tener todas las características de una tienda física. Me preguntaron sobre un punto en particular docenas de veces: «¿Cómo vamos a firmar libros electrónicos?». Treinta años después, ¡todavía no lo sabemos! En vez de intentar duplicar librerías físicas, nos hemos inspirado en ellas para encontrar cosas que podíamos hacer en el nuevo medio y que, en cambio, no podían hacerse en los establecimientos tradicionales. No podemos ofrecer firmas de libros electrónicos ni tampoco proporcionar al lector un lugar cómodo para tomarse un café y relajarse leyendo. Sin embargo, podemos ofrecer literalmente *millones* de títulos, ayudar a tomar decisiones de compra a través de reseñas de clientes y proporcionar funciones de descubrimiento como «Los clientes que compraron este producto también compraron...». La lista de cosas útiles que solo se pueden hacer en el nuevo medio es extensa.

Destacaré algunas de las características útiles que creamos en Kindle que van más allá de lo que es posible encontrar en un libro físico. Si te encuentras con una palabra que desconoces, puedes consultarla fácilmente. Puedes buscar tus libros. Tus notas al margen y las palabras que hayas subrayado quedan almacenadas en «la nube», donde no pueden perderse. Kindle mantiene la página de forma automática en cada uno de los libros que estés leyendo. Si tienes la vista cansada, te permite cambiar el tamaño de la fuente. Más importante aún es su conexión continua, que te permite encontrar un libro y descargarlo en sesenta segundos. He podido comprobar que esta opción de acceder al libro buscado causaba un gran efecto en las personas que la utilizaban por primera vez. Nuestro objetivo con Kindle es poner a disposición del usuario cualquier libro jamás impreso en cualquier lengua en menos de sesenta segundos. Los editores, incluyendo los más importantes, han recibido Kindle con los brazos abiertos, y les estamos muy agradecidos por ello. Desde el punto de vista de un editor, Kindle tiene muchas ventajas, pues los libros nunca quedan descatalogados y nunca se agotan las existencias. Asimismo, también se evita generar residuos con una tirada excesiva. Y más importante aún, Kindle hace que comprar libros sea más cómodo. Siempre que consigues que algo resulte más sencillo, sacas más partido de ello.

Los seres humanos evolucionamos al mismo tiempo que nuestras herramientas. Al cambiarlas, ellas también nos cambian a nosotros. La escritura, inventada hace miles de años, es una herramienta crucial, y no me cabe la menor duda de que nos transformó profundamente. Hace quinientos años, la invención de Gutenberg comportó un cambio sustancial en el coste de los libros. Los libros físicos dieron lugar a una nueva forma de colaborar y aprender. Posteriormente, las herramientas en red, como los ordenadores de sobremesa, los portátiles, los teléfonos móviles y las agendas electrónicas, también nos han transformado. Nos han llevado a «picotear la información», lo que creo que a la larga hará que tengamos menor capacidad de atención. Aprecio mi Black-

Berry, estoy convencido de que aumenta mi productividad, pero no quiero leer un documento de trescientas páginas en ella. Tampoco quiero leer algo que tenga cientos de páginas en mi ordenador de sobremesa o en mi portátil. Como ya he dicho en esta carta, la gente utiliza los dispositivos de forma inadecuada, lo que los puede volver perjudiciales. Si nuestras herramientas lo facilitan en exceso, avanzaremos hacia el «picoteo de información» y nos apartaremos de la lectura atenta. Kindle, en cambio, es un dispositivo diseñado para este último tipo de lectura. Esperamos que con los años Kindle y sus sucesores puedan llevarnos gradualmente hacia un mundo con mayor capacidad de atención, y compensen la reciente proliferación de herramientas que facilitan el «picoteo de información». Me doy cuenta de que en este tema estoy hablando como un misionero, y os aseguro que lo hago con honestidad. No solo es algo de gran relevancia para mí, sino también para mucha de nuestra gente. Y estoy encantado, pues los misioneros crean mejores productos. También estoy convencido de que un día se logrará mejorar el libro tradicional, pero Amazon todavía tiene mucho trabajo por delante. Es algo que sucederá tarde o temprano, pero si no nos empleamos a fondo para conseguirlo, serán otros quienes ostenten el mérito.

Vuestro equipo de misioneros cree fervientemente en impulsar el flujo de caja disponible por acción y el retorno de capital. Sabemos que podemos hacerlo poniendo a los clientes como prioridad. Os garantizo que queda más por innovar a partir de ahora que en ningún otro momento pasado, y sabemos que el camino no va a ser fácil. Tenemos la esperanza, e incluso diría que somos optimistas, de que Kindle, fiel a su nombre, ya que en inglés significa «encender», ilumine y mejore el mundo de la lectura.

Kindle ejemplifica nuestra filosofía y nuestro enfoque de inversión a largo plazo, como ya comenté en nuestra primera carta a los accionistas de 1997.

Trabajar a la inversa
2008

En esta economía global y turbulenta, nuestro objetivo fundamental sigue siendo el mismo: permanecer totalmente enfocados en el largo plazo y centrados en los clientes. Pensar a largo plazo agudiza nuestras capacidades actuales y nos permite hacer cosas nuevas que de otra forma no podríamos llegar a considerar. Es algo que contempla el fracaso y la reiteración requeridos para innovar y nos libera para adentrarnos en terrenos inexplorados. Si buscas la gratificación inmediata —o la promesa escurridiza de ella—, es probable que encuentres una multitud que va por delante. La orientación al largo plazo está en consonancia con la centralidad en el cliente. Si, tras identificar una necesidad del cliente, constatamos que esta es significativa y duradera, nuestro enfoque nos permitirá trabajar pacientemente durante muchos años para aportar una solución. «Trabajar a la inversa» a partir de las necesidades del cliente se puede contrastar con el enfoque en las «capacidades prospectivas», según el cual las competencias y las capacidades existentes se utilizan para impulsar oportunidades de negocio. Este último enfoque afirma: «Somos buenos en este campo. ¿Qué más podemos hacer en este mismo campo?». Es un enfoque de negocio útil y gratificante, pero si una empresa lo utiliza de manera exclusiva, jamás llegará a desarrollar nuevas habilidades y, finalmente, las habilidades de que disponga quedarán obsoletas. Trabajar a la inversa a partir de las necesidades del cliente a menudo *exige* que adquiramos nuevas competencias y ejercitemos nuevos músculos, independientemente de la inquietud o la incomodidad que nos generen los primeros pasos en esa dirección.

Kindle es un buen ejemplo de nuestro enfoque fundamental. Hace más de cuatro años empezamos a proyectar un objetivo a largo plazo: poner a disposición todos los libros que se han impreso en todas las lenguas en menos de sesenta segundos. La experiencia del cliente imaginamos que no contemplaba ninguna diferenciación entre el dispositivo de Kindle y el servicio de Kindle —ambos debían combinarse a la perfección—. Amazon nunca había creado o diseñado un dispositivo de hardware, pero, en lugar de cambiar nuestra meta para adaptarla a las capacidades que teníamos por aquel entonces, contratamos a un grupo de talentosos ingenieros (¡y misioneros visionarios!) de hardware y empezamos a adquirir una nueva competencia institucional, necesaria para servir mejor a los lectores en el futuro.

Nos entusiasma que las ventas de Kindle hayan superado nuestras expectativas más optimistas y estamos agradecidos a los clientes. El 23 de febrero pusimos a la venta Kindle 2. Si no lo habéis visto aún, Kindle 2 cuenta con todas las características del Kindle original que sedujeron a los clientes, pero es más delgado y rápido y tiene una pantalla más nítida, su batería dura más y dispone de una capacidad de almacenamiento de 1.500 libros. Puedes elegir entre más de 250.000 libros, revistas y periódicos. La descarga inalámbrica es gratuita, y tendrás tu libro en menos de sesenta segundos. Hemos recibido cientos de correos electrónicos con valoraciones de nuestros clientes sobre Kindle y, sorprendentemente, el 26 % de ellas contienen el verbo *encantar*.

Los pilares de la experiencia del cliente

En nuestro negocio minorista, estamos firmemente convencidos de que los clientes valoran los precios bajos, la amplia oferta y la entrega rápida y eficiente, y que estas preferencias seguirán manteniéndose con el tiempo. Se nos hace difícil imaginar que dentro de diez años los clientes quieran precios más elevados, menor oferta y entregas más lentas. Todo ello nos da la confianza necesaria para invertir en reforzar estos pilares. Sabemos que la energía que les dedicamos seguirá produciendo dividendos en el futuro.

Nuestro objetivo respecto a los precios es ganarnos la confianza del cliente, no mejorar los beneficios a corto plazo. Nos tomamos como un artículo de fe que esta forma de fijar precios es la mejor manera de aumentar nuestro beneficio agregado a largo plazo. Puede que obtengamos menos beneficio por artículo, pero ganarnos la confianza del cliente sistemáticamente nos hará vender muchos más artículos. Por consiguiente, ofrecemos precios bajos en toda nuestra gama de productos. Por esta misma razón, seguimos invirtiendo en nuestros programas de envío gratuito, como Amazon Prime. Los clientes son inteligentes, están bien informados y evalúan el coste total, incluyendo los gastos de envío, cuando toman sus decisiones de compra. En los últimos doce meses, clientes de todo el mundo se han ahorrado más de 800 millones de dólares aprovechando nuestras ofertas de envío gratuito.

Nos enfocamos incesantemente en incrementar la oferta, aumentando tanto la existente en las categorías actuales como añadiendo nuevas categorías. Hemos añadido 28 nuevas categorías desde 2007. Un negocio que crece rápidamente y continúa sorprendiéndome es nuestra tienda de zapatos, Endless.com, que lanzamos en 2007. La entrega rápida y fiable es importante para los clientes. En 2005 lanzamos Amazon Prime. Por 79 dólares al año,[1] los miembros Prime tienen envíos exprés en dos días, gratuitos e ilimitados y la posibilidad de elegir envíos en un día por solo 3,99 dólares. En 2007 lanzamos Logística de Amazon (FBA, por sus siglas en inglés), un nuevo servicio para vendedores exter-

1. Prime es un programa global: tiene un coste anual de 3.900 yenes en Japón, 48 libras en el Reino Unido, 29 euros en Alemania y 49 euros en Francia.

nos. Con FBA, los vendedores almacenan sus artículos en nuestra red logística global, y nosotros los recogemos, los empaquetamos y los enviamos al cliente final en su nombre. Los artículos de FBA están disponibles en Amazon Prime y Super Saver Shipping —como si fueran parte del propio inventario de Amazon—. En consecuencia, FBA mejora la experiencia del cliente y aumenta las ventas de los vendedores externos. En el cuarto trimestre de 2008 enviamos más de tres millones de unidades en nombre de los vendedores externos que utilizan Logística de Amazon, un beneficio mutuo para clientes y vendedores.

Prudencia de gastos

El camino que hemos elegido guiados por la experiencia del cliente requiere disponer de una estructura de costes eficiente. La buena noticia para los accionistas es que vemos muchas posibilidades de mejora en ese sentido. Allí donde miremos, encontramos lo que los mejores fabricantes japoneses denominan *muda* o *desperdicio*.[2] Me parece una gran inspiración, pues lo veo como una constante mejora potencial —años y años de ahorro en la productividad fija y variable e inversiones en activos fijos más eficientes, rápidos y flexibles.

Nuestro principal objetivo financiero sigue siendo maximizar el flujo de caja disponible a largo plazo y hacerlo con elevadas tasas de rentabilidad sobre capital invertido. Estamos invirtiendo enérgicamente en Amazon Web Services, en herramientas para vendedores externos, en medios digitales, en China y en nuevas categorías de productos. Y realizamos estas inversiones con el

2. En un centro logístico, recientemente, uno de nuestros expertos *kaizen* me preguntó: «Soy partidario de limpiar el centro logístico, pero ¿por qué lo limpias? ¿Por qué no eliminas la fuente de suciedad?». Me sentí como Karate Kid.

convencimiento de que pueden lograr una escala significativa y cumplen con nuestras altas expectativas de rendimiento.

En todo el mundo, los fantásticos, ingeniosos y dedicados *amazonians* ponen al cliente como prioridad. Me enorgullece enormemente formar parte de este equipo. Os damos las gracias, queridos accionistas, por vuestro apoyo y aliento y por acompañarnos en esta maravillosa aventura.

Establecer metas

2009

Los resultados financieros de 2008 reflejan el efecto acumulativo de quince años de mejoras en la experiencia del cliente: aumento de la oferta y la rapidez de entrega, reducción de la estructura de costes de modo que podamos permitirnos ofrecer precios cada vez más bajos a los clientes, y muchas otras. Este trabajo lo han realizado un gran número de personas inteligentes, incansables y dedicadas al cliente en todas las áreas de la empresa. Estamos orgullosos de nuestros precios bajos, de nuestras entregas fiables y de nuestros niveles de inventario incluso en artículos desconocidos y difíciles de encontrar. También sabemos que tenemos mucho margen de mejora, por lo que nos esforzamos continuamente en mejorar todavía más.

A continuación presentamos algunos de los hechos más destacados de 2009:

Las ventas netas han aumentado un 28 % anual hasta alcanzar los 24.510 millones de dólares en 2009. Esto supone un incremento casi quince veces superior en las ventas netas de hace diez años, que en 1999 generaban 1.640 millones.

El flujo de caja disponible ha aumentado un 114 % anual hasta alcanzar los 2.920 millones en 2009.

Muchos más clientes sacan provecho de Amazon Prime, cuyo número de suscriptores en todo el mundo ha aumentado significativamente respecto al año pasado. El número de artículos diferentes disponibles para envío inmediato se ha incrementado más del 50 % en 2009.

En 2009 añadimos veintiuna nuevas categorías de productos en todo el mundo, incluyendo las secciones Automotriz en Japón, Bebé en Francia y Zapatos y Ropa en China.

Fue un año difícil para nuestros negocios de zapatos. En noviembre adquirimos Zappos, un líder de las ventas online de ropa y calzado que se esfuerza por proporcionar al cliente el mejor servicio y selección de productos. Zappos es una incorporación fantástica a nuestra oferta de Endless, Javari, Amazon y Shopbop.

El equipo de ventas de ropa ha seguido mejorando la experiencia del cliente con el lanzamiento de Denim Shop, que ofrece cientos de marcas, entre ellas Joe's Jeans, Lucky Brand, 7 For All Mankind y Levi's.

Los equipos de ventas de zapados y ropa han creado unas 121.000 descripciones de productos y han publicado 2,2 millones de imágenes en la página web que proporcionan a los clientes una experiencia de compra realista.

Se han añadido aproximadamente 7 millones de reseñas de clientes en páginas web en todo el mundo.

Las ventas de productos de vendedores externos en nuestras páginas web han representado el 30 % de las unidades de venta en 2009. Las cuentas activas de vendedores han aumentado un 24 %, hasta generar 1,9 millones a lo largo del año. A nivel mundial, los vendedores que utilizan Logística de Amazon han almacenado más de un millón de artículos únicos en nuestra red de centros logísticos, lo que ha permitido que estos artículos estuvieran disponibles en Free Super Saver Shipping y en Amazon Prime.

Amazon Web Services ha mantenido su ritmo acelerado de innovación y ha lanzado muchos servicios y opciones nuevos, incluyendo el Amazon Relational Database Service, Virtual Private Cloud, Elastic MapReduce, High-Memory EC2 Instances, Reserved y Spot Instances, Streaming for Amazon CloudFront y Versioning for Amazon S3. AWS también ha continuado expandiendo su presencia global para incluir servicios adicionales en la

Unión Europea y en el norte de California y planea implantar su presencia en la región Asia-Pacífico para 2010.

La innovación continua y la trayectoria en rendimiento operacional han ayudado a AWS a captar más clientes que nunca en 2009, incluyendo muchas grandes empresas.

La Kindle Store de los Estados Unidos ahora tiene más de 460.000 libros, lo que supone un aumento de 250.000 libros en comparación con el pasado año, e incluye 103 de los 110 *best sellers* del *New York Times,* más de 8.900 blogs y los 171 mejores diarios y revistas internacionales y estadounidenses. Hemos vendido Kindles en más de 120 países, y ahora suministramos contenido en seis lenguas diferentes.

Los altos directivos que han aterrizado recientemente en Amazon a menudo se sorprenden por el poco tiempo que dedicamos a hablar de los resultados financieros actuales o previstos. Para ser sincero, debo decir que nos tomamos en serio estos resultados financieros, pero creemos que focalizar nuestra energía en los ingresos controlables es la forma más efectiva de maximizar los resultados financieros a lo largo del tiempo. El proceso de fijación de nuestros objetivos anuales empieza en otoño y termina a principios de año nuevo después de que hayamos finalizado la temporada alta de vacaciones en el cuarto trimestre. Nuestras sesiones de establecimiento de objetivos son largas, animadas y exhaustivas. Ponemos el listón muy alto en lo que se refiere a la experiencia que merecen los clientes y tenemos un gran sentido de urgencia para mejorarla.

Hemos seguido el mismo proceso anual durante muchos años. Para 2010, tenemos 452 objetivos detallados con propietarios, productos y plazos de ejecución fijados. Estos no son los únicos objetivos que nuestros equipos se marcan, pero son los que consideramos más importantes de supervisar. Ninguno de ellos es fácil y muchos requerirán ingenio para poder lograrlos. Desde el equipo directivo revisamos el estado de cada uno de estos objetivos varias veces al año. Si es necesario, añadimos otros o quitamos o modificamos aquellos que hagan falta.

Nuestros objetivos actuales revelan algunos datos interesantes:

360 de las 452 metas tendrán un impacto directo en la experiencia del cliente.

La palabra *ingresos* se ha utilizado ocho veces y el término *flujo de caja disponible* solo se ha utilizado cuatro veces.

En los 452 objetivos, no se utilizan nunca los términos *ingreso neto, beneficio bruto* o *margen* ni *beneficio operativo.*

En su conjunto, los objetivos que fijamos son un reflejo de nuestro enfoque fundamental. Empezar por los clientes y trabajar a la inversa a partir de ahí. Escuchar a los clientes, pero no *solo* escucharlos, también inventar en su nombre. No podemos garantizaros que cumpliremos todos estos objetivos anuales. No lo hemos hecho durante los últimos años. Sin embargo, podemos afirmar que seguiremos centrándonos en los clientes. Estamos firmemente convencidos de que ese enfoque —en el largo plazo— es plenamente beneficioso tanto para los propietarios como para los clientes.

Seguimos en el día 1.

Herramientas esenciales
2010

Bosques aleatorios, estimadores bayesianos ingenuos, servicios RESTful, protocolos de chismes, coherencia final, intercambio de datos, antientropía, sistemas de quorum bizantino, codificación de borrado, relojes vector: id a ciertas reuniones de Amazon y por un momento pensaréis que os habéis metido en una clase de ciencias informáticas.

Consultad un libro actual de arquitectura de software y encontraréis algunos patrones que no se siguen en Amazon. Utilizamos sistemas de transacciones de alto rendimiento, representaciones complejas, almacenamiento de objetos en caché, flujo de trabajo, sistemas de cola, inteligencia empresarial y análisis de datos, aprendizaje automático y reconocimiento de patrones, redes neutrales y toma de decisiones probabilísticas, y una amplia variedad de otras técnicas. Y aunque muchos de nuestros sistemas están basados en las últimas investigaciones científicas, esto a menudo no ha sido suficiente y nuestros ingenieros han tenido que investigar en campos en los que los académicos todavía no se habían adentrado. Muchos de los problemas que afrontamos no tienen soluciones que se puedan consultar en un libro de texto, de modo que, por suerte, adoptamos nuevos enfoques.

Nuestras tecnologías se implementan casi exclusivamente como *servicios:* bits de lógica que encapsulan los datos con los que operan y proporcionan interfaces reforzadas como la única forma de acceder a su funcionalidad. Este enfoque reduce los efectos secundarios y permite que los servicios evolucionen a su propio ritmo sin que ello afecte a los otros componentes del sistema general. La arquitectura orientada a servicios (o SOA, por sus siglas en inglés) es la idea principal que guía el desarrollo de las tecnologías de Amazon. Gracias a un equipo de ingenieros reflexivos e inteligentes, este enfoque se implantó en Amazon mucho antes de que lOA se convirtiera en un término popular en el sector. Nuestra plataforma de comercio electrónico se compone de una red de cientos de servicios de software que trabajan conjuntamente para ofrecer funcionalidades que van desde recomendaciones hasta el procesamiento de los pedidos, pasando por el seguimiento de las existencias. Por ejemplo, para crear una página de detalle de producto para un cliente que visita Amazon.com, nuestro software recurre a entre 200 y 300 servicios para presentar una experiencia altamente personalizada para ese cliente.

La gestión del estado es la pieza clave de cualquier sistema que necesite crecer a gran escala. Hace años, los requisitos de Amazon llegaron a un punto en el que muchos de nuestros sistemas ya no podían emplearse como soluciones comerciales: nuestros servicios de datos clave almacenan muchos petabytes de datos y gestionan millones de solicitudes por segundo. Para responder a estas enormes exigencias, hemos desarrollado varias soluciones alternativas de persistencia diseñadas específicamente y que incluyen nuestro propio almacenamiento de valores clave y de tabla única. Para ello, nos hemos apoyado fuertemente en los avances de los grupos de investigación en materia de sistemas distribuidos y bases de datos, y hemos innovado partiendo de aquí. Los sistemas de almacenamiento de los que somos precursores muestran una elevadísima escalabilidad y al mismo tiempo mantienen un control estricto del rendimiento, de la disponibilidad y del coste. Para obtener sus características ultraescalares, estos sistemas adoptan un enfoque novedoso para la gestión de la actualización de datos: relajando los requisitos de sincronización de actualizaciones que deben propagarse a un gran número de réplicas, estos sistemas pueden llegar a sobrevivir en las condiciones más duras de rendimiento y disponibilidad. Estas implementaciones se basan en el concepto de la coherencia final. Los avances en la gestión de datos desarrollados por los ingenieros de Amazon han sido el punto de partida de las estructuras de almacenamiento en la nube y de los servicios de gestión de datos ofrecidos por Amazon Web Services (AWS). Por ejemplo, nuestros servicios de almacenamiento Simple Storage Service, Elastic Block Store y SimpleDB deben su estructura básica a las tecnologías únicas de Amazon.

Otras áreas del negocio de Amazon afrontan problemas de decisión y procesamiento de datos igualmente complejos, como la recepción y la categorización de datos de productos, la previsión de demanda, la asignación de inventario o la detección de fraudes. Los sistemas basados en reglas pueden dar buenos resultados, pero también pueden ser difíciles de mantener y volverse frágiles con el tiempo. En muchos casos, las técnicas avanzadas de aprendizaje automático proporcionan clasificaciones más precisas y pueden actualizarse automáticamente para adaptarse a condiciones cambiantes. Por ejemplo, nuestro motor de búsqueda emplea algoritmos de minería de datos y aprendizaje automático que se ejecutan en segundo plano para crear modelos de contenido, y utilizamos algoritmos de extracción de información para identificar atributos y extraer entidades de descripciones no estructuradas, lo que permite a los clientes limitar los resultados de búsqueda y encontrar rápidamente el producto deseado. Tenemos en cuenta un gran número de factores en la pertinencia de búsqueda para predecir la probabilidad del interés de un cliente y optimizar el rango de resultados. La diversidad de productos exige que empleemos modernas técnicas de regresión, como árboles aleatorios de decisión preparados para incorporar con flexibilidad miles de atributos de productos a la hora de clasificarlos. ¿Cuál es el resultado final de todo este software entre bastidores? Resultados de búsqueda rápidos y precisos que te ayudan a encontrar lo que buscas.

Todos nuestros esfuerzos en materia tecnológica carecerían de sentido si relegáramos la tecnología a alguna especie de departamento de investigación y desarrollo. No es nuestro caso. La tecnología impulsa la innovación en todos nuestros equipos, procesos, decisiones y enfoques respecto a cada uno de nuestros negocios. Está plenamente integrada en todo lo que hacemos.

Un ejemplo de ello es Whispersync, nuestro servicio Kindle diseñado para asegurar que allí donde vayas, independientemente del dispositivo que utilices, puedas acceder a tu biblioteca de lectura y a todos tus subrayados, notas y marcadores, todo en sincronización con tus dispositivos Kindle y tus aplicaciones móviles. El desafío técnico es que esto sea posible para millones de usuarios de Kindle, con cientos de millones de libros y cientos de tipos de dispositivos, que viven en cien países —con fiabilidad 24/7—. El núcleo de Whispersync es una memoria de datos clonada y coherente, con capacidad de resolución de conflictos en función de la aplicación utilizada que puede y debe asumir el aislamiento del dispositivo durante semanas e incluso más tiempo. Como cliente de Kindle, en efecto, te ocultamos toda esta tecnología. De modo que, cuando abres tu Kindle, está sincronizado y en la página correcta. Parafraseando a Arthur C. Clarke, como cualquier tecnología suficientemente avanzada, es indistinguible de la magia.

Llegados a este punto, si algunos accionistas que leéis diligentemente esta carta os estáis adormilando, os despertaré puntualizando que, en mi opinión, no aplicamos estas técnicas por capricho, sino que nos llevan directamente al flujo de caja disponible.

Vivimos en una era de mejoras extraordinarias en el ancho de banda, el espacio en disco y la potencia de procesamiento, cuyo coste se reduce a una velocidad cada vez mayor. En nuestro equipo contamos con algunas de las tecnologías más sofisticadas del mundo, que nos ayudan a superar desafíos que se hallan al límite de las posibilidades de nuestra era. Como ya he comentado en muchas ocasiones anteriormente, estamos firmemente convencidos de que los intereses de los inversores a largo plazo están perfectamente alineados con los de los clientes.

Y nos gusta que sea así. Llevamos la innovación en nuestro ADN y la tecnología es una herramienta fundamental que queremos aprovechar para ultimar y perfeccionar cada detalle de la experiencia que proporcionamos a nuestros clientes. Todavía nos queda mucho que aprender, y espero que continuemos divirtiéndonos al hacerlo. Me siento muy orgulloso de formar parte de este equipo.

Seguimos en el día 1.

El poder de la innovación

2011

Para nosotros, el valor de Amazon Web Services es innegable —en veinte segundos podemos doblar la capacidad de nuestro servidor—. En un contexto de alto crecimiento como el nuestro, y con un pequeño equipo de desarrolladores, es muy importante constatar que ofrecemos el mejor soporte a la comunidad musical de todo el mundo. «Hace cinco años nos habríamos estrellado y ni siquiera hubiéramos sabido cuándo podríamos volver a la pista. Ahora, gracias a la innovación continua de Amazon, podemos proporcionar la mejor tecnología y seguir creciendo». Son palabras de Christopher Tholen, el director tecnológico de BandPage. Sus comentarios sobre cómo AWS contribuye a la crítica necesidad de incrementar la capacidad de procesamiento de forma rápida y fiable no son banales: BandPage ahora ayuda a cientos de miles de bandas y artistas a comunicarse con decenas de millones de fans.

«De modo que empecé a vender en Amazon en abril de 2011, y cuando en junio nos convertimos en el principal vendedor de fiambreras de Amazon, teníamos entre 50 y 75 pedidos diarios. En agosto y septiembre —nuestra época de más trabajo por el inicio del curso escolar— llegamos a tener 300, y a veces 500, pedidos diarios. Fue sencillamente fenomenal. [...] Utilizo Amazon para satisfacer mis pedidos, y me hace la vida más fácil. Además, cuando mis clientes se enteraron de que podían obtener envíos gratis con suscripciones Prime, las fiambreras se empezaron a vender como rosquillas». Así habla Kelly Lester, una emprendedora que ha creado EasyLunchboxes, una línea innovadora de fiambreras ecológicas.

«Lo descubrí por casualidad, y se abrió un mundo nuevo para mí. Como tenía mil títulos [de libros] en casa, pensé: "Le daré una oportunidad a esto". Vendí algunos y seguí expandiéndome más y más, y descubrí que esto era tan divertido que decidí que no volvería a buscar trabajo nunca más. Y no tengo jefe —salvo mi mujer, que es la dueña—. ¿Qué más se puede pedir? En realidad, los dos trabajamos juntos en esto. Los dos vamos en busca de libros, así que es un trabajo en equipo que funciona de maravilla. Vendemos unos 700 libros al mes. Cada mes enviamos entre 800 y 900 libros a Amazon, y Amazon envía los 700 que la gente compra. Si Amazon no se encargara de los envíos y del servicio al cliente, mi mujer y yo tendríamos que ir a la oficina de correos o a otro lugar cada día con docenas de paquetes. Con este aspecto resuelto, nuestra vida es mucho más sencilla. [...] Es un programa fantástico y me encanta. Al fin y al cabo, Amazon me busca los clientes e incluso envía los libros. ¿Qué más puedo pedir?». Bob Frank fundó RJF Books and More después de que le despidieran en plena crisis económica. Él y su esposa dividen su tiempo entre Phoenix y Mineápolis, y él describe su labor de encontrar los libros que vende como «ir en busca de un tesoro todos los días».

«Gracias a Kindle Direct Publishing, gano más dinero por regalías en un mes que lo que llegué a ganar escribiendo durante un año para una editorial tradicional. He pasado de preocuparme por llegar a fin de mes —hubo muchos meses que no podía— a tener ahorros de verdad, incluso a poderme plantear irme de vacaciones, algo que no había podido hacer durante años. [...] Amazon realmente me ha permitido explotar mi potencial. Antes, estaba encasillado en un único género; finalmente hallé la forma de publicar todos esos libros que quería escribir. Ahora ya puedo hacerlo y soy yo quien gestiona mi carrera. Siento que al final

Amazon se ha convertido en mi socio. Ellos entienden este negocio y han cambiado las reglas de publicación en provecho de los escritores y los lectores. Nos han devuelto el derecho a escoger». Esta es la opinión de A. K. Alexander, autor de *Daddy's Home,* uno de los cien libros más vendidos de Kindle en el mes de marzo.

«No tenía la menor idea de que marzo de 2010, el primer mes que decidí publicar en KDP, sería un momento crucial en mi vida. Al cabo de un año de haberlo hecho, ¡estaba ganando lo suficiente al mes para poder dejar mi trabajo diario y dedicarme a escribir a jornada completa! La decisión de publicar a través de KDP prácticamente me ha cambiado la vida a nivel financiero, personal, emocional y creativo. La posibilidad de dedicarme íntegramente a escribir, de estar en casa con mi familia y de escribir lo que a mí me apetece, sin depender de un comité de marketing de una editorial tradicional que tenga algo que decir respecto a cada detalle de mis escritos, me ha convertido en un autor más seguro y prolífico y, lo más importante de todo, en alguien más feliz. [...] Amazon y KDP están fomentando la creatividad en el mundo editorial y están dando la oportunidad de cumplir su sueño a escritores como yo, por eso les estaré eternamente agradecido». Es el testimonio de Blake Crouch, autor de varias novelas de suspense, entre las que se incluye el *best seller* de Kindle *Run.*

«Amazon ha permitido que autores como yo podamos acercar nuestros escritos a los lectores, y eso me ha cambiado la vida. En poco más de un año he vendido cerca de 250.000 libros a través de Kindle y he sustituido mis anteriores ilusiones por mejores y mayores sueños. Cuatro de mis libros han entrado en la lista de los 100 más vendidos de Kindle. Además, me han contactado agentes, vendedores extranjeros y dos productores cinematográficos, y me han citado en el *LA Times,* en el *Wall Street Journal* y en la *PC Magazine,* y he sido entrevistado recientemente por *USA Today.* Sobre todo, me entusiasma que ahora todos los escritores tengan la oportunidad de hacer llegar sus obras a los lectores sin tener que superar muros infranqueables. El mundo editorial está cambiando rápidamente, y pienso disfrutar cada minuto de este viaje». Theresa Ragan es la autora de numerosos superventas de Kindle, entre los que destaca *No cierres los ojos.*

«Superados ya los sesenta y en mitad de la recesión, mi esposa y yo vimos muy limitadas nuestras fuentes de ingresos. KDP fue mi oportunidad para cumplir uno de mis sueños y nuestra única posibilidad de salvar nuestra situación financiera. Tras publicar con ellos durante algunos meses, KDP ha cambiado completamente nuestras vidas y ha permitido que este viejo escritor de no ficción emprenda una nueva carrera como novelista de *best sellers*. No tengo palabras para describir Amazon y las múltiples herramientas que ha puesto a disposición de los autores independientes. Animo a mis colegas escritores a investigar y aprovechar las oportunidades que ofrece KDP. Como he descubierto felizmente, no se corre ningún riesgo y el potencial es virtualmente ilimitado». Robert Bidinotto es el autor del *best seller* de Kindle *Hunter: A Thriller*.

«Aproveché la tecnología de KDP para liberarme de todos mis intermediarios tradicionales. ¿Podéis imaginaros lo que significa, después de tanto tiempo y esfuerzo, poder llegar a cada lector? Ahora los amantes de la ficción que nunca me hubieran conocido pueden disfrutar de *Nobody* y mis otras dos novelas de Kindle Store por 2,99 dólares. Siempre he querido escribir una historia como la de Cenicienta. Ahora lo he hecho. Y, gracias al príncipe azul (KDP), van a venir muchas más». Creston Mapes es el autor del superventas de Kindle *Nobody*.

La innovación surge de muchas formas y a muchos niveles. Las innovaciones más radicales y transformadoras son aquellas que a menudo facultan a los *demás* para liberar *su* creatividad, para perseguir *sus* sueños. Este es uno de los objetivos primordiales de Amazon Web Services, Logística de Amazon (FBA, por sus siglas en inglés) y Kindle Direct Publishing. Con AWS, FBA y KDP estamos creando poderosas plataformas de autoservicio que permiten a miles de personas experimentar y emprender audazmente proyectos que de otra manera resultarían imposibles o inviables. Estas plataformas masivas e innovadoras no son de suma cero, sino que son beneficiosas para todos y aportan un importante valor para desarrolladores, emprendedores, clientes, autores y lectores.

Amazon Web Services ha crecido hasta disponer de 30 servicios diferentes y tiene como clientes a grandes y pequeños negocios y desarrolladores individuales. Uno de los primeros servicios de AWS, el Simple Storage Service, o S3, ahora alberga más de 9.000 millones de objetos de datos, con más de 1.000 millones de nuevos objetos que se añaden cada día. S3 habitualmente gestiona más de 500.000 transacciones por segundo y ha llegado a ejecutar cerca de un millón de transacciones por segundo.

Todos los servicios de AWS ofrecen un sistema de pago por uso y transforman radicalmente el gasto de capital en coste variable. AWS es un autoservicio: no es necesario negociar un contrato o interactuar con un vendedor, simplemente lees la documentación online y, si te interesa, lo utilizas. Los servicios de AWS son flexibles, se pueden ampliar o reducir con facilidad.

Solo en el último trimestre de 2011, Logística de Amazon (FBA, por sus siglas en inglés) envió decenas de millones de artículos en nombre de los vendedores. Cuando los vendedores utilizan FBA, sus artículos se pueden escoger en Amazon Prime, se envían mediante Super Saver Shipping, y Amazon gestiona sus devoluciones y la atención al cliente. FBA es un autoservicio asociado a un panel de gestión de existencias fácil de usar que forma parte de Amazon Seller Central. Para aquellos que tienen más habilidades tecnológicas, también está asociado a un conjunto de API para que puedas utilizar la red de nuestro centro logístico como un ordenador gigante periférico.

Enfatizo el carácter de autoservicio de estas plataformas porque es importante por una razón que considero bastante obvia: incluso los intermediarios bienintencionados ralentizan la innovación. Cuando una plataforma es de autoservicio, se puede intentar llevar a cabo las ideas más osadas, pues no hay ningún censor experto que te diga: «¡Esto no va a funcionar nunca!». Y ¿sabéis qué? Muchas de esas ideas atrevidas funcionan, y la sociedad es la gran beneficiaria de todo ello.

Kindle Direct Publishing (KDP) ha adquirido una envergadura impresionante: más de mil autores de KDP ahora venden más de mil ejemplares al mes, algunos han alcanzado cientos de miles de ventas, y dos ya han entrado en el Kindle Million Club.[1] KDP permite a sus autores mantener sus derechos de autor y sus derechos derivados, publicar en el momento en que ellos lo decidan —el tiempo de espera habitual en la edición tradicional desde la finalización del libro puede llegar a superar el año— y, lo mejor de todo, cobrar el 70 % de las regalías generadas por sus libros. Las grandes editoriales tradicionales pagan como regalías solo el 17,5 % en libros electrónicos (pagan el 25 % del 70 % del precio de venta, lo que representa el 17,5 % del precio de venta). El sistema de regalías de KDP es absolutamente revolucionario para los autores. El precio de venta habitual para un libro KDP es de 2,99 dólares, un precio asequible para los lectores —¡los autores obtienen aproximadamente 2 dólares sobre el precio final! Con las regalías tradicionales del 17,5 %, el precio de venta tendría que haber sido de 11,43 dólares para dar lugar al mismo beneficio de 2 dólares por unidad.

Kindle Direct Publishing es bueno para los lectores porque compran a un precio más bajo, pero quizá sea igual de importante que los lectores también puedan acceder a una mayor diversidad, ya que autores que quizá hayan sido rechazados por los canales de publicación de las altas esferas ahora tienen su oportunidad en el mercado. Podéis haceros una idea bastante precisa de ello. Echad un vistazo a la lista de los libros más vendidos de Kindle y comparadla con la del *New York Times,* ¿cuál tiene más diversi-

1. N. del T.: El Kindle Million Club reconoce a los autores cuyos libros han vendido un millón de ejemplares en Kindle Store.

dad? La lista de Kindle está repleta de libros de pequeñas editoriales y autores autopublicados, mientras que en la lista del *New York Times* predominan los autores de éxito y consolidados.

Los *amazonians* miran hacia el futuro con innovaciones radicales y transformadoras que crean valor para miles de autores, emprendedores y desarrolladores. La innovación se ha convertido en el segundo pilar de Amazon y, desde mi punto de vista, el equipo está acelerando incluso el ritmo en que se innova, lo que puedo garantizaros que es muy inspirador. Estoy muy orgulloso de todo el equipo y me siento afortunado de verlo en primera fila.

¡Seguimos en el día 1!

Iniciativa propia
2012

Como los lectores habituales de esta carta sabrán, la energía de la que rebosamos en Amazon nos viene dada, más que por el afán de ser mejores competidores, por el deseo de impresionar a los clientes. No tenemos en cuenta cuál de estos enfoques es más probable que maximice el éxito empresarial. Ambos presentan pros y contras y hay muchos ejemplos de empresas altamente exitosas enfocadas en competir. Prestamos atención a los competidores y nos inspiramos con ellos, pero es un hecho que a estas alturas el modelo de la orientación al cliente es un elemento definidor de nuestra cultura.

Una ventaja —quizá un tanto sutil— de un enfoque orientado al cliente es que contribuye a un cierto tipo de proactividad. Cuando estamos en nuestro hábitat natural, no nos afectan las presiones externas. Nuestra *iniciativa propia* nos lleva a mejorar nuestros servicios incorporando características y prestaciones antes de que nos veamos obligados a ello. También bajamos los precios e incrementamos el valor para los clientes por la misma razón. Lo que mueve estas inversiones es el enfoque hacia el cliente, no la reacción de la competencia. Pensamos que este enfoque aumenta la confianza de los clientes y promueve que su experiencia mejore rápidamente —y de forma significativa— incluso en aquellas áreas en las que ya somos líderes.

«Gracias. Cada vez que veo esa hoja en blanco en la página principal de Amazon, sé que voy a ganar más dinero del que me esperaba. Me suscribí a Prime por los envíos, pero ahora tengo películas, series y libros. Seguís añadiendo más, pero sin cobrar más. Así que gracias de nuevo por todas las adiciones extras». Ahora tenemos más de 15 millones de artículos en Prime, quince veces más desde que lo lanzamos en 2005. La oferta de Prime Instant Video se ha triplicado en solo un año a más de 38.000 películas y capítulos de series. La Kindle Owner's Lending Library se ha más que triplicado hasta alcanzar más de 300.000 libros, e incluso ha llevado a cabo una inversión de millones de dólares para que la saga *Harry Potter* esté disponible en su selección. No «era necesario» que hiciéramos estas mejoras en Prime, pero lo hicimos proactivamente. Una inversión relacionada —mayor y multianual— es Logística de Amazon. FBA da la opción a los vendedores externos de almacenar su inventario junto con el nuestro en nuestra red de centros logísticos. Esto ha supuesto un punto de inflexión para nuestros clientes vendedores, ya que sus artículos están disponibles en Prime, con los beneficios que esto supone, lo cual impulsa sus ventas y a la vez beneficia a los consumidores al ampliar la oferta de Prime.

Hemos creado sistemas automatizados que detectan las ocasiones en las que hemos proporcionado una experiencia de cliente que no cumple con nuestros estándares, y luego esos sistemas reembolsan el dinero a nuestros clientes proactivamente. Un observador industrial recientemente recibió un correo electrónico nuestro que decía: «Hemos detectado que no has podido visualizar correctamente la siguiente película alquilada en Amazon Video On Demand: *Casablanca*. Sentimos las molestias y te expedimos un reembolso de la siguiente cantidad: 2,99 dólares. Esperamos volver a verte pronto». Sorprendido por el reembolso proactivo, escribió sobre la experiencia: «Amazon "se enteró de que había tenido una mala experiencia con la reproducción de un vídeo [...]". ¿Y decidieron devolverme el dinero por eso? ¡Guau! [...] Eso demuestra que ponen al cliente en primer lugar».

Cuando compras algo por adelantado por Amazon, te garantizamos el precio más bajo que ofrezcamos entre el momento en que lo compras y el final del día de la fecha de entrega. «Acabo de recibir un aviso de que me reembolsan 5 dólares en la tarjeta de crédito por protección del precio de compra por adelantado. [...] ¡Qué magnífica forma de hacer negocios! Muchas gracias por vuestra honestidad y honradez en vuestros tratos». Muchos clientes están demasiado ocupados para comprobar el precio de un artículo después de haberlo comprado por adelantado, y nuestra política podría establecer que fuera el cliente quien nos contactara y solicitara el reembolso. Hacerlo proactivamente resulta más caro para nosotros, pero también sorprende, gusta y transmite confianza.

También contamos con autores entre nuestros clientes. Amazon Publishing acaba de anunciar que empezará a pagar las regalías a sus autores mensualmente, sesenta días después del mes en que se produzcan las ventas. La norma en la industria es hacerlo dos veces al año, y eso ha sido lo habitual durante mucho tiempo. Pero, cuando entrevistamos a autores que son clientes nuestros, nos dicen que la infrecuencia del pago supone una molestia para ellos. No hay presión competitiva para pagar a los autores más de una vez cada seis meses, pero somos proactivos en este sentido. Por cierto, aunque la investigación fue agotadora, recientemente vi a mucha gente usando Kindles en la playa de Florida. Hay cinco generaciones de Kindle, y creo que vi modelos de todas las generaciones, excepto de la primera. Nuestro enfoque de negocio es vender hardware premium a precios estimados en el umbral de la rentabilidad. Queremos ganar dinero cuando la gente utilice nuestros dispositivos, no cuando los compren. Por ejemplo, no necesitamos que nuestros clientes actualicen sus dispositivos constantemente. ¡Nos alegrará mucho ver que la gente sigue utilizando su Kindle después de cuatro años!

Puedo continuar —Kindle Fire's FreeTime, nuestro servicio al cliente Andon Cord, el MP3 de Amazon AutoRip...—, pero terminaré con un claro ejemplo de motivación por iniciativa propia: Amazon Web Services. En 2012, AWS anunció 159 nuevas opciones y servicios. Hemos bajado los precios de AWS veintisiete veces desde que lo lanzamos hace unos años, hemos incorporado mejoras de soporte del servicio empresarial y hemos creado herramientas innovadoras para ayudar a los clientes a ser más eficientes. AWS Trusted Advisor supervisa las configuraciones de los clientes, las compara con las mejores prácticas conocidas y luego notifica a los clientes dónde existe la posibilidad de mejorar el rendimiento, aumentar la seguridad y ahorrar dinero. Sí, a nuestros clientes les explicamos por activa y por pasiva que nos están pagando más de lo necesario. En los últimos noventa días, los clientes han ahorrado millones de dólares a través de Trusted Advisor, y el servicio solo acaba de empezar. Todo este progreso tiene lugar en un ámbito en el que esperamos que AWS se convierta en el líder incuestionable —una situación en la que podría preocuparos que decayese la motivación externa—. Por otro lado, la motivación interna —que es la que nos impulsa a conseguir que el cliente diga «Guau»— acelera constantemente el avance de la innovación.

Nuestras fuertes inversiones en Prime, AWS, Kindle, medios digitales y experiencia del cliente a algunos les parecen demasiado generosas, sin provecho para los accionistas o incluso no concordantes con una empresa lucrativa. «Hasta donde yo puedo decir, Amazon es una organización caritativa dirigida por miembros de la comunidad inversora para beneficiar a los clientes», escribe un observador externo. Pero yo lo veo distinto. Para mí, intentar distribuir ganancias en un modelo *just-in-time* sería pasarse de listo. Sería arriesgado en un mundo que avanza tan rápido como el que vivimos. Más importante aún, pienso que el pensamiento a largo plazo constituye la clave. Los clientes satisfechos proactivamente ganan confianza, lo que genera más negocio por parte de esos clientes, incluso en nuevos ámbitos empresariales. Pensad a largo plazo, veréis que los intereses de los clientes y de los accionistas se alinean.

Mientras escribo esto, nuestro rendimiento bursátil es positivo, pero constantemente nos planteamos una cuestión importante —de la misma forma que a menudo parafraseo al célebre inversor Benjamin Graham en nuestras reuniones generales con los empleados—: «A corto plazo, el mercado de valores es una máquina de votar; a largo plazo actúa como una báscula». No celebramos un incremento del 10 % en el precio de las acciones de la misma forma en que celebramos la excelencia de la experiencia del cliente. No somos un 10 % más listos cuando esto sucede y, a la inversa, no somos un 10 % más tontos cuando las acciones bajan. Queremos pasar por la báscula, y trabajamos continuamente para construir una empresa más sólida.

A pesar de que estoy orgulloso de nuestro progreso y de nuestras innovaciones, soy consciente de que cometeremos errores a lo largo del camino; algunos serán por nuestra culpa, otros los propiciarán competidores diligentes e inteligentes. Nuestra pasión por innovar nos llevará a adentrarnos por todo tipo de callejuelas e, inevitablemente, muchas no tendrán salida. Pero, con un poco de fortuna, también habrá unas pocas que conducirán a amplias avenidas.

Me siento tremendamente afortunado de formar parte de este gran equipo de misioneros distinguidos que valoran a nuestros clientes tanto como yo y que lo demuestran cada día con su esfuerzo.

«Guau»

2013

Me siento muy orgulloso de lo que todos los equipos de Amazon han conseguido en favor de los clientes este año pasado. Los *amazonians* de todo el mundo están perfeccionando productos y servicios a un nivel que va más allá del esperado o requerido, pensando a largo plazo, reinventando lo normal y provocando, en definitiva, que los clientes exclamen «Guau».

Me gustaría haceros un tour para que conozcáis una pequeña muestra de nuestras diferentes iniciativas, que van desde Prime hasta Amazon Smile, pasando por Mayday. El objetivo es que os hagáis una idea de todo lo que está ocurriendo en Amazon y lo emocionante que es trabajar en estos programas. Esta amplia variedad de iniciativas solo es posible porque un gran equipo de gente de talento a todos los niveles aplica su buen juicio todos los días y se pregunta constantemente: «¿Cómo podemos mejorar esto?».

Bien, vamos a empezar el tour.

Prime

A los clientes les encanta Prime. Solo en la tercera semana de diciembre se unieron a Prime más de un millón de clientes, y ahora hay decenas de millones de suscriptores de Prime en todo el mundo. Calculado sobre una base por cliente, los miembros de Prime compran más artículos que nunca y en más categorías. Incluso internamente a menudo olvidamos con facilidad que Prime era un concepto nuevo y no probado (algunos llegaron a decir que era imprudente) cuando lo lanzamos hace nueve años: servicio ilimitado de envíos en dos días con una tarifa plana anual. En ese momento, ofrecíamos un millón de productos en régimen Prime. Este año hemos pasado a tener una oferta de 20 millones de productos, y continuamos añadiendo más. También hemos mejorado otras características de Prime añadiendo nuevas prestaciones digitales, que incluyen la Kindle Owner's Lending Library y Prime Instant Video. Y no hemos terminado. Tenemos muchas ideas para conseguir que Prime siga mejorando todavía más.

Lectores y autores

Estamos llevando a cabo una importante inversión en beneficio de los lectores. El nuevo Kindle Paperwhite de alta resolución y alto contraste obtuvo críticas favorables cuando lo lanzamos. Integramos el sensacional Goodreads en Kindle, incorporamos FreeTime para Kindle y lanzamos Kindle en India, México y Australia. Para satisfacción de los pasajeros aéreos, la Administración Federal de Aviación (FAA, por sus siglas en inglés) aprobó el uso de dispositivos electrónicos durante despegues y aterrizajes. Nuestro equipo de políticas públicas, con la ayuda de muchos aliados, trabajó pacientemente durante cuatro años para conseguirlo, hasta el punto de cargar un avión de prueba con 150 Kindles activos. Y sí, ¡funcionó correctamente!

A los servicios CreateSpace, Kindle Singles y Kindle Direct Publishing hemos sumado el nuevo servicio Kindle Worlds, la revista literaria *Day One,* ocho nuevos sellos de Amazon Publishing y el lanzamiento de Amazon Publishing en el Reino Unido y Alemania. Miles de autores ya utilizan estos servicios para desarrollar su carrera literaria de forma satisfactoria. Muchos nos escriben y nos explican que les hemos ayudado a enviar a sus hijos a la universidad, a pagar las facturas del médico o a comprarse una casa. Somos misioneros de la lectura y estos testimonios nos inspiran y nos animan a seguir inventando en beneficio de los escritores y de los lectores.

Prime Instant Video

Prime Instant Video (PIV) está experimentando un crecimiento enorme en todos los parámetros de rendimiento —nuevos clientes, frecuencia de uso y número total de transmisiones—. Estos indicadores sugieren que vamos por el buen camino y que nos centramos en los avances adecuados. Dos aspectos fundamentales son el aumento de la oferta y su atractivo. Desde que lanzamos PIV en 2011 con 5.000 títulos, hemos aumentado la oferta con más de 40.000 películas y capítulos de series —todo incluido en la suscripción a Prime—. PIV ofrece en exclusiva cientos de series de éxito que incluyen *Downton Abbey, La cúpula, The Americans, Justified, Grimm, Orphan Black,* así como series infantiles como *Bob Esponja, Dora la exploradora* y *Las pistas de Blue*. Además, nuestro equipo de Amazon Studios continúa apostando fuerte por la creación de contenido original. *Alpha House* de Garry Trudeau, protagonizada por John Goodman, se estrenó el año pasado y pronto se convirtió en la serie más vista de Amazon. Recientemente dimos luz verde a seis series originales más, que incluían *Bosch,* de Michael Connelly, *The After,* de Chris Carter de *Expediente X, Mozart in the Jungle,* de Roman Coppola y Jason Schwartzman, y la bella producción *Transparent* de Jill Soloway, que algunos consideran la mejor iniciativa de los últimos años. Nos gusta nuestro enfoque y lo estamos volviendo a poner en práctica con el reciente lanzamiento de PIV tanto en el Reino Unido como en Alemania. La acogida inicial de los clientes de estos países ha sido excelente y ha superado nuestras expectativas.

Fire TV

Justamente la semana pasada, después de dos años de trabajo y esfuerzos, nuestro equipo de hardware lanzó Fire TV. Este dispositivo no solo es la mejor forma de disfrutar de la oferta audiovisual de Amazon, sino que también incorpora servicios de contenido ajenos a Amazon como Netflix, Hulu Plus, VEVO, WatchESPN y muchos más. Fire TV cuenta con avanzadas especificaciones de hardware en una categoría que hasta ahora había quedado rezagada, y se nota. Fire TV es un dispositivo ágil y rápido. Nuestra tecnología predice lo que posiblemente quieres ver y lo empieza a cargar previamente, de forma que empiece al instante. Nuestro equipo también incorporó un pequeño micrófono en el mando a distancia. Si presionas el botón del micrófono en el mando, podrás decir lo que buscas sin tener que escribirlo en el teclado. El equipo ha hecho un trabajo magnífico, la búsqueda por voz realmente funciona.

Además de Prime Instant Video, Fire TV permite el acceso instantáneo a más de 200.000 películas y series disponibles a la carta e incluye películas de estreno como *Gravity, 12 años de esclavitud, Dallas Buyers Club* o *Frozen,* entre otras. Y como extra, con Fire TV también podrás tener acceso a juegos asequibles de alta calidad para jugar en la televisión de tu comedor. Esperamos que los probéis. Si lo hacéis, dadnos vuestra opinión. El equipo estará encantado de conocer vuestras impresiones.

Amazon Game Studios

> Estamos a principios del siglo XXII y la Tierra se encuentra amenazada por una especie alienígena, los Ne'ahtu. Los alienígenas infectaron la red eléctrica con un virus informático para desarmar las defensas del planeta.
>
> Antes de que pudieran atacar, la prodigiosa informática Amy Ramanujan neutralizó el virus alienígena y salvó al planeta. Ahora

los Ne'ahtu han vuelto y la Dra. Ramanujan debe evitar que emprendan la invasión total de la Tierra. Necesita tu ayuda.

Así es como empieza *Sev Zero,* el primer juego exclusivo de Fire TV creado por Amazon Game Studios. El equipo combinó la jugabilidad de los *shooters* con el género *defensa de torres* y creó un modo cooperativo donde un jugador lidera el terreno con el controlador mientras que un segundo jugador proporciona apoyo aéreo desde una tableta. Puedo confirmaros que hay algunos momentos de tensión en que agradeceréis que se produzca un ataque aéreo en vuestro apoyo. Cuando lo veáis, puede que os sorprenda poder jugar a un juego de ese nivel en un accesible dispositivo multimedia en *streaming*. Sev Zero es solo el primero de una colección de juegos innovadores y gráficamente atractivos que estamos creando desde cero para Fire TV y las tabletas Fire.

Amazon Appstore

La Appstore de Amazon ahora atiende a clientes en casi 200 países. La oferta ha aumentado para incluir más de 200.000 aplicaciones y juegos de los mejores desarrolladores de todo el mundo —casi el triple que el pasado año—. Hemos introducido Amazon Coins, una moneda virtual que permite a los clientes ahorrar un 10 % en compras de aplicaciones y desde las aplicaciones. Nuestro Whispersync para tecnologías de juegos permite empezar una partida en un dispositivo y continuarla desde otro sin tener que volver a empezar de cero. Los desarrolladores pueden usar el programa Mobiles Associates para ofrecer millones de productos físicos de Amazon en sus aplicaciones y recibir comisiones por contacto cuando los clientes compren esos artículos. Hemos presentado Appstore Developer Select, un programa de marketing que promociona nuevos juegos y aplicaciones en las tabletas Kindle Fire y en la Amazon Mobile Ad

Network.[1] Hemos creado Analytics y A/B Testing, servicios gratuitos que permiten a los desarrolladores rastrear la participación del usuario y optimizar sus aplicaciones para iOS, Android y Fire OS. Este año también hemos incorporado a los desarrolladores de aplicaciones web HTML5. Ahora ellos también pueden ofrecer sus aplicaciones en Kindle Fire y a través de Amazon Appstore.

Audiolibros

2013 fue un año histórico para Audible, el mayor vendedor y productor mundial de audiolibros. Audible permite disfrutar de un libro sin la necesidad de tener la vista puesta en el texto. Millones de clientes descargan cientos de millones de audiolibros y otros archivos en Audible. Los clientes de Audible descargaron cerca de 600 millones de horas de audio en 2013. Gracias a Audible Studios, la gente va al trabajo escuchando a Kate Winslet, Colin Firth, Anne Hathaway y muchas otras estrellas. Un gran éxito en 2013 fue la interpretación de Jake Gyllenhaal de *El gran Gatsby,* que ya ha vendido 100.000 copias. Whispersync for Voice permite a sus clientes alternar la lectura de un libro en Kindle y la audición de ese mismo libro desde su smartphone en Audible sin ningún tipo de problema. El *Wall Street Journal* describió Whispersync for Voice como «la nueva aplicación asesina de libros de Amazon». Si todavía no lo habéis hecho, os recomiendo que la probéis; es divertida y os permitirá tener mucho más tiempo para leer.

Alimentos frescos

Después de probar el servicio en Seattle durante cinco años (para que luego digan que no tenemos paciencia), hemos expandido

1. N. del T.: Red publicitaria de Amazon para móviles.

Amazon Fresh a Los Ángeles y San Francisco. Los suscriptores de Prime Fresh pagan 299 dólares al año y reciben sus pedidos el mismo día o a primera hora de la mañana no solo de alimentos frescos, sino también de otros artículos, más de 500.000, desde juguetes hasta electrónica, pasando por enseres domésticos. También nos estamos asociando con comerciantes locales reconocidos (la Cheese Store de Beverly Hills, el Pike Place Fish Market, la San Francisco Wine Trading Company y muchos otros) para proporcionar la misma cómoda entrega a domicilio de una gran selección de comida preparada y de productos especializados. Continuaremos nuestro enfoque metódico —evaluando y perfeccionando Amazon Fresh— con el objetivo de poder llevar con el tiempo este fantástico servicio a más ciudades.

Amazon Web Services

AWS cumple ocho años, y el equipo está acelerando sin cesar el ritmo de innovación. En 2010 lanzamos 61 servicios y opciones relevantes. En 2011, ese número aumentó a 82; en 2012, a 159; y en 2013, a 280. También estamos expandiendo nuestra presencia global. Ahora tenemos diez regiones de AWS en todo el mundo, que incluyen la costa este y oeste de los Estados Unidos (dos en esta última), Europa, Singapur, Tokio, Sídney, Brasil, China y una región exclusiva para el sector público y organizaciones sin ánimo de lucro llamada GovCloud. Tenemos 26 zonas de disponibilidad en todas las regiones y 51 emplazamientos periféricos para nuestra red de distribución de contenido. Los equipos de desarrollo trabajan directamente con los clientes y están autorizados para diseñar, crear y lanzar productos sobre la base de lo que descubren. Actualizamos nuestros productos constantemente, y cuando una característica o mejora está lista, la implementamos e instantáneamente la ponemos a disposición de todo el mundo. Este enfoque es rápido, centrado en el cliente y eficiente —nos ha permitido bajar precios en más de cuarenta ocasiones en los últimos ocho años—, y los equipos no tienen previsto levantar el pie del acelerador.

Empoderar a los empleados

Nos retamos a nosotros mismos no solo a crear innovaciones orientadas hacia el exterior, sino también a encontrar mejores formas de hacer las cosas internamente —cosas que nos permitirán ser más efectivos y beneficiarán a nuestros miles de empleados de todo el mundo.

Career Choice es un programa en el que pagamos por anticipado el 95 % de las matrículas a nuestros empleados para que hagan cursos de formación en campos muy solicitados, como la mecánica aeronáutica o la enfermería, independientemente de si esas competencias son relevantes para su trayectoria en Amazon. El objetivo es ofrecer oportunidades. Sabemos que, para algunos de nuestros empleados de los centros logísticos, Amazon será el lugar donde harán carrera. Para otros, Amazon podría ser un lugar de paso para dar el salto a otra empresa —donde puede que desempeñen un trabajo que requiera nuevas competencias—. Si una formación adecuada puede ser determinante para dar ese paso, queremos contribuir a ello.

El segundo programa se llama Pay to Quit. Fue inventado por los inteligentes trabajadores de Zappos, y los centros logísticos de Amazon lo han estado desarrollando. Pay to Quit es bastante simple. Una vez al año, nos ofrecemos a pagar a nuestros empleados para que dejen de serlo. El primer año, la oferta es de 2.000 dólares. Luego aumenta 1.000 dólares cada año, hasta llegar a 5.000 dólares. El título de la oferta es: «Por favor, no aceptes esta oferta». Esperamos que no la acepten; queremos que se queden. ¿Entonces, por qué hacemos esa oferta? El objetivo es animar a nuestros empleados a que dediquen un momento para pensar sobre qué es lo que quieren en realidad. A largo plazo, que un empleado esté en un lugar en el que no quiere estar no es bueno ni para él ni para la empresa.

Una tercera innovación interna es nuestro Centro de Contacto Virtual. Es una idea que iniciamos hace unos años y ha continuado creciendo con resultados magníficos. A través de este programa, los empleados pueden atender a los clientes de Amazon y de Kindle mientras trabajan desde casa. Esta flexibilidad es ideal para muchos empleados que, ya sea porque tienen niños pequeños o por otras razones, necesitan o prefieren trabajar desde casa. Nuestro Centro de Contacto Virtual es el «sitio» de Amazon que crece más rápido en los Estados Unidos y hoy por hoy opera en diez estados. Este crecimiento aumentará, y de hecho esperamos doblar nuestra presencia estatal para 2014.

Contratación de veteranos

Buscamos líderes que puedan innovar, pensar en grande, que estén dispuestos a la acción y obtengan resultados en beneficio de los clientes. Estas virtudes son las habituales entre los hombres y las mujeres que han servido a nuestro país en las fuerzas armadas, por lo que pensamos que su experiencia en materia de liderazgo es indispensable en nuestro frenético ambiente de trabajo. Participamos en Joining Forces y 100.000 Jobs Mission —dos iniciativas nacionales cuyo objetivo es que las empresas ofrezcan oportunidades profesionales y apoyo a los miembros de las fuerzas armadas y a sus familias—. Nuestro equipo Military Talent asistió a más de cincuenta eventos de contratación el año pasado para ayudar a los veteranos a encontrar oportunidades de empleo en Amazon. En 2013 contratamos a más de 1.900 veteranos. Y en cuanto se incorporan a nuestro equipo, les ofrecemos diversos programas que les ayudan a adaptarse más fácilmente a las características de un empleo civil y que les conectan con nuestra red interna de veteranos para que reciban apoyo y asesoramiento. Estos programas han supuesto que *G. I. Jobs Magazine, U. S. Veterans Magazine* y *Military Spouse Magazine* nos hayan reconocido como la mejor empresa de contratación. Sin duda, continuaremos invirtiendo en la contratación de veteranos del ejército a medida que vayamos creciendo.

Innovación en la ejecución

Hace diecinueve años cada tarde llevaba los paquetes de Amazon a la oficina de correos en el maletero de mi Chevy Blazer. Mi visión hasta entonces no iba mucho más allá de soñar con que un día compraríamos una carretilla elevadora. Hoy por hoy disponemos de 96 centros logísticos y vamos por la séptima generación de diseño de centros logísticos. Nuestro equipo de operaciones es extraordinario, metódico e ingenioso. A través de nuestro programa Kaizen, término japonés que se traduce por «mejora constante», los empleados trabajan en pequeños equipos para optimizar procesos y reducir defectos y residuos. Nuestros Earth Kaizens establecen metas ecológicas, como reducir el uso de energía y fomentar el reciclaje. En 2013, más de 4.700 empleados participaron en 1.100 Kaizens.

La sofisticación del software es clave en nuestros centros logísticos. Este año hemos introducido 280 mejoras importantes de software en toda la red de centros de logística de Amazon. Nuestra meta es continuar actualizando y mejorando en cuanto al diseño, estructura, tecnología y capacidad operativa de estos edificios, para asegurarnos de que cada nueva instalación que construimos es mejor que la anterior. Os invito a que vengáis a ver una con vuestros propios ojos. Ofrecemos al público visitas guiadas por nuestros centros logísticos a partir de los seis años. Podéis encontrar información sobre los tours disponibles en www.amazon.com/fctours. A mí me fascina visitar nuestros centros logísticos, y espero que vosotros también lo hagáis. Creo que os impresionará.

Campus urbano

En 2013 hemos añadido más de 39.000 metros cuadrados de espacio para la nueva sede en Seattle y hemos colocado la primera piedra de lo que serán cuatro manzanas urbanas y varios millones de metros cuadrados en nuevas construcciones. Es evidente que podríamos haber ahorrado dinero construyendo en la periferia, pero para nosotros era importante permanecer en la ciudad. Los campus urbanos son mucho más ecológicos. Nuestros empleados pueden aprovechar la existencia de comunidades establecidas y de infraestructuras de transporte público, lo que les hace depender menos del coche. Estamos invirtiendo en carriles bici exclusivos para proporcionar un acceso seguro, ecológico y fácil a nuestras oficinas. Muchos de nuestros empleados pueden vivir cerca, evitar hacer largos desplazamientos a diario e ir andando al trabajo. Aunque no pueda demostrarlo, no me cabe la menor duda de que una sede urbana contribuirá a mantener el dinamismo de Amazon, atraerá el talento adecuado y favorecerá el bienestar de nuestros empleados y de la ciudad de Seattle.

Entrega rápida

En colaboración con el Servicio Postal de los Estados Unidos, hemos empezado a ofrecer por primera vez reparto dominical en diversas ciudades. El reparto dominical es una victoria de los clientes de Amazon, y planeamos ampliar el servicio para ponerlo al alcance de buena parte de la población estadounidense a lo largo de 2014. Hemos creado nuestras propias redes de entrega rápida y directa al domicilio en el Reino Unido, donde las empresas de transporte eran incapaces de cubrir nuestro elevado volumen. En las grandes ciudades de India y China, donde la infraestructura de entrega todavía está en vías de desarrollo, pueden verse transportistas de Amazon en bicicleta cargados de paquetes. Y aún hay muchas más innovaciones en camino. El equipo Prime Air ya está haciendo pruebas de vuelo con nuestra quinta y sexta generación de vehículos aéreos, y estamos en la fase de diseño de la séptima y la octava generación.

Experimentos y más experimentos

Contamos con nuestra propia plataforma de experimentación interna llamada Weblab, que utilizamos para evaluar las mejoras en nuestros productos y páginas web. En 2013 abrimos 1.976 Weblabs en todo el mundo; en 2012, otros 1.092; y en 2011, 546. Un éxito reciente es nuestra opción llamada «Preguntas y respuestas de clientes». Hace muchos años fuimos los primeros a quienes se les ocurrió la idea de permitir a los clientes que publiquen reseñas online en las que compartan sus opiniones sobre un producto para que otros clientes dispongan de más información antes de tomar sus decisiones de compra. «Preguntas y respuestas» va en esa misma línea. Desde una página de producto, los clientes pueden preguntar todo lo que quieran. «¿El producto es compatible con mi TV/altavoz/PC?», «¿Es fácil de montar?», «¿Cuánto dura la batería?». Entonces enviamos estas preguntas a los clientes que ya han comprado el producto. Igual que en el caso de las reseñas, a los clientes les gusta compartir sus experiencias para ayudar directamente a otros clientes. En la actualidad ya se han formulado y respondido millones de preguntas.

Ropa y zapatos

Amazon Fashion está en auge. Las mejores marcas reconocen que pueden utilizar Amazon para conseguir reconocimiento de marca y llegar a clientes potenciales interesados en la moda y fascinados por la oferta, las devoluciones gratuitas, las fotos detalladas y los clips de vídeo en los que ven cómo queda la ropa en modelos que caminan y se dan la vuelta. Hemos abierto una agencia fotográfica de 3.700 metros cuadrados en Brooklyn y ahora hacemos una media de 10.413 fotos al día en los veintiocho estudios fotográficos de la agencia. Para celebrar la inauguración, organizamos un concurso de diseño con estudiantes de Pratt, Parsons, la School of Visual Arts y el Fashion Institute of Technology, con un jurado formado por líderes del sector que incluía a Steven Kolb, Eva Chen, Derek Lam, Tracy Reese y Steven Alan. Los estudiantes de la escuela de diseño de Parsons se llevaron el primer premio.

Embalajes de fácil apertura

Nuestra batalla contra las incómodas bridas y los envoltorios de plástico continúa. Se trata de una iniciativa que empezó hace cinco años con la sencilla idea de que nadie debería correr el riesgo de hacerse daño al abrir un nuevo juguete o un aparato electrónico. Ahora se ha implantado en más de 200.000 productos, todos disponibles en embalajes de fácil apertura diseñados con materiales reciclables para evitar la frustración que producen los envoltorios imposibles de abrir y, al mismo tiempo, proteger el medio ambiente reduciendo los residuos de embalaje.

Tenemos unos 2.000 fabricantes en nuestro programa Frustration-Free Packaging (embalajes de fácil apertura), que incluyen Fisher-Price, Mattel, Unilever, Belkin, Victorinox Swiss Army, Logitech y muchos más. Actualmente enviamos millones de artículos bajo este programa a 175 países. También estamos reduciendo los residuos que generan los envoltorios de los productos enviados a los clientes —hasta la fecha hemos eliminado más de 14 millones de kilogramos de exceso de embalaje—. Este programa refleja a la perfección la labor de un equipo de misioneros que trabaja a conciencia con el único fin de servir a sus clientes. A través del esfuerzo y la perseverancia, una idea que empezó con solo diecinueve productos ahora tiene disponibles centenares de miles y beneficia a millones de clientes.

Logística de Amazon

El número de vendedores que utilizan Logística de Amazon (FBA, por sus siglas en inglés) aumentó más del 65 % el año pasado. Semejante crecimiento a gran escala es infrecuente. FBA es un sistema único en muchos sentidos. No es habitual poder satisfacer las necesidades de dos tipos de clientes con un único programa. Con FBA, los vendedores pueden almacenar sus productos en nuestros centros logísticos, y nosotros los recogemos, empaquetamos y enviamos, y proporcionamos un servicio al cliente en relación con dichos artículos. Los vendedores se benefician de una de las redes logísticas más avanzadas del mundo, y así expanden fácilmente sus negocios para conseguir millones de clientes. Y no clientes cualesquiera, sino miembros Prime. Los productos FBA están disponibles para envíos Prime gratis en dos días. Los clientes se benefician de esta oferta adicional, ya que su suscripción Prime adquiere incluso más valor. Y, como era de esperar, las ventas incrementan cuando un vendedor se une a FBA. En una encuesta de 2013, casi tres de cada cuatro encuestados de FBA afirmaron que sus unidades de venta en Amazon.com aumentaron más del 20 % después de unirse a FBA. Y eso es beneficioso para todas las partes.

> FBA es el mejor empleado que jamás he tenido [...]. Una mañana me desperté y me di cuenta de que FBA había enviado 50 unida-

des. En cuanto supe que podía vender productos mientras dormía, no me lo pensé dos veces.

Thanny Schuck, Action Sports LLC

Al empezar como una marca desconocida, era difícil encontrar minoristas que quisieran tener nuestros productos en existencias. En Amazon no existían esas barreras. El atractivo de Amazon es que cualquiera puede decir: «Quiero iniciar un negocio», y puede ir a Amazon y emprender un negocio de verdad. De entrada, no hace falta que tengas un edificio en alquiler, ni siquiera empleados. Simplemente puedes hacerlo por tu cuenta. Y eso es lo que hice yo.

Wendell Morris, YogaRat

Amazon Pay y Login con Amazon

Durante muchos años hemos permitido que los clientes de Amazon paguen en otras webs como Kickstarter, SmugMug y Gogo Inflight utilizando tarjetas de crédito y direcciones de entrega ya almacenadas en su cuenta de Amazon. Este año hemos ampliado esa posibilidad para que los clientes también puedan iniciar la sesión utilizando las credenciales de su cuenta de Amazon, y así ahorrarles la molestia de tener que recordar otro usuario y otra contraseña. Es cómodo para el cliente y constituye una oportunidad de negocio para el comerciante. Cymax Stores, el minorista de muebles online, ha obtenido un éxito extraordinario con Amazon Pay y Login con Amazon. Ahora representa el 20 % de sus pedidos, al triplicar sus nuevos registros de cuenta y aumentar la conversión del precio de compra un 3,15 % en los primeros tres meses. Este ejemplo no es una excepción, pues estamos viendo resultados como estos con muchos socios, y el equipo está motivado y entusiasmado. Deberíais ver muchos otros casos en 2014.

Amazon Smile

En 2013 hemos lanzado Amazon Smile, una forma sencilla de que nuestros clientes apoyen a sus organizaciones benéficas favoritas cada vez que compren. Cuando compras en Amazon.com, Amazon dona una parte del precio de la compra a la entidad benéfica que elijas. En smile.amazon.com encontrarás la misma oferta, precios, opciones de envío y disponibilidad Prime que en Amazon.com —incluso dispondrás de tu propio carrito y tus propias listas de deseos—. Además de las grandes organizaciones benéficas nacionales que cabría esperar, también puedes escoger tu hospital infantil local, el AMPA de tu escuela o prácticamente cualquier otra causa en la que quieras contribuir. Hay casi un millón de entidades benéficas para escoger. Espero que vuestra favorita esté en la lista.

El Botón Mayday

> El dispositivo es genial, pero es que además la opción Mayday es absolutamente ¡¡¡¡¡FANTÁSTICA!!!!! El equipo de Kindle se ha lucido.
>
> Acabo de probar el botón Mayday en mi Kindle Fire HDX. Han tardado quince segundos en responder [...]. Amazon ha vuelto a hacerlo. Estoy verdaderamente impresionado.

En Amazon no hay nada que nos haga más felices que «reinventar lo normal» —crear innovaciones que los clientes adoren y replantear sus expectativas sobre qué debería ser lo normal—. Mayday reinventa y revoluciona la idea del soporte técnico integrado en el dispositivo. Pulsa el botón Mayday, y aparecerá un experto en tu Fire HDX que te guiará a través de cualquier función dibujando en tu pantalla, te enseñará para que aprendas a hacer algo tú mismo o lo hará por ti —según sea lo más conveniente—. Mayday está disponible las 24 horas, de lunes a domingo, los 365 días del año, y nuestro tiempo máximo de respuesta es de quince segundos. Conseguimos ese objetivo con un tiempo medio de respuesta de solo nueve segundos en nuestro día de más trabajo, el día de Navidad.

Algunas Maydays han sido divertidas. Los asistentes técnicos de Mayday han recibido 35 propuestas de matrimonio de nuestros clientes. 475 clientes han llamado preguntando por Amy, nuestra celebridad televisiva de Mayday. 109 Maydays han sido clientes que solicitaron asistencia para pedir una pizza. Por un ligero margen, Pizza Hut gana a Domino's como la preferida por los clientes. En 44 ocasiones los asistentes técnicos de Mayday han cantado el cumpleaños feliz al cliente. Los clientes han llamado para cantarles a nuestros asistentes técnicos de Mayday 648 veces. Y tres clientes han llamado para pedir que les cuenten un cuento para dormir. Nada mal.

Espero que esto os permita haceros una idea del alcance de nuestras posibilidades e iniciativas, así como del espíritu inventivo y del esfuerzo por la calidad excepcional con que las llevamos a cabo. Debo destacar nuevamente que esto que os he presentado es solo una muestra. Hay muchos programas que he omitido en esta carta tan prometedores e interesantes como los que he comentado.

Por suerte contamos con un gran equipo imaginativo y tenemos una cultura de servicio al cliente, pionera y perseverante —las innovaciones importantes, las grandes y las pequeñas, se producen cada día en beneficio de los clientes en toda la empresa y a todos los niveles—. Esta distribución descentralizada de la innovación en toda la empresa —no limitada a los altos cargos— es la única manera de conseguir innovar de forma sólida y con un elevado rendimiento. Lo que estamos haciendo es un reto que nos divierte, trabajamos en el futuro. Los fracasos son una parte integral de la innovación, es algo que hay que asumir. Así lo entendemos y creemos en el fracaso prematuro y en la iteración hasta que nos salga bien. Cuando este proceso funciona, significa que nuestros fracasos son relativamente pequeños (muchos experimentos pueden ser pequeños en sus inicios), y cuando encontramos algo que realmente funciona para los clientes, redoblamos la apuesta con la esperanza de convertirlo en un éxito aún mayor. Sin embargo, no siempre es tan sencillo. Innovar es complicado y, con el tiempo, es inevitable que algunas de nuestras grandes apuestas fracasen.

Me gustaría terminar recordando a Joy Covey, que fue directora financiera de Amazon cuando nos pusimos en marcha y dejó una huella imborrable en la empresa. Joy era brillante, intensa y muy divertida. Sonreía mucho y no se le escapaba nada. Era una mujer extraordinariamente astuta y una pensadora a largo plazo. Una persona sensata y audaz al mismo tiempo. Joy causó un gran impacto en todo el equipo directivo y en la cultura de la empresa. Una parte de ella siempre estará aquí, asegurándose de que cuidamos los detalles, de que observamos el mundo a nuestro alrededor y de que todos nos divertimos.

Me siento muy afortunado de formar parte del equipo de Amazon.

Seguimos en el día 1.

Tres grandes ideas

2014

Una oferta de negocio ideal presenta por lo menos cuatro características. A los clientes les encanta, puede crecer a gran escala, proporciona gran rendimiento de capital y se prolonga en el tiempo —potencialmente puede perdurar durante décadas—. Cuando encuentres una, no la dejes escapar y cásate con ella.

Bien, me complace informaros de que Amazon no se ha mantenido soltera en este sentido. Después de dos décadas de asumir riesgos y de trabajar en equipo, y con la inestimable ayuda de la buena suerte a lo largo del camino, ahora estamos felizmente casados con los que a mi parecer son tres compañeros para toda una vida: Marketplace, Prime y AWS. Cada una de estas iniciativas fue una apuesta arriesgada al principio, y a la gente razonable le preocupaba (¡a menudo!) que no pudieran funcionar. Pero, llegados a este punto, es evidente lo especiales que son y lo afortunados que somos de tenerlas. También es evidente que no hay nada garantizado en este negocio. Sabemos que es nuestro trabajo hacerlas crecer y consolidarlas.

Abordaremos el trabajo con nuestras herramientas habituales: el enfoque en el cliente y no en la competencia, la pasión irrefrenable por la innovación, el compromiso con la excelencia operacional y la disposición a pensar a largo plazo. Con buena ejecución y un poco de buena suerte constante, Marketplace, Prime y AWS pueden atender a los clientes y obtener rendimiento financiero durante muchos años.

Marketplace

Los primeros días de Marketplace no fueron fáciles. Primero, lanzamos Amazon Auctions. Creo que se suscribieron siete personas, incluyendo a mis padres y hermanos. Auctions se transformó en zShops, que básicamente era una versión de cuota fija de Auctions. De nuevo, seguíamos sin clientes. Pero entonces convertimos zShops en Marketplace. Internamente, Marketplace era conocida como SDP, por las siglas de Single Detail Page. La idea era coger nuestro bien más preciado —nuestras páginas de información del producto— y dejar que vendedores externos compitieran contra nuestros propios gestores de ventas. Resultaba más cómodo para los clientes, y al cabo de un año supuso el 5 % de las unidades vendidas. Hoy las ventas de más de dos millones de vendedores externos de todo el mundo representan más del 40 % de nuestras unidades vendidas. Los clientes compraron más de 2.000 millones de unidades a vendedores externos en 2014.

El éxito de este modelo híbrido aceleró la inercia de Amazon. Los clientes inicialmente se vieron atraídos por el rápido crecimiento de nuestra oferta de productos vendidos por Amazon a excelente precio y con gran experiencia del cliente. El hecho de permitir que vendedores externos ofrecieran sus productos junto con los nuestros consiguió que nuestra página resultara más atractiva para los consumidores, lo que atrajo a más clientes todavía. Esto también se sumó a nuestras economías de escala, lo que repercutió en la reducción de los precios y la supresión de los costes de envío para ciertos pedidos. Después de introducir estos programas en los Estados Unidos, los hemos ampliado tan rápido como hemos podido a nuestras otras áreas de influencia. El resultado ha sido un mercado que se ha integrado perfectamente en todas nuestras webs globales.

Trabajamos con diligencia para reducir la carga de trabajo de los vendedores y aumentar el éxito de nuestro negocio. A través de nuestro programa Selling Coach generamos un flujo constante de «avisos» automatizados con aprendizaje automático (más de 70 millones en una semana normal) que alertan a los vendedores sobre cómo evitar que su producto se agote, añadir más productos a su oferta o mejorar sus precios para que sean más competitivos.

Para expandir la presencia global de Marketplace, ahora ayudamos a los vendedores en cada una de nuestras áreas de influencia —y también en países donde no tenemos presencia— a contactar con nuestros clientes en países de fuera de su área geográfica. El año pasado acogimos a comerciantes de más de 100 países diferentes y les ayudamos a conectar con clientes de 185 naciones.

Casi una quinta parte de nuestras ventas externas totales ahora se producen fuera de los países de origen de los vendedores, y nuestras ventas de comerciantes de más allá de nuestras fronteras prácticamente se doblaron el año pasado. En los Estados Unidos, los vendedores pueden abrir una cuenta única, gestionar sus negocios en múltiples lenguas y poner sus productos a disposición de los clientes en cualquiera de nuestras cinco webs estadounidenses. Más recientemente, hemos empezado a consolidar envíos trasfronterizos para vendedores y a ayudarles a obtener transporte marítimo de Asia a Europa y Norteamérica con tarifas preferenciales por volumen.

Marketplace es el núcleo de nuestras operaciones de rápido crecimiento en la India, ya que toda nuestra oferta en ese país corresponde a vendedores externos. Amazon.in ahora ofrece una gama de productos mucho más amplia que ningún otro negocio de comercio electrónico de la India —con más de 20 millones de productos ofrecidos por 21.000 vendedores—. Con nuestro servicio Easy Ship, recogemos los productos del vendedor y gestionamos todo el proceso de entrega al cliente final. Con el desarrollo de Easy Ship, el equipo de la India recientemente ha puesto a prueba Kirana Now, un servicio de reparto de productos esenciales cotidianos de las *kirana* locales (pequeños negocios familiares) a los clientes en un tiempo de entrega de dos a cuatro horas, lo que aumenta la comodidad de nuestros clientes y las ventas de las tiendas que participan en el servicio.

Quizá más importante aún para los vendedores haya sido la creación de Logística de Amazon. Pero volveremos a ello después de que os hable de Prime.

Amazon Prime

Hace diez años lanzamos Amazon Prime, originalmente diseñado como un programa de envío rápido con tarifa plana. Nos dijeron reiteradas veces que era una apuesta arriesgada, y en cierto modo lo era. En su primer año, renunciamos a muchos millones de dólares en ingresos de envío, y ningún cálculo demostraba que el sacrificio fuera a valer la pena. Nuestra decisión de seguir adelante se basó en los resultados positivos que habíamos obtenido previamente cuando lanzamos Free Saver Shipping y en la intuición de que los clientes entenderían rápidamente que les estábamos ofreciendo el mejor trato de la historia del comercio. Además, los análisis nos decían que, si conseguíamos expandirlo, podríamos reducir significativamente el coste del envío rápido.

Nuestro negocio de venta minorista de inventario propio sentó las bases de Prime. Además de constituir equipos de venta minorista para crear cada una de nuestras «tiendas» online de categoría específica, hemos creado sistemas a gran escala para automatizar buena parte de la reposición y colocación del inventario, y de la fijación de los precios de los productos. El compromiso de respetar la fecha de entrega exacta de Prime requería que nuestros centros logísticos trabajasen de otra manera, y aunar esfuerzos para sacar todo esto adelante es uno de los mayores logros de nuestro equipo global de operaciones. Nuestra red global de centros logísticos se ha expandido de 13 en 2005, cuando lanzamos Prime, a 109 este año. Ahora vamos por la octava generación de diseño de centros logísticos, que emplean software patentado para gestionar la recepción, el almacenamiento, la preparación del pedido y el envío. Amazon Robotics, que empezó con la adquisición de Kiva en 2012, ha puesto en funcionamiento 15.000 robots que asisten en las labores de almacenamiento y retirada de productos a una mayor escala y a menor coste que nunca. Nuestro negocio de venta minorista de inventario propio sigue siendo nuestro mejor medio de captación de clientes para Prime y una pieza fundamental del desarrollo de categorías que atraen tráfico y vendedores externos.

Aunque la entrega rápida sigue siendo un elemento clave del beneficio de Prime, estamos buscando nuevas formas de inyectar energía a Prime. Dos de las más importantes son a través de la electrónica y de los dispositivos.

En 2011 añadimos Prime Instant Video (PIV) como prestación, que ahora cuenta con decenas de miles de películas y capítulos de series disponibles ilimitadamente en *streaming* en los Estados Unidos, y también hemos empezado a expandir el programa al Reino Unido y Alemania. Estamos invirtiendo significativamente en este contenido, y es importante que supervisemos su repercusión. Nos preguntamos si vale la pena, si está impulsando la suscripción a Prime. Entre otras cosas, observamos los inicios de la prueba gratuita de Prime, la suscripción de pago, las tasas de renovación y las tasas de compra de los miembros que entran a través de este canal. Lo que hemos visto hasta ahora nos ha gustado y seguiremos invirtiendo aquí.

Aunque buena parte de nuestra inversión de PIV es en contenido con licencia de uso, también comenzamos a desarrollar contenido original. Y el equipo está empezando fuerte. Nuestra serie *Transparent* se convirtió en la primera de un servicio *streaming* que ganó un Globo de Oro a la mejor serie, y *Tumble Leaf* ganó el Annie a la mejor serie de animación para niños en edad preescolar. Aparte del reconocimiento de la crítica, cabe destacar que los números son prometedores. Una ventaja de nuestra programación original es que se estrena por primera vez en Prime

—es decir, todavía no ha sido emitida en ningún otro lugar—. Junto con la calidad de las producciones, los estrenos parecen ser uno de los factores que generan las atractivas cifras resultantes. También nos gusta el coste fijo de la programación original, puesto que podemos distribuir ese coste entre toda nuestra gran familia de suscriptores. Finalmente, queremos señalar que nuestro modelo de negocio de contenidos originales es único. ¡Estoy convencido de que somos la primera empresa que ha sabido sacar partido de ganar un Globo de Oro para aumentar sus ventas de herramientas eléctricas y toallitas para bebés!

Los dispositivos diseñados y fabricados por Amazon —desde Kindle hasta Fire TV, pasando por Echo— también dan un importante impulso a servicios de Prime como Prime Instant Video y Prime Music, y generalmente contribuyen a que se produzca una mayor contratación de los diferentes elementos del ecosistema de Amazon. Y aún quedan muchas cosas por llegar; nuestro equipo de desarrollo de dispositivos está elaborando una hoja de ruta impactante y apasionante.

La mejora de su promesa original de envío rápido y gratuito no ha supuesto el fin del proyecto de Prime. Recientemente lanzamos Prime Now, que ofrece a los miembros Prime entregas gratuitas en dos horas de decenas de miles de artículos o entregas en una hora por una tarifa de 7,99 dólares. Muchas de las reseñas coinciden en lo mismo: «Durante las últimas seis semanas mi marido y yo hemos realizado un desmesurado número de pedidos a través de Amazon Prime Now. Es barato, fácil e increíblemente rápido». Hasta el momento, lo hemos lanzado en Manhattan, Brooklyn, Miami, Baltimore, Dallas, Atlanta y Austin, y pronto estará disponible en muchas más ciudades.

Ahora me gustaría hablar de Logística de Amazon (FBA, por sus siglas en inglés). FBA es importante porque es el vínculo que une intrínsecamente Marketplace y Prime. Gracias a FBA, Marketplace y Prime ya no son dos conceptos diferentes. De hecho, en realidad, ya no puedo pensar en ellos de forma separada. Tanto sus resultados económicos como la experiencia de cliente ahora están felizmente entrelazados.

FBA es un servicio para vendedores de Marketplace. Cuando un vendedor decide utilizar FBA, almacena su inventario en nuestros centros logísticos. Nosotros asumimos toda la logística, el servicio al cliente y las devoluciones de productos. Si un cliente compra un artículo en FBA y otro del propio inventario de Amazon, podemos enviar ambos artículos en un mismo paquete —lo que aumenta enormemente la eficiencia—. Pero incluso más importante aún es que, cuando un vendedor se une a FBA, sus artículos pueden pasar a tener disponibilidad Prime.

Tener una visión clara de hechos que parecen obvios a veces resulta más difícil de lo que uno piensa. Pero hay que intentarlo. Si preguntas: «¿Qué quieren los vendedores?», la respuesta correcta (y obvia) es que quieren más ventas. De modo que, ¿qué sucede cuando los vendedores se unen a FBA y sus artículos pasan a tener disponibilidad Prime? Que obtienen más ventas.

Mirad también lo que sucede desde el punto de vista de un suscriptor de Prime. Cada vez que un vendedor se une a FBA, los miembros Prime disfrutan de una mayor oferta disponible en Prime. El valor de la suscripción crece, y todo ello impulsa activamente nuestra trayectoria. FBA cierra el círculo: Marketplace contribuye al funcionamiento de Prime, y Prime contribuye al funcionamiento de Marketplace.

En una encuesta de 2014 de vendedores estadounidenses, el 71 % de los comerciantes de FBA dijeron que habían experimentado un aumento de más del 20 % en las ventas de unidades después de unirse a FBA. En el periodo vacacional, las unidades enviadas por FBA en todo el mundo aumentaron un 50 % respecto al año anterior y representaron más del 40 % del total de unidades de los vendedores externos. Los suscriptores de Paid Prime se incrementaron más del 50 % en los Estados Unidos el pasado año y un 53 % en todo el mundo. FBA es beneficioso tanto para los clientes como para los vendedores.

Amazon Web Services

Aunque fue una idea revolucionaria cuando lo lanzamos hace nueve años, Amazon Web Services ahora es grande y crece rápidamente. Las *start-ups* fueron las primeras en adoptarlo. El almacenamiento en la nube de servicios de pago por uso bajo demanda y los recursos informáticos que requieren aumentaron notablemente la rapidez para emprender un nuevo negocio. Empresas como Pinterest, Dropbox o Airbnb usaron servicios de AWS y todavía hoy siguen siendo clientes nuestros.

Desde entonces, grandes empresas también han subido a bordo y eligen utilizar AWS por las mismas y principales razones que motivaron a las *start-ups:* la rapidez y la agilidad. Conseguir tecnología informática a bajo coste resulta atractivo, y a veces el ahorro en el coste total puede ser enorme. Sin embargo, dicho ahorro por sí solo nunca podría compensar posibles deficiencias en el rendimiento o en la funcionalidad, pues las empresas dependen de la tecnología digital, algo esencial para su funcionamiento. De modo que la propuesta: «Puedo ahorrarte una significativa cantidad en tu gasto anual de tecnología informática y mi servicio es casi tan bueno como el que tienes ahora» no captará demasiados clientes. Lo que quieren realmente los clientes es un servicio mejor y más rápido. Si todo esto viene acompañado de un ahorro de costes, mucho mejor. Pero el ahorro es el acompañamiento, no el plato principal.

La tecnología informática presenta un potencial enorme. Nadie quiere encontrarse con un competidor cuyo departamento de TI sea más hábil que el suyo. No hay empresa que no tenga una lista de proyectos tecnológicos que desea poner en marcha en su negocio a la mayor brevedad posible. La cruda realidad es que, dado que siempre hay que priorizar, muchos proyectos se quedan por el camino. Incluso aquellos que cuentan con recursos a menudo se ejecutan tarde o con medios insuficientes. Si un departamento de TI logra lanzar un gran número de proyectos tecnológicos que impriman rapidez al negocio, estará generando un valor real y significativo para su organización.

Esas son las principales razones por las que AWS está creciendo tan rápido. Los departamentos de TI están constatando que, cuando incorporan AWS, producen más. Dedican menos tiempo a actividades de poco valor añadido como la gestión de centros de datos, redes, parches de sistemas operativos, planificación de capacidad, escalabilidad de bases de datos, etc. Asimismo, es muy importante tener acceso a potentes API y herramientas que simplifican sensiblemente la creación de sistemas escalables, seguros, robustos y de alto rendimiento. Y esas API y herramientas están actualizándose continua y constantemente entre bastidores, sin esfuerzo por parte del cliente.

En la actualidad, un millón de empresas y organizaciones de todo tamaño y sector son clientes de AWS. El uso de AWS aumentó aproximadamente un 90 % en el cuarto trimestre de 2014 respecto al año pasado. Empresas como General Electric, las Grandes Ligas de Béisbol, Tata Motors y Qantas están creando nuevas aplicaciones en AWS —que van desde aplicaciones para la participación colectiva y la atención médica personalizada hasta aplicaciones móviles para gestionar flotas de camiones—. Otros clientes como NTT DOCOMO, el *Financial Times* y la Comisión de Bolsa y Valores de los Estados Unidos usan AWS para analizar y gestionar enormes cantidades de datos. Y muchos clientes, como Condé Nast, Kellogg's o News Corp están migrando aplicaciones esenciales y, en algunos casos, centros de datos enteros a AWS.

Hemos aumentado nuestro ritmo de innovación a medida que avanzamos —desde 160 nuevas opciones y servicios en 2012, a 280 en 2013, y 516 el año pasado—. Son muchas las que sería interesante comentar —desde WorkDocs y WorkMail hasta AWS Lambda y el EC2 Container Service, pasando por el AWS Marketplace—, pero, para no alargarme demasiado, me voy a centrar en una: nuestra reciente creación Amazon Aurora. Esperamos que Aurora ofrezca a los clientes un nuevo paradigma para una tecnología muy importante —si bien también muy problemática— que es un puntal básico de muchas aplicaciones: la base de datos relacional. Aurora es un motor de almacenamiento de datos compatible con MySQL que ofrece la velocidad y la disponibilidad de las bases de datos comerciales de alta calidad con la simplicidad y la rentabilidad de las bases de datos de código abierto. El rendimiento de Aurora es hasta cinco veces mejor que el de las habituales bases de datos MySQL, a una décima parte del coste de los paquetes de bases de datos comerciales. El ámbito de las bases de datos relacionales ha sido un punto débil de las organizaciones y de los desarrolladores durante mucho tiempo, por lo que están muy entusiasmados con Aurora.

Creo que AWS es una excelente oferta de negocio que puede servir a los clientes y generar rendimientos financieros durante muchos años en el futuro. ¿Por qué soy optimista? Por una razón: es una gran oportunidad. A fin de cuentas, comprende el gasto global en servidores, la gestión de redes, el software de infraestructura, las bases de datos, los almacenes de datos, etc. Igual que sucede con la venta minorista de Amazon, a todos los efectos prácticos, creo que AWS tiene un volumen de mercado ilimitado.

El segundo motivo es que su posición de liderazgo actual —que es significativa— supone una ventaja continua. Trabajamos diligentemente —muy diligentemente— para que AWS sea lo más fácil de usar posible. Aun así, todavía es un conjunto de herramientas necesariamente complejo, con grandes funcionalidades, que requiere una curva de aprendizaje importante. Una vez que te especializas en la creación de sistemas complejos con AWS, ya no quieres volver a aprender un nuevo conjunto de herramientas y API y asumes que las que conoces te funcionan. Aunque no podemos basarnos en esto de ninguna manera, si continuamos proporcionando a nuestros clientes un servicio excelente, tendrán una preferencia lógica por quedarse con nosotros.

Además, también debido a nuestra posición de liderazgo,

ahora tenemos miles de embajadores de AWS por todo el mundo. Los desarrolladores de software, que cambian de trabajo a menudo y van de una empresa a otra, son nuestros mejores vendedores: «Utilizábamos AWS en mi anterior trabajo, y deberíamos pensar en ponerlo aquí. Creo que seríamos más productivos». Es una buena señal que los desarrolladores de software estén añadiendo a sus currículums su conocimiento de AWS y sus servicios.

Por último, soy optimista y pienso que AWS obtendrá un buen rendimiento de capital. Este es un aspecto que tenemos muy en cuenta en nuestro equipo porque AWS requiere mucha inversión de capital. La buena noticia es que nos gusta lo que vemos cuando llevamos a cabo esos análisis. A nivel estructural, AWS es mucho menos intensivo en capital que los sistemas que está reemplazando —centros de datos de desarrollo interno o «hágalo usted mismo»—, que tienen menores índices de utilización, casi siempre por debajo del 20 %. La distribución de las cargas de trabajo entre los clientes proporciona a AWS mayores índices de utilización, y, por consiguiente, mayor eficiencia de capital. Además, nuestra posición de liderazgo de nuevo nos favorece: las economías de escala pueden proporcionarnos una relativa ventaja respecto al rendimiento de capital. Continuaremos observando y perfilando el negocio para que produzca buenos rendimientos de capital.

AWS es un proyecto joven que todavía está creciendo y evolucionando. Creemos que podemos seguir siendo líderes si continuamos trabajando y teniendo como nuestra principal prioridad las necesidades de nuestros clientes.

Career Choice

Antes de terminar, quiero dedicar un momento a explicar a los accionistas algo que nos entusiasma y nos llena de orgullo. Hace tres años lanzamos una innovadora iniciativa para los empleados:

el programa Career Choice, en el que pagamos por anticipado el 95 % de las matrículas a nuestros trabajadores para que hagan cursos de formación en ámbitos muy solicitados, como la mecánica aeronáutica o la enfermería, independientemente de si esas competencias son relevantes para su trayectoria en Amazon o no. El objetivo es simple: ofrecer oportunidades.

Sabemos que, en el caso de algunos de nuestros empleados de los centros logísticos y de atención al cliente, Amazon será el lugar donde harán carrera. Para otros, Amazon podría ser un lugar de paso para dar el salto a otra empresa —donde puede que desempeñen un trabajo que requiera nuevas competencias—. Si una formación adecuada puede ser determinante para dar ese paso, queremos contribuir a ello, y hasta ahora hemos ayudado a más de 2.000 empleados en ocho países distintos. La plantilla ha mostrado tanto interés que ahora estamos construyendo aulas *in situ* para que las clases puedan impartirse en nuestros propios centros logísticos, lo que facilitará aún más a nuestros empleados conseguir sus metas.

Ahora hay ocho centros logísticos que ofrecen clases *in situ* en nuestras aulas construidas expresamente y dotadas de prestaciones tecnológicas de alta gama. Su diseño de paredes acristaladas busca inspirar y fomentar la participación. Creemos que Career Choice es una forma innovadora de atraer talento para servir a nuestros clientes en nuestros centros logísticos y de atención al cliente. Estos empleos pueden llegar a suponer el inicio de grandes carreras con Amazon a medida que nos expandimos por el mundo o pueden dar a los empleados la oportunidad de seguir su pasión en otros sectores con gran demanda, como hizo nuestra primera graduada de Career Choice cuando empezó su nueva carrera como enfermera.

También me gustaría invitaros a uniros a las más de 24.000 personas que se han registrado hasta ahora para ver la magia que se produce al hacer clic en «Comprar» en Amazon.com visitando uno de nuestros centros logísticos. Además de las visitas guiadas en los Estados Unidos, ahora ofrecemos visitas en otros lugares, como Rugeley en el Reino Unido y Graben en Alemania, y seguimos expandiéndonos. Puedes registrarte para hacer un tour en www.amazon.com/fctours.

Marketplace, Prime y Amazon Web Services son tres grandes proyectos. Estamos dispuestos a mejorarlos y a consolidarlos para que sean aún más útiles para los clientes. Sin duda, trabajaremos diligentemente para concebir un cuarto proyecto de envergadura. Ya tenemos diversas ideas en marcha y, como prometimos hace unos veinte años, continuaremos apostando fuerte. Con tantas oportunidades que se nos presentan para servir mejor a nuestros clientes a través de la innovación, os podemos asegurar que no dejaremos de intentarlo.

Seguimos en el día 1.

Los grandes ganadores invierten en numerosos experimentos

2015

Este año, Amazon se convirtió en la empresa que lograba alcanzar 100.000 millones de dólares en ventas anuales en menor tiempo desde su creación. También este año, Amazon Web Services alcanzó 10.000 millones de dólares en ventas anuales —y lo hizo a un ritmo de crecimiento incluso mayor que Amazon.

¿Qué ha sucedido? Amazon y AWS fueron plantadas cuando eran pequeñas semillas y ambas han crecido orgánicamente sin adquisiciones importantes hasta convertirse rápidamente en negocios grandes y significativos. A primera vista, los dos apenas podrían ser más distintos. Uno sirve a clientes y el otro a empresas. Uno es famoso por sus cajas marrones y el otro por sus aplicaciones. ¿Es una mera coincidencia que dos servicios tan dispares crecieran tan rápidamente bajo el mismo techo? La suerte juega un papel importante en cada iniciativa, y puedo aseguraros que a menudo la he tenido de mi lado. Pero, más allá de todo eso, existe una conexión entre estos dos negocios. Al fin y al cabo, si los analizamos más detenidamente, vemos que en el fondo no son tan diferentes: ambos comparten una cultura organizacional distintiva y actúan conforme a un pequeño número de principios básicos. Me refiero a cosas como la centralidad del cliente y no del competidor, al entusiasmo por innovar y ser pioneros, a la aceptación del fracaso, al pensamiento a largo plazo y al orgullo profesional por la excelencia operacional. Desde esa perspectiva, AWS y la venta minorista de Amazon son verdaderamente muy similares.

Un pequeño inciso sobre las culturas corporativas: para bien o para mal, son duraderas, estables y reticentes al cambio. Por ello, pueden ser una fuente de ventajas o de inconvenientes. Cuando describes tu cultura corporativa lo que estás haciendo es desvelarla, no crearla. Esta la van creando lentamente con el tiempo las personas y los acontecimientos, las historias de éxitos y fracasos, que se convierten en una parte importante de la tradición de la empresa. Si es una cultura distintiva, se ajustará a ciertas personas como un guante a medida. El motivo por el cual las culturas son tan estables en el tiempo es porque la gente las elige. Una persona muy competitiva escogerá una cultura determinada, mientras que una persona innovadora y pionera elegirá otra. El mundo, afortunadamente, está lleno de culturas empresariales de alto rendimiento y muy distintivas. Nunca hemos afirmado que nuestro enfoque sea el correcto, solo que es el nuestro, y a lo largo de las últimas dos décadas hemos reunido a un gran grupo de personas afines, gente que encuentra nuestro enfoque inspirador y significativo.

Un ámbito en el que creo nos diferenciamos notablemente es el fracaso. Considero que somos el mejor lugar del mundo donde fracasar (¡tenemos mucha práctica en ello!), pues el fracaso y la innovación son hermanos inseparables. Para innovar debes experimentar; no obstante, si sabes de antemano que algo va a funcionar, ya no es un experimento. Muchas grandes organizaciones afirman que promueven la innovación, pero no quieren ni oír hablar de los experimentos fallidos que esta conlleva antes de lograr el éxito. Los beneficios extraordinarios a menudo se logran al apostar en contra de la sabiduría convencional, si bien esta normalmente suele acertar. Aunque tan solo existe un 10 % de posibilidades de obtener un premio cien veces mayor, merece la pena hacer la apuesta. Pero fallarás nueve de cada diez veces. Todos sabemos que, si te arriesgas, te caerás de bruces muchas veces, si bien también conseguirás algunos éxitos. La diferencia entre el béisbol y los negocios, no obstante, es que el béisbol tiene un número de resultados reducido. Por mucho que batees muy bien la pelota, no puedes hacer más de cuatro carreras. En cambio, en los negocios, de vez en cuando, si te arriesgas puedes ganar un millón de carreras. Esta estrategia *long tail* en la distribución de beneficios es la razón por la que es importante arriesgarse. Los grandes ganadores invierten en numerosos experimentos.

AWS, Marketplace y Prime son ejemplos de apuestas audaces de Amazon que funcionaron, y somos afortunados de contar con esos tres grandes pilares. Nos han ayudado a convertirnos en una gran empresa, y hay ciertas cosas que solo las grandes empresas pueden hacer. Independientemente de lo buen emprendedor que seas, no vas a construir todo el ensamblaje de un Boeing 787 en la *start-up* de tu garaje (e igualmente, nadie querría volar en él). Bien empleada, nuestra escala nos permite crear servicios para clientes que de otro modo ni siquiera hubiéramos imaginado. Pero, asimismo, si no nos mostramos atentos y reflexivos, el tamaño podría ralentizar y reducir nuestra creatividad.

Cuando me reúno con los equipos de todo Amazon, quedo entusiasmado con la pasión, la inteligencia y la creatividad que veo. Nuestros equipos han conseguido mucho en el pasado año, y me gustaría compartir algunos de nuestros esfuerzos más destacados para fortalecer y expandir nuestros tres grandes servicios —Prime, Marketplace y AWS—. A pesar de que me centraré en estos tres, os aseguro que también seguimos trabajando diligentemente para proponeros un cuarto.

Prime

Queremos que Prime sea tan bueno que no suscribirse al servicio se considere un acto de irresponsabilidad.

Hemos aumentado de un millón a más de 30 millones los artículos disponibles para envíos en dos días de Prime, hemos añadido Sunday Delivery[1] y hemos introducido Free Same-Day Delivery[2] en cientos de miles de productos para clientes de más de 35 ciudades de todo el mundo. Hemos añadido música, almacenamiento de fotos, la Kindle Owners' Lending Library y películas y series en *streaming*.

Prime Now ahora ofrece a sus miembros entregas en una hora en un importante grupo de productos. Este servicio lo lanzamos solo 111 días después de que soñáramos con él. En ese momento, un pequeño equipo creó una aplicación enfocada en el cliente, se aseguró una ubicación para un almacén urbano, escogió cuáles de los 25.000 artículos debían venderse y los almacenó, contrató nuevo personal, y testó, iteró y diseñó nuevo software para uso interno —tanto un sistema de gestión del almacenamiento como una aplicación para manejarlo—, y así lanzó el servicio a tiempo para el periodo vacacional. Hoy, solo quince meses después de ese primer lanzamiento en una ciudad, Prime Now da servicio a sus miembros en más de treinta ciudades de todo el mundo.

Prime Video ofrece estrenos en exclusiva de algunos de los mejores creadores de historias del mundo. Queremos que artistas brillantes como Jill Soloway, Jason Schwartzman y Spike Lee asuman riesgos y superen sus límites. Nuestras series originales ya han obtenido más de 120 nominaciones y han ganado cerca de sesenta galardones, incluyendo Globos de Oro y premios Emmy. Puede que muchas de estas historias jamás hubieran llegado a contarse con el modelo de programación tradicional. Entre las actuales y próximas emisiones hay nuevas series y películas de creadores como Jeremy Clarkson, David E. Kelley, Woody Allen o Kenneth Lonergan.

El hombre en el castillo, basada en la novela de Philip K. Dick, explora una ucronía en la que los Estados Unidos perdieron la

1. N. del T.: servicio de entrega dominical.
2. N. del T.: Servicio de entrega gratuito el mismo día en que se realiza el pedido.

Segunda Guerra Mundial. La serie debutó en Prime Video el 20 de noviembre y en cuatro semanas se convirtió en nuestra producción más vista —recibió elogios de la crítica como «Amazon tiene el mejor drama de la temporada en *El hombre del castillo*» y «*El hombre del castillo* llega más lejos de lo que muchos nuevos dramas televisivos de estos días jamás podrían llegar a aspirar».

Estas series son geniales para los clientes e impulsan la tendencia de crecimiento de Prime, ya que contribuyen a que los suscriptores de Prime que ven Prime Video con la prueba gratuita se suscriban a una cuenta de pago y renueven sus suscripciones anuales.

Finalmente, nuestro primer Prime Day sobrepasó todas nuestras expectativas —ese día probaron Prime más nuevos miembros que ningún otro día de nuestra historia—. El aumento de pedidos en todo el mundo se incrementó un 266 % en comparación con el mismo día del año anterior, y los vendedores cuyos productos están disponibles en Prime a través de FBA registraron un número de ventas sin precedentes —con un crecimiento de cerca del 300 %.

Prime se ha convertido en una especie de bufet libre físico-digital adorado por sus miembros. Las suscripciones aumentaron un 51 % el año pasado —con un crecimiento del 47 % en los Estados Unidos e incluso más rápido a nivel internacional—, y ahora cuenta con 10 millones de suscriptores en todo el mundo. Has hecho una buena elección si ya eres uno de ellos; si no lo eres, sé responsable, únete a Prime.

Marketplace

Fracasamos en dos ocasiones —con Auctions y zShops— antes de lanzar Marketplace hace unos quince años. Aprendimos de nuestros errores y mantuvimos nuestra visión, y hoy cerca del 50 % de las unidades vendidas en Amazon son ventas generadas por nuestros vendedores externos. Marketplace es fantástico para los clientes porque proporciona una gama única de productos, y es genial para los vendedores —hay más de 70.000 emprendedores con ventas de más de 100.000 dólares al año que venden en Amazon y han creado más de 600.000 nuevos empleos—. Con FBA, las ventas suben porque el inventario de los vendedores pasa a estar disponible en Prime; esto a su vez propicia que Prime sea más valioso para sus suscriptores y que los vendedores vendan más.

Este año hemos creado un nuevo programa llamado Seller Fulfilled Prime. Hemos invitado a vendedores que tuvieran un buen nivel en cuanto a rapidez en los envíos y calidad en el servicio para que formaran parte del programa de Prime y enviaran sus propios pedidos directamente a velocidad Prime. Esos vendedores ya han experimentado un aumento significativo en las ventas, y el programa ha permitido que cientos de miles de artículos adicionales estén disponibles para los clientes Prime a través de envíos gratuitos en dos días o al día siguiente en Estados Unidos, Reino Unido y Alemania.

También hemos creado el programa Amazon Lending para ayudar a los vendedores a expandirse. Desde el lanzamiento del programa, hemos proporcionado más de 1.500 millones de dólares de financiación a microempresas y empresas pequeñas y medianas de todo Estados Unidos, Reino Unido y Japón a través de préstamos a corto plazo con un saldo pendiente total del préstamo de aproximadamente 400 millones de dólares.

Stephen Aarstol, surfista y propietario de Tower Paddle Boards, ha sido uno de los beneficiarios. Su negocio se ha convertido en una de las empresas con mayor crecimiento de San Diego, en parte gracias a la pequeña contribución de Amazon Lending. El acceso al capital a través de Click-to-cash ayuda a estas pequeñas empresas a crecer, favorece a los clientes al procurarles una mayor gama de productos y beneficia a Amazon, ya que nuestros ingresos de Marketplace crecen junto con las ventas de los vendedores. Esperamos expandir Amazon Lending y ahora estamos buscando formas para asociarnos con bancos a fin de que puedan aportar su experiencia para asumir y gestionar la mayor parte del riesgo de crédito.

Además de mejorar nuestros numerosos servicios, trabajamos para globalizarlos. Nuestro Marketplace permite a vendedores de todas partes conseguir compradores en todo el mundo. En el pasado, muchos vendedores limitaban su base de clientes a su país de origen debido a los desafíos prácticos que entrañaba vender a nivel internacional. Para globalizar Marketplace y ampliar las oportunidades disponibles para los clientes, construimos herramientas de venta que permitieron a emprendedores de 172 países captar clientes en 189 países el pasado año. Estas ventas trasfronterizas ahora constituyen aproximadamente un cuarto de las unidades externas vendidas en Amazon. Para hacerlo posible, tradujimos cientos de miles de listas de productos y proporcionamos servicios de conversión entre 44 monedas. Ahora incluso los vendedores más pequeños y especializados pueden aprovechar nuestra base de clientes y red logística globales. El resultado final es muy distinto al de los vendedores que gestionan sus propias ventas trasfronterizas de una en una. El CEO de Plugable Technologies, Bernie Thompson, lo describe así: «Realmente el paradigma cambia cuando puedes hacer grandes envíos de bienes a un almacén de Europa o Japón para que el cliente pueda recibirlos en un día o dos».

La India es otro ejemplo de cómo globalizamos una oferta como Marketplace a través del enfoque en el cliente y la pasión por la innovación. El año pasado lanzamos un programa llamado Amazon Chai Cart. Numerosos carritos de tres ruedas comenzaron a recorrer los distritos de negocios de diversas ciudades para servir té, agua y zumo de limón a propietarios de pequeñas empresas y enseñarles a vender online. En un periodo de cuatro meses, los integrantes del equipo recorrieron 15.280 kilómetros en treinta y una ciudades, sirvieron 37.200 tazas de té y confraternizaron con más de 10.000 vendedores. A través de este programa y de otros contactos establecidos con los vendedores, averiguamos que estos tenían mucho interés por vender online, si bien creían que se trataba de un proceso largo, tedioso y complejo. Por ello inventamos Amazon Tatkal, que permite a los pequeños negocios establecerse online en menos de sesenta minutos. Amazon Tatkal es un estudio sobre ruedas especialmente diseñado que ofrece un conjunto de servicios de lanzamiento que incluyen registro, imagen y catalogación, así como los mecanismos básicos de formación de vendedores. Desde su lanzamiento el 17 de febrero, hemos conseguido vendedores en veinticinco ciudades.

También estamos globalizando Logística de Amazon, que adapta sus servicios a las necesidades de los clientes locales. En la India, lanzamos un programa llamado Seller Flex para combinar las prestaciones logísticas de Amazon con la oferta de los vendedores a nivel local. Los vendedores reservan una parte de su almacén para guardar artículos que se venderán por Amazon, y nosotros lo configuramos como un centro logístico de nuestra red que puede recibir y atender pedidos de los clientes. Nuestro equipo proporciona asesoramiento sobre distribución del almacén, tecnología informática e infraestructura operacional, y forma al vendedor sobre procedimientos operativos estándar para seguir *in situ*. Ahora hemos lanzado veinticinco sitios Seller Flex operativos en diez ciudades.

Amazon Web Services

Hace poco más de diez años, AWS empezó en los Estados Unidos como un mero servicio de almacenamiento. En la actualidad, AWS ofrece más de setenta servicios para aplicaciones de registro, almacenamiento, bases de datos, análisis, móviles, Internet de las cosas y empresas. También ofrecemos treinta y tres zonas disponibles en doce regiones geográficas de todo el mundo, y el próximo año habrá otras cinco regiones y once zonas disponibles en

Canadá, China, India, Estados Unidos y el Reino Unido. AWS empezó con desarrolladores y *start-ups,* y ahora es utilizado por más de un millón de clientes de organizaciones de todo tipo y de casi todos los sectores —empresas como Pinterest, Airbnb, General Electric, Enel, Capital One, Intuit, Johnson & Johnson, Philips, Hess, Adobe, MacDonald's y Time Inc.

AWS es más grande de lo que era Amazon.com a los diez años de su fundación, crece más rápidamente y, lo que es aún más destacable desde mi punto de vista, su ritmo de innovación sigue aumentando —anunciamos 722 nuevos servicios y características importantes para 2015, lo que representa un aumento del 40 % respecto a 2014.

Muchos calificaron AWS como una apuesta atrevida —e inusual— cuando lo lanzamos: «¿Y esto qué tiene que ver con vender libros?». Podríamos habernos aferrado a nuestras costumbres. Me alegro de que no lo hiciéramos. ¿O lo hicimos? Puede que nuestras costumbres tengan mucho que ver con nuestro enfoque en este ámbito, pues AWS se centra en el cliente, innova y experimenta, está orientado a largo plazo y se preocupa profundamente por la excelencia operacional.

Tras diez años y muchas interacciones, ese enfoque ha permitido que AWS se expanda rápidamente hasta convertirse en el servicio más completo y contratado del mundo en la nube. Al igual que nuestro negocio de venta minorista, AWS se compone de muchos equipos pequeños que se responsabilizan de un ámbito concreto, lo que permite innovar rápidamente. Los equipos desarrollan nuevas funcionalidades casi a diario a través de setenta servicios, y cada nueva funcionalidad solo «aparece» para los clientes —no hay actualizaciones.

Muchas empresas se describen a sí mismas como centradas en el cliente, pero pocas cumplen lo que predican. La mayoría de las grandes empresas se orientan a la competencia; observan lo que hacen otras, y luego trabajan para ponerse en cabeza. Por el contrario, entre el 90 % y el 95 % de lo que creamos en AWS se hace en función de lo que los clientes nos dicen que quieren. Un buen ejemplo de ello es nuestro motor de almacenamiento de datos, Amazon Aurora. A muchos clientes les disgustaban la naturaleza confidencial y exclusiva, el alto coste y los términos de licencia de los proveedores de bases de datos tradicionales a nivel comercial. Y aunque muchas empresas han empezado a optar por motores abiertos como MySQL y Postgres, a menudo tienen dificultades para lograr el rendimiento que necesitan. Los clientes nos preguntaron si podíamos eliminar esas especificaciones inconvenientes y por eso creamos Aurora. Tiene durabilidad y disponibilidad de calidad profesional, es totalmente compatible con MySQL y ofrece un rendimiento hasta cinco veces mejor que la habitual implementación de MySQL, pero cuesta una décima parte del precio de los motores de almacenamiento de datos de calidad profesional tradicionales. Esto ha encajado a la perfección con las necesidades de los clientes, por lo que Aurora es el servicio con mayor crecimiento de AWS. Podríamos contar una historia muy similar acerca de Redshift, nuestro servicio de almacenamiento de datos gestionados, que es el segundo servicio con mayor crecimiento de AWS; tanto las empresas pequeñas como las grandes están transfiriendo sus almacenes de datos a Redshift.

Nuestro enfoque de tarificación también es el resultado de nuestra cultura de orientación al cliente —hemos reducido los precios en cincuenta y una ocasiones, en muchos casos antes de que existiera cualquier tipo de presión competitiva para hacerlo—. Además de bajar los precios, también continuamos lanzando nuevos servicios a menor coste como Aurora, Redshift, QuickSight (nuestro nuevo servicio de Business Intelligence), EC2 Container Service (nuestro nuevo servicio de computación en la nube) y Lambda (nuestra innovadora función de computación sin servidor), mientras expandimos nuestros servicios para ofrecer un abanico de opciones muy rentables para ejecutar prácticamente todo tipo de aplicaciones o usos de tecnología informática imaginables. Incluso ampliamos y mejoramos continuamente servicios como Trusted Advisor, que avisa a los consumidores sobre cuándo pueden ahorrar dinero, lo que supone un ahorro de cientos de millones de dólares para nuestros clientes. Estoy convencido de que somos el único proveedor de IT que dice a sus clientes que dejen de gastar dinero con nosotros.

Tanto si eres una *start-up* fundada ayer como una empresa con más de ciento cuarenta años de antigüedad, la nube nos proporciona oportunidades extraordinarias para reinventar nuestro negocio, incorporar nuevas experiencias del cliente, redistribuir capital para estimular el crecimiento, aumentar la seguridad y hacerlo todo mucho más rápido que antes. MLB Advanced Media es un ejemplo de un cliente de AWS que está reinventando constantemente la experiencia del cliente. La tecnología de seguimiento de MLB Statcast es una nueva opción para los fans del béisbol que establece la posición de cada jugador, de los corredores de base y de la pelota a medida que se mueven durante cada jugada en el campo, y que permite a los espectadores acceder desde cualquier dispositivo a datos empíricos que responden a preguntas como: «¿Qué habría ocurrido si...?», las cuales a su vez suscitan nuevas preguntas. Aplicando la ciencia aeroespacial al béisbol, Statcast utiliza un sistema de radar de misiles para calcular el movimiento de cada pelota bateada más de 2.000 veces por segundo, procesa y recopila datos en tiempo real a través de Amazon Kinesis (nuestro servicio de procesamiento de datos en tiempo real), almacena los datos en Amazon S3, y luego lleva a cabo análisis en Amazon EC2. El paquete de servicios generará cerca de 7 TB de datos estadísticos brutos por partido y hasta 17 PB por temporada, aportando datos matemáticos a viejos dichos no verificados de la tradición del béisbol, como «nunca te deslices hasta la primera base».

Hace siete años, Netflix anunció que migraría todas sus aplicaciones a la nube. Netflix escogió AWS porque proporcionaba la mayor gama y el conjunto más amplio de servicios y prestaciones. Netflix completó recientemente su migración a Cloud, y decisiones como la suya son cada vez más habituales, ya que empresas como Infor, Intuit y Time Inc. tienen intención de migrar sus aplicaciones a AWS.

En la actualidad, AWS ya es lo bastante apreciado como para atraer a más de un millón de clientes y seguiremos mejorándolo. A medida que el equipo continúa incrementando su rápido ritmo de innovación, ofreceremos más y más prestaciones para que los creadores puedan diseñar sin restricciones —por lo que cada vez será más fácil recopilar, almacenar y analizar datos—, seguiremos añadiendo más ubicaciones geográficas y continuaremos viendo crecer el número de aplicaciones para dispositivos móviles y «conectados». Con el tiempo, es posible que muchas empresas decidan optar por la nube en vez de disponer de sus propios centros de datos.

Máquina de innovación

Queremos ser una gran empresa que también sea una máquina de innovación. Queremos combinar las extraordinarias capacidades de atención al cliente que permite nuestro tamaño con la rapidez, la agilidad y la mentalidad abierta al riesgo que normalmente se asocian a las *start-ups*.

¿Qué podemos hacer? Soy optimista. Hemos empezado con buen pie, y creo que nuestra cultura nos sitúa en una posición favorable para conseguir este objetivo. Pero no creo que vaya a ser fácil. Existen algunas trampas sutiles en las que incluso las grandes organizaciones de alto rendimiento pueden caer automáticamente, y como institución tendremos que aprender a sortearlas. Por ejemplo, un error común de estas organizaciones —que perjudica la rapidez y la creatividad— es tomar decisiones generales sin tener en cuenta las diferencias individuales.

Algunas decisiones son transcendentales e irreversibles o casi irreversibles —sin vuelta atrás— y deben tomarse metódica y minuciosamente, con calma y con gran deliberación y diálogo. Si das el paso y no te gusta lo que ves al otro lado, ya no puedes volver atrás. Podemos denominarlas *decisiones de tipo 1*. Sin embargo, la mayoría de las decisiones no son así, sino que son reversibles. Si has tomado una decisión incorrecta «de tipo 2», puede que no sufras las consecuencias durante mucho tiempo, ya que puedes volver atrás. Las decisiones «de tipo 2» pueden y deberían tomarlas rápidamente individuos con gran juicio o grupos pequeños.

A medida que las organizaciones crecen, parece que hay una tendencia a utilizar los *procesos* de toma de decisiones transcendentales «de tipo 1» en la mayoría de los casos, incluso cuando se trata de decisiones «de tipo 2». Esto da como resultado lentitud, una aversión irracional al riesgo, falta de experimentación y, en consecuencia, innovación insuficiente.[3] Deberemos aprender a combatir esa tendencia.

Este tipo de pensamiento único solo resultará ser un obstáculo más. Trabajaremos diligentemente para evitarlo y también para corregir cualquier otro defecto empresarial que podamos identificar.

Sostenibilidad e innovación social

Hemos crecido rápidamente. Hace veinte años yo llevaba cajas a la oficina de correos con mi Chevy Blazer y soñaba con comprar una carretilla elevadora. En cifras absolutas (en lugar de porcentajes), los últimos años han sido especialmente significativos. Hemos pasado de tener 30.000 empleados en 2010 a más de 230.000 en la actualidad. En cierto modo, somos como aquellos padres

3. La situación opuesta es menos interesante e indudablemente está relacionada con la supervivencia. Las compañías que habitualmente emplean el proceso de toma de decisiones «de tipo 2» para adoptar decisiones «de tipo 1» desaparecen antes de convertirse en empresas grandes.

que un buen día miran a su alrededor y se dan cuenta de que los niños ya se han hecho mayores —sucede en un abrir y cerrar de ojos.

Una característica apasionante de nuestra escala actual es que podemos poner la maquinaria de nuestra cultura innovadora a trabajar en temas como la sostenibilidad y los problemas sociales.

Hace dos años nos fijamos el objetivo a largo plazo de utilizar energía 100 % renovable en toda nuestra infraestructura global de AWS. Desde entonces hemos abierto cuatro importantes granjas eólicas y solares que suministrarán 1,6 millones de megavatios hora al año de energía renovable adicional a los sistemas eléctricos que abastecen los centros de datos de AWS. Amazon Wind Farm Fowler Ridge ya está en funcionamiento. El año pasado alcanzamos el 25 % de uso de energía sostenible en todo AWS; este año vamos camino de llegar al 40 % y estamos trabajando en objetivos que abarcarán todas las instalaciones de Amazon en el mundo, incluyendo nuestros centros logísticos.

Seguiremos esforzándonos por mejorar en ámbitos como el embalaje, donde nuestra cultura de innovación condujo a un gran éxito: el programa Frustration-Free Packaging. Hace siete años introdujimos la iniciativa en diecinueve productos. Ahora se ha extendido a más de 400.000 a nivel global. En 2015 el programa eliminó decenas de millones de kilos de exceso de material de embalaje, mientras que los clientes están encantados con Frustration-Free Packaging porque los envoltorios son más fáciles de abrir. Es bueno para el planeta porque genera menos residuos, y es bueno para los accionistas porque, con un embalaje más ajustado, enviamos menos «aire» y ahorramos costes de transporte.

También continuamos desarrollando nuevos programas para empleados, como Career Choice, Leave Share y Ramp Back. Career Choice paga por anticipado el 95 % de las matrículas de cursos en los que se imparte formación en campos muy solicitados, independientemente de si las competencias adquiridas son relevantes para la trayectoria de los empleados en Amazon o no. Financiaremos titulaciones de enfermería, cursos de mecánica aeronáutica y muchos otros. Estamos construyendo aulas con paredes acristaladas en nuestros centros logísticos con el fin de facilitar a los empleados su participación en este programa. Vemos su impacto en historias como la de Sharie Warmack, una madre soltera con ocho hijos que trabajaba en uno de nuestros centros logísticos de Phoenix. Career Choice financió a Sharie para que se sacara el permiso para conducir un camión articulado. Ella se esforzó mucho, pasó los exámenes y ahora es una conductora de larga distancia de Schneider Trucking; ¡y está encantada! El próximo año iniciaremos un programa para mostrar a otras empresas interesadas los beneficios de Career Choice y cómo implementarlo.

Leave Share y Ramp Back son programas que ofrecen flexibilidad a los padres cuando aumentan su familia. Leave Share permite a sus empleados compartir su baja remunerada de Amazon con su esposa o con su pareja de hecho si el empleador de su esposa no le proporciona un permiso retribuido. Ramp Back permite mayor flexibilidad a las empleadas que recientemente han dado a luz para reincorporarse a su puesto de trabajo. Tanto nuestros planes de asistencia sanitaria como estas prestaciones fomentan la igualdad: son los mismos tanto para los empleados de nuestros centros logísticos y de atención al cliente como para nuestros altos ejecutivos.

Renewable energy, Frustration-Free Packaging, Career Choice, Leave Share y Ramp Back son ejemplos de una cultura que promueve la innovación y el pensamiento a largo plazo. Es muy inspirador pensar que nuestro tamaño como empresa proporciona oportunidades para generar impacto en estas áreas.

Puedo deciros que me hace muy feliz ir a trabajar todos los días con un equipo de personas tan inteligentes, imaginativas y apasionadas.

Seguimos en el día 1.

Evitar el día 2

2016

«Jeff, ¿cómo es el día 2?».

Esta pregunta me la formularon en nuestra última reunión de personal. Me he pasado dos décadas recordando a la gente que cada día es el día 1. Trabajo en un edificio de Amazon llamado Día 1: cuando me mudo de edificio, le pongo el mismo nombre. Así siempre lo tengo presente.

«El día 2 es el del estancamiento. A este le sigue la irrelevancia, luego el doloroso y humillante declive y, en última instancia, la muerte. Y *ese* es el motivo por el que aquí *siempre* es el día 1».

Evidentemente, el declive al que me refiero duraría cierto tiempo. Una empresa consolidada puede permanecer en el día 2 durante décadas, pero terminará cayendo tarde o temprano.

Me interesa más la siguiente pregunta: «¿Cómo evitar el día 2?». Me pregunto cuáles son las técnicas y las estrategias para lograrlo. ¿Cómo puedo mantener la vitalidad del día 1 incluso dentro de una gran organización?

Una pregunta como esta no puede tener una respuesta sencilla, pues hay muchos elementos, múltiples caminos y demasiadas trampas. No puedo dar una respuesta categórica, aunque sí parcial. En primer lugar, voy a enumerar una serie de elementos indispensables para continuar en el día 1: centrarse en el cliente, mantener una visión escéptica de los indicadores, aceptar con entusiasmo las tendencias externas y tomar decisiones con una rapidez vertiginosa.

El cliente como prioridad absoluta

Hay muchas maneras de enfocar un negocio. Puedes centrarte en la competencia, en el producto, en la tecnología o en el modelo de negocio, entre otras muchas cosas. Pero, desde mi punto de vista, la mejor estrategia para preservar la vitalidad del día 1 es mantener el enfoque centrado en el cliente por encima de todo.

¿Por qué? La orientación al cliente tiene muchas ventajas, pero la principal es esta: los clientes *siempre* están excelente y maravillosamente insatisfechos, aunque digan que están contentos y que tu servicio es fantástico. Incluso cuando todavía no saben lo que les vas a ofrecer, los clientes ya quieren algo mejor, y tus anhelos por complacerlos te llevarán a idear todo tipo de cosas que les puedan gustar. Ningún cliente pidió jamás a Amazon la creación del programa Prime, pero resulta evidente que lo querían; y hay muchos ejemplos como este.

Permanecer en el día 1 requiere experimentar pacientemente, aceptar fracasos, plantar semillas, proteger los brotes y doblar la apuesta cuando satisface al cliente. Y lo que favorece que se den las condiciones adecuadas para hacerlo posible es una cultura de servicio al cliente.

Ignora los indicadores

A medida que las empresas crecen y se vuelven más complejas, hay tendencia a gestionarlas en función de los indicadores. Estos indicadores pueden ser de muchos tipos, pero su influencia es peligrosa, imperceptible y muy propia del día 2.

Un ejemplo común es usar el proceso como indicador. Los buenos procesos permiten ofrecer un buen servicio a los clientes. Sin embargo, si bajas la guardia, el proceso puede apartarte del buen camino. Es fácil que ocurra en las grandes organizaciones.

Cuando el proceso se convierte en el indicador del resultado deseado, entonces descuidas los resultados y simplemente te aseguras de realizar bien el proceso. ¡Error! No es infrecuente escuchar a algunos jefes con poca experiencia exculparse diciendo cosas como esta: «Ya, pero nosotros seguimos el proceso correctamente». Un jefe más experimentado lo vería como una oportunidad para investigar y mejorar el proceso, pues este no debe ser el punto de referencia. Siempre hay que preguntarse si nosotros controlamos el proceso o este nos controla a nosotros. En el segundo caso, estaríamos ante una empresa del día 2.

Otro ejemplo: interpretar las preferencias de los consumidores con estudios de mercado y encuestas, algo especialmente peligroso cuando estás creando y diseñando productos. «El 55 % de los probadores beta dicen estar satisfechos con esta característica, lo cual supone un aumento del 47 % respecto a la primera encuesta». Este resultado es difícil de interpretar y podría inducir a un error involuntariamente.

Los buenos inventores y los buenos diseñadores conocen profundamente a sus clientes y dedican una gran cantidad de energía a desarrollar esa intuición. Para ello, estudian y comprenden muchos factores y no se quedan únicamente con los promedios que reflejan las encuestas. Viven con el diseño.

No estoy en contra de las encuestas o de las pruebas beta, pero, como propietario del producto o responsable del servicio, debes entender al cliente, tener una visión y amar lo que ofreces. Entonces, las pruebas beta y los estudios de mercado te pueden ayudar a encontrar los puntos débiles. Una excelente experiencia del cliente se consigue a través del corazón, de la intuición, de la curiosidad, del juego, del gusto y del tacto. Nada de eso lo encontrarás en una encuesta.

Haz tuyas las tendencias

Si no quieres o no puedes seguir ávidamente las tendencias más incipientes, el mundo exterior puede llevarte al día 2. Si las combates, probablemente estarás luchando contra el futuro. Hazlas tuyas y tendrás el viento a tu favor.

Las grandes tendencias no son tan difíciles de aplicar (se habla y se escribe mucho sobre ellas), pero curiosamente en muchas ocasiones a las grandes organizaciones les cuesta aceptarlas. Ahora mismo somos testigos de una tendencia muy clara: el aprendizaje automático y la inteligencia artificial.

Durante las últimas décadas, los ordenadores han automatizado gran parte de las tareas que los programadores podían describir con reglas claras y algoritmos. Las técnicas modernas de aprendizaje automático ahora nos permiten hacer lo mismo con tareas cuyas reglas precisas son mucho más difíciles de describir.

En Amazon nos hemos dedicado a la aplicación práctica del aprendizaje automático durante muchos años. Parte de este trabajo es apreciable en gran medida; no hay más que ver nuestros drones autónomos de reparto Prime Air, nuestra tienda Amazon Go, que utiliza visión artificial para eliminar las líneas de caja, y Alexa,[1] nuestra asistente personal inteligente que nos guía desde la nube. (Seguiremos teniendo dificultades para mantener Echo en stock, a pesar de que hacemos todo lo posible. El problema es su gran calidad, pero no deja de ser un problema. Estamos trabajando en ello).

Pero buena parte de lo que hacemos con el aprendizaje automático tiene lugar entre bastidores. El aprendizaje automático entrena nuestros algoritmos para que se ocupen de la estimación de la demanda, de los rankings de búsqueda de productos, de las recomendaciones de productos y ofertas, de la colocación de *merchandising,* de la detección de fraudes, de las traducciones y de

1. Si os queréis divertir, preguntad a Alexa cuál es el factorial de 60.

mucho más. Aunque es menos visible, buena parte del impacto del aprendizaje automático será de este tipo, lo que mejorará significativa y discretamente las operaciones básicas.

En AWS nos entusiasma la idea de reducir los costes y eliminar las barreras del aprendizaje automático y de la inteligencia artificial para que todo tipo de organizaciones puedan beneficiarse de estas técnicas avanzadas.

Gracias a nuestras populares aplicaciones preconfiguradas de *deep learning*, que operan en nube en instancias P2 (optimizadas para esta carga de trabajo), los clientes ya están desarrollando potentes sistemas en diferentes ámbitos, que van desde la detección temprana de enfermedades al aumento de la producción en los cultivos. Asimismo, hemos conseguido que el cliente pueda acceder cómodamente a los servicios de alta gama de Amazon. Amazon Lex (lo que hay dentro de Alexa), Amazon Polly y Amazon Rekognition facilitan la comprensión del lenguaje natural, la generación de voz y el análisis de imágenes. Se puede acceder a ellos con simples llamadas a la API, sin necesidad de tener conocimientos sobre aprendizaje automático. Seguid atentos, habrá muchas más novedades.

Rapidez en la toma de decisiones

Las compañías del día 2 toman decisiones de alta calidad, pero hacerlo les lleva demasiado tiempo. Para mantener la energía y el dinamismo del día 1, la rapidez es imperiosamente necesaria en la toma de decisiones de alta calidad. Estos procesos son fáciles para las *start-ups*, pero complejos para las grandes organizaciones. El equipo directivo de Amazon está decidido a mantener la rapidez en nuestra toma de decisiones, un aspecto crucial de los negocios. Además, un ambiente de trabajo que fomenta la rapidez en la toma de decisiones también resulta más ameno. No tenemos todas las respuestas, pero sí algunas ideas.

Primero: nunca utilices el mismo método en todos los procesos a la hora de tomar decisiones. Muchas de ellas son decisiones reversibles o puertas bidireccionales. Estas decisiones pueden meditarse con procedimientos más simples. ¿Qué sucede si salen mal? Escribí sobre ello con más detalle en la carta del año pasado.

Segundo: la mayoría de las decisiones probablemente deberían tomarse disponiendo aproximadamente del 70% de toda la información que deseas tener. Si esperas a tener el 90%, en muchos casos probablemente llegues tarde. Además, debes ser ágil y rápido para reconocer y rectificar las malas decisiones. Si enderezas el rumbo con habilidad, las equivocaciones serán menos relevantes de lo que crees; mientras que, inevitablemente, cuanto más lentas sean tus reacciones mayor coste tendrán tus malas decisiones.

Tercero: utiliza la frase «compromiso sin acuerdo». Esta frase te ahorrará mucho tiempo. Si quieres tomar una dirección determinada sin la necesidad de llegar a un consenso, es útil decir: «Mirad, sé que no nos vamos a poner de acuerdo en esto. Pero ¿os atrevéis a darme un voto de confianza? ¿Compromiso sin acuerdo?». Llegados a este punto, nadie sabrá qué contestar y probablemente te dirán que sí de inmediato.

No se trata de una decisión unilateral. Si eres el jefe, también te lo tienes que aplicar. Yo me comprometo constantemente con cosas con las que no estoy de acuerdo. Hace poco dimos luz verde a una producción original de Amazon Studios y expuse mi opinión al equipo. Consideraba que no era lo suficientemente interesante, que su producción era complicada, que las condiciones comerciales no eran demasiado buenas y que teníamos muchas otras alternativas. Ellos tenían una opinión totalmente distinta de la mía y querían sacar el proyecto adelante. Al final les dije: «Me comprometo sin estar de acuerdo y espero que se convierta en la producción más vista que jamás hayamos hecho». Considerad cuánto tiempo hubiera comportado este proceso de decisión si el equipo hubiera tenido que convencerme porque me negaba a aceptar su propuesta.

Con este ejemplo tampoco pretendo decir: «Bueno, los chicos

están equivocados y no entienden de qué va esto, pero tampoco merece la pena discutir con ellos». Es una discrepancia de opiniones genuina, una exposición franca de mi punto de vista, una oportunidad de que el equipo sopese mi parecer y un compromiso rápido y sincero para que se hagan las cosas a su manera. Y puesto que este equipo ya ha traído a casa once emmys, seis globos de oro y tres óscares, es un auténtico orgullo poder formar parte de él.

Cuarto: detecta pronto los auténticos problemas de discordancia y elévalos de inmediato a un nivel superior. A veces los equipos tienen objetivos distintos y puntos de vista totalmente diferentes, y son incapaces de llegar a un consenso. Ni las deliberaciones ni las reuniones constantes resolverán esas profundas discrepancias. Si no se derivan, el proceso habitual de resolución de disputas en esta coyuntura acabará siendo agotador. El más obstinado impondrá su voluntad.

He visto muchos ejemplos de discrepancias profundas en Amazon a lo largo de los años. Una de las mayores controversias de este tipo se desató cuando decidimos invitar a vendedores externos a competir directamente con nosotros en nuestras propias páginas de información del producto. Muchos *amazonians* inteligentes y bienintencionados discrepaban profundamente al respecto. La gran decisión repercutió en cientos de pequeñas decisiones, muchas de las cuales se elevaron hasta el equipo directivo.

«Ceder por agotamiento» es un proceso de toma de decisiones pésimo, lento y extenuante. Optad por derivar rápidamente el problema, es mucho mejor.

Así que, ¿te conformas solo con la calidad de la decisión o también tienes en cuenta la rapidez con que la tomas? ¿Estás condicionado por las tendencias globales? ¿Eres presa de los indicadores o los consideras una mera herramienta? Y lo más importante de todo, ¿tus clientes están satisfechos? Es compatible tener la envergadura y el potencial de una gran empresa y el espíritu y el corazón de una pequeña. Pero tenemos que adoptar esa cultura.

Quiero dar las gracias encarecidamente a todos y cada uno de nuestros clientes por contratar nuestros servicios, a nuestros accionistas por su apoyo y a los *amazonians* de todo el mundo por su esfuerzo, pasión y creatividad.

Sigue siendo el día 1.

Construir una cultura de excelencia

2017

El Índice de Satisfacción del Cliente Estadounidense ha anunciado recientemente los resultados de su encuesta anual y por octavo año consecutivo los clientes han situado a Amazon en el primer puesto. El Reino Unido tiene un índice similar, el Índice de Satisfacción del Cliente Británico, elaborado por el Institute of Customer Service. Por quinto año consecutivo, Amazon UK ocupó el puesto número uno de esa lista. Amazon también obtuvo el primer puesto en la lista de las mejores empresas de LinkedIn de 2018, que clasifica las empresas estadounidenses mejor valoradas por los profesionales para trabajar en ellas. Y hace solo unas semanas, Harris Poll publicó su Reputation Quotient anual, que encuesta a 25.000 clientes sobre una amplia variedad de temas que van desde el ambiente en el entorno laboral hasta la responsabilidad social, pasando por productos y servicios; por tercer año consecutivo Amazon ocupa el primer puesto.

Felicidades y gracias a los más de 560.000 *amazonians* que van a trabajar todos los días con devoción por el cliente, creatividad y compromiso con la excelencia. Y en nombre de los *amazonians* de todo el mundo, quiero dar las gracias de todo corazón a los clientes. Ver vuestras respuestas en estas encuestas nos resulta verdaderamente inspirador.

Una cosa que me encanta de los clientes es que siempre están divinamente descontentos. Nunca es posible satisfacer del todo sus expectativas, siempre quieren más. Forma parte de la naturaleza humana. Esta insatisfacción es la que nos ha llevado a evolucionar desde nuestra época como cazadores y recolectores. La gente tiene un apetito voraz por la innovación, y lo que ayer era un sonoro «guau» enseguida se convierte en «lo normal». Ese círculo de perfeccionamiento hoy avanza más rápido que nunca. Quizá sea porque a los clientes nunca les había resultado tan fácil acceder a tanta información; y es que en pocos segundos y con un par de toques en la pantalla de su teléfono, pueden leer reseñas, comparar precios de múltiples vendedores, ver si algo está en stock, comprobar el tiempo de envío o cuándo podrán ir a recogerlo, y muchas más cosas. Estos ejemplos están relacionados con la venta minorista, pero tengo la sensación de que este mismo fenómeno de empoderamiento del cliente está teniendo lugar en todo lo que hacemos en Amazon y también en muchos otros sectores. En el mundo en el que vivimos uno no puede dormirse en los laureles. Los clientes no lo harán.

¿Cómo te anticipas a las crecientes expectativas del cliente? No hay una única manera de hacerlo, es una combinación de muchos factores. No obstante, mantener unos altos niveles de exigencia (ampliamente extendidos y a todos los niveles) ciertamente ayuda a conseguirlo. Con los años hemos logrado algunos éxitos en nuestro esfuerzo por satisfacer las altas expectativas de los clientes. A lo largo del camino también hemos tenido fracasos que nos han costado miles de millones de dólares. Con estas experiencias como telón de fondo, me gustaría compartir con vosotros los principios básicos de lo que hemos aprendido (hasta ahora) sobre el nivel de excelencia dentro de una organización.

¿Intrínsecos o adquiribles?

Primero, hay que responder a una cuestión básica: ¿los niveles de exigencia son intrínsecos o adquiribles? Si me fichas en tu equipo de baloncesto, me puedes enseñar muchas cosas, pero no me puedes enseñar a ser más alto. Entonces, ¿debemos seleccionar ante todo a profesionales «de alto nivel»? Si así fuera, esta carta tendría que hablar básicamente sobre prácticas de contratación, pero yo no lo veo así. Creo que mantener altos niveles de exigencia en el trabajo es algo que se puede adquirir. De hecho, a la gente se le da muy bien aprender estándares de trabajo altos simplemente exponiéndose a ellos, pues son contagiosos. Pon a una persona nueva en un equipo que trabaja con un alto nivel de exigencia y se adaptará rápidamente. La situación opuesta también funciona de la misma forma. Si prevalecen unos estándares de calidad bajos, estos también se transmiten muy rápidamente. Y aunque la exposición funciona muy bien para enseñar a trabajar con estándares de excelencia, creo que se puede acelerar el ritmo de aprendizaje planteando algunos principios básicos al respecto que me gustaría compartir en esta carta.

¿Estándares universales o de un ámbito específico?

Otra cuestión importante es si consideramos que los estándares son universales o pertenecen a un ámbito específico. O lo que es lo mismo, ¿si mantienes un alto estándar de trabajo en un área, automáticamente tienes estándares altos en el resto? Creo que los altos estándares se refieren a un ámbito específico y que debes adquirir estándares altos por separado en cada área de interés. Cuando fundé Amazon, tenía un nivel de exigencia muy alto en materia de innovación, atención al cliente y (afortunadamente) contratación. Pero no respecto del proceso operativo, es decir, a la hora de resolver problemas para que no vuelvan a repetirse, de eliminar defectos de origen o de examinar los procesos, entre otras cosas. Tuve que aprender a desarrollar estándares de excelencia en todos estos ámbitos (mis colegas fueron mis tutores).

Entender este punto es importante porque te hace mantener los pies en el suelo. Puedes considerarte una persona de altos estándares en general y seguir teniendo puntos ciegos que debiliten tu posición. Puede que haya escenarios empresariales en los que tus estándares sean bajos o inexistentes y ciertamente no de primer nivel. Es fundamental no perder esto de vista.

Reconocimiento y ámbito de aplicación

¿Qué necesitas para conseguir estándares muy altos en un ámbito determinado? En primer lugar, tienes que ser capaz de valorar si sabes reconocer la excelencia en ese ámbito. En segundo lugar, debes tener expectativas realistas sobre las dificultades que entraña conseguir el objetivo buscado: cuánto trabajo conllevará, qué implica lograrlo.

Voy a mostraros un par de ejemplos. Uno es muy ilustrativo, y el otro es algo que vemos en Amazon constantemente.

Hacer el pino de forma perfecta

Una buena amiga recientemente decidió aprender a hacer el pino de forma perfecta sin apoyarse en una pared y no solo durante unos pocos segundos. Algo digno de un vídeo de Instagram. Decidió empezar su aventura siguiendo un tutorial en su estudio de yoga. Luego practicó durante un tiempo, pero no obtuvo los resultados deseados. De modo que contrató a un entrenador personal para que le enseñara a hacerlo. (Sí, también hay entrenadores para eso). En su primera lección, el entrenador le dio un consejo maravilloso: «Muchas personas creen que, si se esfuerzan mucho, podrán dominar este ejercicio en un par de semanas. Pero la realidad es que se tardan unos seis meses practicando cada día. Si crees que deberías ser capaz de hacerlo en dos semanas, vas a terminar abandonando». Las falsas expectativas sobre el esfuerzo que implican tus objetivos —a menudo ocultas y no explicitadas— te alejan de los altos estándares. Para alcanzar altos estándares individuales o en equipo, necesitas interiorizar y comunicar proactivamente una valoración realista de las dificultades que entraña tu propósito, y eso es algo que este entrenador entendió a la perfección.

Memorándums de seis páginas

En Amazon no hacemos presentaciones con Power Point (ni con ningún otro presentador de diapositivas). En vez de ello, escribimos memorándums de seis páginas estructurados de forma narrativa. Leemos uno en silencio al principio de cada reunión en una especie de «salón de estudio». Como es lógico, la calidad de estos memorándums varía mucho. Algunos están redactados con claridad, son brillantes y reflexivos y favorecen los debates de alta calidad en las reuniones que mantenemos. Otros, en cambio, son todo lo contrario.

En el ejemplo del ejercicio anterior, es bastante sencillo reconocer un alto estándar. No sería difícil exponer de forma detallada los requisitos para hacer el pino correctamente, y si lo haces bien o no. El ejemplo de los memorándums es muy distinto. La diferencia entre un buen memorándum y uno del montón no es tan evidente. Sería extremadamente difícil encontrar los requisitos exactos que definen un gran memorándum. Sin embargo, tengo la sensación de que la mayoría de las veces los lectores reaccionan de forma muy similar cuando leen un buen memorándum. Lo reconocen. Así pues, el estándar ideal existe y es real, a pesar de que no sea fácil describirlo.

Esto es lo que hemos averiguado. A menudo un memorándum no es excelente, no porque su redactor sea incapaz de reconocer el alto estándar, sino más bien porque tiene una expectativa equivocada respecto a las dificultades que conlleva escribirlo: cree erróneamente que un memorándum de estándares de excelencia de seis páginas se puede escribir en uno o dos días o incluso en algunas horas, ¡cuando en realidad podría llevar más de una semana! Está intentando hacer el pino de forma perfecta en dos semanas, y no le estamos entrenando bien. Los buenos memorándums se escriben y se reescriben, se comparten con colegas para que aporten sus impresiones, se dejan reposar un par de días, y luego se terminan de revisar con la mente despejada. No pueden redactarse en un día o dos, así de sencillo. Aquí el punto clave es que se pueden mejorar los resultados con el simple hecho de enseñar el esfuerzo que implican; en este caso concreto, que para redactar un gran memorándum probablemente se necesite como mínimo una semana.

Talento

Más allá de reconocer el estándar y de tener expectativas realistas sobre los esfuerzos necesarios para conseguir el objetivo, ¿qué hay del talento? Probablemente, para redactar un memorándum de primer nivel, tienes que ser un escritor de gran talento. ¿Ese es otro de los requisitos? Desde mi punto de vista, no; al menos no en el caso de una persona concreta en el marco de un equipo. No hace falta que un entrenador de rugby lance la pelota ni que un director de cine actúe sobre el escenario. Sin embargo, ambos necesitan reconocer el nivel de sus objetivos e inculcar expectativas realistas sobre el esfuerzo que conlleva lograrlos. Incluso el ejemplo de escribir un memorándum de seis páginas constituye un trabajo en equipo. Es necesario que alguien del equipo posea ese talento, pero no hace falta que seas tú. (Como comentario final debo señalar que, por tradición, en Amazon los nombres de los autores nunca aparecen en los memorándums puesto que se hacen en equipo y se consideran un esfuerzo colectivo).

Los beneficios de mantener altos niveles de exigencia

Implantar una cultura de alta exigencia es un esfuerzo que merece la pena y aporta muchos beneficios. El primero de ellos, resulta obvio y natural, es que vas a crear nuevos productos y servicios para los clientes —¡eso ya sería una razón suficiente para mantenerlos!—. El segundo, quizá un poco menos obvio, es que la gente se siente atraída por la excelencia, y esto ayuda a captar y retener clientes. Y el tercero, y menos evidente aún si cabe, es que una cultura de excelencia protege todo el trabajo «invisible» pero crucial que se realiza en cada empresa. Hablo del trabajo que nadie ve, del que no se supervisa. En una cultura de estándares altos la propia recompensa es hacer bien ese trabajo, es parte de lo que significa ser un profesional.

Y finalmente, ¡los estándares altos son divertidos! Una vez que los has puesto en práctica, es imposible no querer mantenerlos.

En nuestra opinión, estas son las cuatro características de los estándares altos: se pueden adquirir, pertenecen a un ámbito específico, hay que saber reconocerlos y se debe enseñar explícitamente el esfuerzo que supone conseguirlos. Para nosotros, esto funciona a todos los niveles, desde escribir memorándums hasta empezar desde cero nuevas iniciativas de negocio. Esperamos que también os ayuden.

Insistir en la búsqueda la excelencia

> Los líderes buscan la excelencia constantemente, independientemente de que la gente pueda pensar que los estándares que imponen son excesivamente altos.

Extraído de Nuestros Principios de Liderazgo de Amazon

Hitos recientes

El nivel de excelencia que nuestros directivos se esfuerzan por mantener ha dado muchos frutos. Y a pesar de que en realidad soy incapaz de hacer el pino, estoy verdaderamente orgulloso de compartir algunos de los hitos que alcanzamos el pasado año, cada uno de los cuales representa el fruto de muchos años de esfuerzo colectivo. No damos ninguno por sentado.

Prime: trece años después de su lanzamiento, ya contamos con más de 100 millones de miembros de pago suscritos a Prime en todo el mundo. En 2017, Amazon envió más de 5.000 millones de artículos a través de Prime por todo el mundo, y el número de nuevas suscripciones a Prime fue mayor que el del año anterior —tanto en los Estados Unidos como en todo el mundo—. Los suscriptores estadounidenses ahora disponen de envíos gratuitos ilimitados en dos días en más de 100 millones de artículos diferentes. Hemos expandido Prime a México, Singapur, Países Bajos y Luxemburgo y hemos introducido Business Prime Shipping en los Estados Unidos y Alemania. También seguimos aumentando la rapidez de los envíos Prime, con la entrega Prime Free Same-Day y Prime Free One-Day, que ya está disponible en más de ochocientos pueblos y ciudades. Prime Now está disponible en más de cincuenta ciudades de nueve países. Prime Day 2017 fue el mayor evento global de compras de nuestra historia (hasta que fue superado por el Cyber Monday), ya que fue el día en el que más nuevos miembros se suscribieron a Prime en la historia de Amazon.

AWS: es emocionante ver que Amazon Web Services, un negocio con un ritmo de producción de 20.000 millones de dólares en beneficios, acelera todavía más su excelente crecimiento. AWS también ha acelerado su ritmo de innovación, especialmente en nuevas áreas como el aprendizaje automático y la inteligencia artificial, el Internet de las cosas o la computación sin servidor. En 2017, AWS anunció más de 1.400 servicios y funcionalidades significativas, entre ellos Amazon SageMaker, que han cambiado radicalmente la accesibilidad y facilidad de uso para que los desarrolladores a nivel de usuario creen modelos sofisticados de aprendizaje automático. Decenas de miles de clientes también están utilizando una gran variedad de servicios de aprendizaje automático de AWS, cuyos usuarios activos aumentaron más del 250 % durante el pasado año, impulsados por la amplia adopción de la plataforma de aprendizaje automático en la nube SageMaker. Y en noviembre celebramos nuestra sexta conferencia re:Invent con más de 40.000 asistentes y más de 60.000 participantes en *streaming*.

Marketplace: en 2017, por primera vez en nuestra historia, más de la mitad de las unidades vendidas en Amazon en todo el mundo fueron productos de nuestros vendedores externos, incluyendo las pequeñas y medianas empresas (pymes). Más de 300.000 pymes de los Estados Unidos empezaron a vender en Amazon en 2017, y Logística de Amazon repartió miles de millones de artículos de pequeñas y medianas empresas por todo el mundo. Durante el Prime Day 2017, los clientes compraron en todo el mundo más de 40 millones de artículos a las pymes, cuyas ventas aumentaron más de un 60 % respecto al Prime Day 2016. Nuestro programa Global Selling (que permite a las pymes vender productos más allá de las fronteras nacionales) creció más de un 50 % en 2017, y el comercio electrónico transfronterizo de las pymes ahora representa más del 25 % del total de las ventas de nuestros vendedores externos.

Alexa: la acogida de Alexa por parte de nuestros clientes continúa siendo excelente, y sus dispositivos compatibles son algunos de los artículos más vendidos de todo Amazon. Estamos constatando una gran adopción de Alexa por otras empresas y desarrolladores que quieren crear sus propias experiencias con nuestro asistente virtual. Alexa cuenta ahora con más de 30.000 funcionalidades ideadas por desarrolladores externos, y los clientes pueden controlar más de 4.000 dispositivos inteligentes domésticos de

1.200 marcas exclusivas compatibles con Alexa. Asimismo, el soporte de Alexa cada día se vuelve más inteligente. Hemos desarrollado e implementado una técnica de huella digital que evita que tu dispositivo se active cuando escucha un anuncio de Alexa en la televisión. (Esta tecnología es la que permitió que nuestro anuncio promocional de Alexa durante la Super Bowl no activara millones de dispositivos). El sistema de reconocimiento de voz de tecnología *far-field* (que ya era muy bueno) ha mejorado un 15 % respecto del año pasado; y en los Estados Unidos, el Reino Unido y Alemania hemos mejorado la comprensión de la lengua nativa por parte de Alexa en más de un 25 % respecto al último año gracias a las mejoras en los componentes de aprendizaje automático de Alexa y al uso de técnicas de aprendizaje semisupervisadas. (¡Gracias a estas técnicas de aprendizaje semisupervisadas, el número de datos etiquetados necesarios para conseguir la misma mejora de precisión es ahora cuarenta veces menor!). Finalmente, hemos reducido considerablemente el tiempo requerido para enseñar nuevos idiomas a Alexa utilizando técnicas de traducción automática y de transferencia de aprendizaje, lo que nos permite atender a clientes en más países (como la India o Japón).

Dispositivos de Amazon: 2017 fue nuestro mejor año en cuanto a ventas de hardware. Los clientes compraron decenas de millones de dispositivos de Echo. Echo Dot y Fire TV Stick con Alexa fueron los productos más vendidos de todo Amazon —de todas las categorías y de todos los fabricantes—. Estas Navidades, los clientes duplicaron las compras de Fire TV Stick y de las tabletas Kids Edition Fire respecto al año pasado. 2017 ha sido el año del lanzamiento de nuestro nuevo Echo, con un diseño mejorado, mejor sonido y menor precio; Echo Plus, con un controlador de hogar inteligente integrado; y Echo Spot, cuya pantalla circular lo convierte en un dispositivo compacto y atractivo. Estrenamos nuestra nueva generación de Fire TV, con características 4K Ultra HD y HDR, y la Tablet Fire HD 10, con pantalla de 1080 p Full HD. Y hemos celebrado el décimo aniversario de Kindle lanzando el nuevo Kindle Oasis, nuestro lector de libros electrónicos más avanzado. Es sumergible —¡ya puedes leer desde la bañera!— y está dotado de una pantalla de 7 pulgadas con una resolución de 300 ppp y audio incorporado para que puedas escuchar tus libros con Audible.

Prime Video: Prime Video continúa aumentando la captación y la retención de suscriptores Prime. El año pasado seguimos mejorando Prime Video para los consumidores añadiendo al servicio nuevas producciones Prime Originals, como *La maravillosa Sra. Maisel,* ganadora de dos premios Critics' Choice Awards y dos globos de oro, y la película nominada a los Óscar *La gran enfermedad del amor.* Hemos ampliado nuestra programación en todo el globo con el lanzamiento de nuevas temporadas de *Bosch* y *Sneaky Pete,* producidas en los Estados Unidos; *El Gran Tour,* producida en el Reino Unido, y *You are wanted,* producida en Alemania; además de añadir nuevos capítulos de *Sentosha,* producida en Japón, junto con *Breathe* y la galardonada *Inside Edge,* producidas en la India. Este año también hemos ampliado la oferta de nuestros canales Prime añadiendo CBS All Access en los Estados Unidos y estrenando nuevos canales en el Reino Unido y Alemania. También debutamos con NFL Thursday Night Football en Prime Video, con más de 18 millones de espectadores en más de once partidos. En 2017, Prime Video Direct se aseguró los derechos de suscripción audiovisual de más de 3.000 largometrajes y destinó 18 millones de dólares en derechos de autor a cineastas independientes y a otros tenedores de derechos de propiedad intelectual. Mientras contamos los días que faltan para el estreno, también estamos entusiasmados con nuestros próximos proyectos de series Prime Original, como *Jack Ryan* de Tom Clancy, protagonizada por John Krasinski; *King Lear,* protagonizada por Anthony Hopkins y Emma Thompson; *The Romanoffs,* producida y realizada por Matt Weiner; *Carnival Row,* protagonizada por Orlando Bloom y Cara Delevingne; *Good Omens,* protagonizada por Jon Hamm; y *Homecoming,* producida y realizada por Sam Esmail y protagonizada por Julia Roberts en lo que es su primera aparición en una serie de televisión. Asimismo, hemos adquirido los derechos televisivos globales de una producción de varias temporadas de *El señor de los anillos* y de *Hernán,* una miniserie basada en la saga épica de Hernán Cortés cuyo productor ejecutivo es Steven Spielberg y está protagonizada por Javier Bardem. Estamos impacientes por empezar a trabajar en estas series este mismo año.

Amazon Music: Amazon Music continúa creciendo rápidamente y ya cuenta con decenas de millones de clientes suscritos. Amazon Music Unlimited, nuestra oferta de música bajo demanda sin publicidad, se extendió a más de treinta nuevos países en 2017, y durante los últimos seis meses ha duplicado sus miembros.

Fashion: Amazon se ha convertido en el destino de decenas de millones de clientes interesados en adquirir artículos de moda. En 2017 presentamos nuestra primera prestación Prime orientada a la moda, Prime Wardrobe, un nuevo servicio que lleva el probador directamente a los hogares de los suscriptores Prime para que puedan probarse las últimas tendencias de la moda antes de comprarlas. También incorporamos a Amazon Nike y UGG, junto con nuevas famosas colecciones de Drew Barrymore y Dwyane Wade, así como docenas de nuevas marcas propias, como Goodthreads y Core10. Además, continuamos haciendo posible que miles de diseñadores y artistas ofrezcan sus diseños y estampados exclusivos bajo demanda a través de Merch by Amazon. Finalizamos 2017 con el lanzamiento de nuestra experiencia de compra interactiva con Calvin Klein, que incluye tiendas *pop-up,* personalización de productos *in situ,* probadores con iluminación y música controlados por Alexa, y mucho más.

Whole Foods: cuando cerramos nuestra adquisición de Whole Foods Market el pasado año, anunciamos nuestro compromiso de poner al alcance de todo el mundo comida ecológica y natural de primera calidad; luego bajamos los precios en una selección de los alimentos básicos más vendidos, como aguacates, huevos marrones ecológicos y salmón de acuicultura sostenible. Seguimos adelante con una segunda ronda de reducción de precios en noviembre, y nuestra promoción exclusiva para miembros Prime batió el récord de venta de pavos de Whole Foods durante la temporada de Acción de Gracias. En febrero, presentamos un servicio de entregas gratuitas en dos horas para pedidos a partir de 35 dólares para miembros Prime en varias ciudades, a las que se añadieron otras en marzo y abril, y un plan de expansión continua por todas las ciudades estadounidenses a lo largo de este año. También ampliamos las ventajas de la tarjeta Amazon Prime Rewards Visa, proporcionando a los miembros Prime un 5 % de descuento al comprar en Whole Foods Market. Además, los clientes pueden comprar en Amazon productos de marca blanca de Whole Foods como 363 Everyday Value, comprar Echo u otros dispositivos de Amazon en más de cien tiendas Whole Foods, y recoger o devolver paquetes de Amazon en los Amazon Lockers[1] de los cientos de tiendas Whole Foods. También hemos empezado los trabajos técnicos necesarios para reconocer a los miembros de Prime en el punto de venta y esperamos ofrecer más ventajas Prime a los clientes de Whole Foods una vez que estén disponibles.

Amazon Go: Amazon Go, un nuevo concepto de tienda sin cajas, abrió al público en enero en Seattle. Estamos encantados de saber que, desde su apertura, muchos clientes describen su experiencia de compra como «mágica». Lo que hace posible esa magia es una combinación a medida de elementos como la visión por ordenador, la fusión de sensores y la tecnología de aprendizaje automático *deep learning,* que se integran para crear el nuevo concepto de compra Just Walk Out (JWO). Con JWO, los clientes pueden adquirir su desayuno, comida, cena, aperitivos y alimen-

1. Los Amazon Lockers son taquillas autoservicio que ofrecen la posibilidad de recoger y devolver los pedidos de Amazon con total autonomía.

tos esenciales favoritos más cómodamente que nunca. Algunos de nuestros artículos más vendidos son productos corrientes —las bebidas con cafeína o el agua embotellada son un clásico—, pero nuestros clientes también adoran los bocadillos vietnamitas Chicken Banh Mi, las galletas con pepitas de chocolate, la fruta cortada, los ositos de goma o nuestros menús infantiles Amazon Meal Kits.

Treasure Truck: Treasure Truck pasó de tener un solo camión en Seattle a una flota de treinta y cinco camiones en veinticinco ciudades estadounidenses y veinte ciudades británicas. Nuestros camiones sorpresa, inspirados en los entrañables camiones de helados que marcaron la infancia de los estadounidenses, procesaron cientos de miles de pedidos, desde jugosos filetes Porterhouse hasta el último modelo de Nintendo. A lo largo del año, Treasure Truck también se ha asociado con las comunidades locales para levantar los ánimos y ayudar a aquellos que lo necesitan, y ha gestionado la donación y el reparto de sillitas para bebés, miles de juguetes, decenas de miles de calcetines y muchos otros productos de primera necesidad para miembros de la comunidad que necesitan ayuda, desde los desplazados por el huracán Harvey hasta personas sin hogar, pasando por niños necesitados en época navideña.

India: Amazon es el mercado que más rápido crece en la India, y el *site* más visitado tanto en ordenadores como en móviles, según Comscore y SimilarWeb. La aplicación de compra para dispositivos móviles Amazon.in también fue la más descargada en la India en 2017, según App Annie. Prime consiguió más suscriptores en la India en su primer año que en cualquier otro país donde se ha implantado hasta la fecha. La oferta de Prime en la India actualmente incluye más de 40 millones de productos locales de vendedores externos, y Prime Video está invirtiendo a gran escala en contenido audiovisual original de la India, incluyendo dos estrenos recientes y más de una docena de producciones en rodaje.

Sostenibilidad: para cumplir nuestro compromiso de reducir nuestras emisiones de carbono, hemos optimizado nuestra red de transporte, mejorado el embalaje de los productos y aumentado la eficiencia energética en nuestras operaciones, y nos hemos fijado la meta a largo plazo de utilizar energía 100 % renovable en toda nuestra infraestructura. Recientemente hemos inaugurado Amazon Wind Farm Texas, nuestra granja eólica más grande hasta el momento, que genera más de un millón de megavatios-hora de energía sostenible al año procedente de más de cien turbinas. Tenemos planes de instalar sistemas de energía solar en cincuenta centros logísticos para 2020 y hemos iniciado veinticuatro proyectos eólicos y solares en todo Estados Unidos, con más de veintinueve proyectos adicionales que pronto serán una realidad. En su conjunto, los proyectos de energía renovable de Amazon producen actualmente suficiente energía sostenible para alimentar a más de 330.000 hogares al año. En 2017 celebramos el décimo aniversario de Frustration-Free Packaging, la primera de una serie de iniciativas de embalaje sostenible que han supuesto el ahorro de más de 244.000 toneladas de materiales de embalaje durante los últimos diez años. Además, solo en 2017, nuestros programas redujeron significativamente los residuos de embalaje, pues se ahorró el equivalente a 305 millones de cajas de transporte. Y en todo el mundo Amazon está negociando con nuestro servicio de proveedores para crear nuestra primera flota no contaminante de reparto a domicilio. Hoy por hoy, en Europa, una parte de nuestra flota de transporte ya está constituida por coches y furgonetas eléctricos o que funcionan con gas natural, a los que se suman las más de cuarenta *scooters* y bicicletas eléctricas de reparto que completan nuestras entregas urbanas locales.

Empoderar a los pequeños negocios: millones de pequeñas y medianas empresas de todo el mundo ahora venden sus productos a través de Amazon para captar nuevos clientes en todo el planeta. Las pymes que venden en Amazon provienen de los diferentes estados que constituyen los Estados Unidos y de más de 130 países diferentes de todo el mundo. Más de 140.000 pymes superaron los 100.000 dólares de ventas en Amazon en 2017, y más de 1.000 escritores independientes obtuvieron más de 100.000 dólares en concepto de derechos de autor en 2017 a través de Kindle Direct Publishing.

Inversión y creación de empleo: desde 2011, hemos invertido más de 150.000 millones de dólares en todo el mundo en nuestros centros logísticos, en capacidad de transporte y en infraestructura tecnológica, incluyendo los centros de datos de AWS. Amazon ha creado más de 1,7 millones de empleos directos e indirectos en todo el planeta. Solo en 2017, creamos directamente más de 130.000 nuevos empleos de Amazon, sin incluir adquisiciones, y aumentamos nuestra base global de empleados a más de 560.000. Nuestros nuevos empleos comprenden una gran variedad de perfiles, desde científicos especializados en inteligencia artificial hasta especialistas en embalajes, pasando por empleados de centros logísticos. Además de estas contrataciones directas, estimamos que Amazon Marketplace ha creado 900.000 empleos más en todo el mundo, y que las inversiones de Amazon han supuesto la creación de 260.000 empleos adicionales en ámbitos como la construcción, la logística y otros servicios profesionales.

Career Choice: un programa de empleo del que estamos particularmente orgullosos es Amazon Career Choice. A los empleados que llevan más de un año en la empresa, les pagamos por adelantado el 95 % de la matrícula, las tasas y los libros de texto (hasta 12.000 dólares) para que puedan sacarse certificados y diplomas en ámbitos con alta demanda laboral, como mecánica aeronáutica, diseño asistido por ordenador, tecnologías de maquinaria industrial, técnicas de laboratorio clínico o enfermería. Financiamos formación en ámbitos de alta demanda y lo hacemos sin tener en cuenta si esas competencias son relevantes para tener un empleo en Amazon. A nivel global, más de 16.000 empleados (más de 12.000 en los Estados Unidos) se han beneficiado de Career Choice desde que lanzamos el programa en 2012. Career Choice ya está disponible en diez países y se extenderá a Sudáfrica, Costa Rica y Eslovaquia a finales de año. Los ámbitos de estudio más solicitados del programa son la conducción de camiones comerciales, la asistencia sanitaria y las tecnologías de la información. Hasta ahora hemos construido treinta y nueve aulas Career Choice con paredes acristaladas en zonas muy transitadas de nuestros centros logísticos para que nuestros empleados puedan inspirarse viendo a sus compañeros adquirir nuevas competencias.

Son muchos los que han contribuido a que hayamos sido capaces de conseguir estas metas. Amazon tiene 560.000 empleados. También tiene dos millones de vendedores, cientos de miles de autores, millones de desarrolladores de AWS y cientos de millones de clientes —divinamente descontentos— repartidos por todo el mundo que nos presionan para que cada día seamos mejores.

El camino por delante

Este año hemos celebrado el 20.º aniversario de nuestra primera carta a los accionistas, y nuestros valores y enfoque fundamentales permanecen intactos. Seguimos aspirando a ser la empresa con mayor vocación de servicio al cliente del mundo, y somos conscientes de la envergadura y de la complejidad del reto al que nos enfrentamos. Sabemos que hay muchas cosas que podemos mejorar, y los desafíos y las oportunidades que tenemos por delante nos dan la fuerza necesaria para ello.

Quiero dar las gracias de todo corazón a todos y cada uno de nuestros clientes por darnos la oportunidad de servirles, a nuestros accionistas por su apoyo y a los *amazonians* de todo el mundo por su ingenio, pasión y altos estándares.

Seguimos en el día 1.

Intuición, curiosidad y el poder de divagar

2018

Durante los últimos veinte años en Amazon ha sucedido algo extraño y sorprendente. Echad un vistazo a los números:

1999: 3 %
2000: 3 %
2001: 6 %
2002: 17 %
2003: 22 %
2004: 25 %
2005: 28 %
2006: 28 %
2007: 29 %
2008: 30 %
2009: 31 %
2010: 34 %
2011: 38 %
2012: 42 %
2013: 46 %
2014: 49 %
2015: 51 %
2016: 54 %
2017: 56 %
2018: 58 %

Las cifras representan los porcentajes de las ventas físicas brutas de mercancías en Amazon por parte de vendedores externos independientes —la mayoría, pequeñas y medianas empresas— en relación con las ventas del propio negocio minorista de Amazon. Las ventas de terceros han aumentado del 3% al 58% del total. Para decirlo más claramente: los vendedores externos están vapuleando nuestro negocio minorista. ¡Y de qué manera!

Y también han puesto el listón muy alto, porque nuestro negocio minorista propio ha crecido exponencialmente a lo largo de ese periodo de 1.600 millones de dólares en 1999 a 117.000 millones de dólares el año pasado. La tasa de crecimiento anual compuesta para nuestro propio negocio minorista en ese periodo ha sido del 25%. Pero en ese mismo periodo, las ventas externas han aumentado de 100 millones de dólares a 160.000 millones de dólares, lo que supone una tasa de crecimiento anual compuesta del 52%. Para proporcionar una referencia externa: las ventas brutas de productos en eBay en ese periodo han registrado una tasa de crecimiento anual compuesta del 20%, pasando de 2.800 millones de dólares a 95.000 millones de dólares.

¿Por qué los vendedores externos venden mucho mejor por Amazon que cuando lo hacían por eBay? ¿Y por qué los vendedores independientes han podido crecer mucho más rápido que nuestra organización de ventas propias de Amazon, altamente estructurada? No tenemos todas las respuestas, pero sí podemos aportar una de las claves principales: ayudamos a los vendedores independientes a competir contra nuestro propio negocio invirtiendo en ellos y ofreciéndoles las mejores herramientas de venta que pudimos concebir y diseñar. Hay muchas herramientas de ese tipo, como aquellas que ayudan a los vendedores a gestionar el inventario, a procesar los pagos, a hacer un seguimiento de los envíos, a elaborar informes y a vender en el extranjero, y vamos a idear más cada año. Pero las claves son Logística de Amazon y el programa Prime. Combinados, ambos programas mejoraron sustancialmente la experiencia de compra del cliente a vendedores independientes. Ahora que están consolidados, a la mayoría de la gente hoy le resulta difícil apreciar en su justa medida lo revolucionarios que fueron ambos programas cuando los implantamos. Tras no pocos debates internos, asumimos un riesgo financiero considerable al invertir en ellos. Tuvimos que continuar invirtiendo de forma notable a lo largo del tiempo a medida que experimentábamos con diferentes ideas e iteraciones. No podíamos predecir con certeza qué aspecto tendrían finalmente esos programas, ni siquiera si tendrían éxito, pero los sacamos adelante con intuición y coraje, y los desarrollamos con entusiasmo.

Intuición, curiosidad y el poder de divagar

Desde la fundación de Amazon, sabíamos que queríamos generar una cultura de creadores, de gente curiosa, de exploradores, de mentes a las que les gusta inventar, de personas que incluso cuando son expertas siguen manteniendo el espíritu inquisitivo de un principiante, de profesionales que ven las cosas que hacemos simplemente como un método provisional que cambiará con el tiempo. Nuestra mentalidad de creadores nos ayuda a vislumbrar grandes oportunidades desde la humilde convicción de que conseguiremos el éxito a través de la iteración: inventando, lanzando, reinventando, relanzando, desaprendiendo, empezando de nuevo, y repitiendo el ciclo una y otra vez. Gente que sabe que el camino hacia el éxito es un camino angosto lleno de desafíos.

En los negocios algunas veces —en realidad, a menudo— sabes hacia dónde vas, y cuando eso ocurre, puedes ser eficiente. Concibes un plan y lo llevas a la práctica. En cambio, divagar en los negocios no es eficiente, si bien tampoco es casual. Significa dejarse guiar por el instinto, la intuición y la curiosidad, y por la profunda convicción de que el beneficio para los clientes es suficientemente grande como para que merezca la pena ser un poco desordenado e indirecto para encontrar el camino al éxito. Divagar es un contrapeso esencial para lograr la eficiencia. Debemos contemplar tanto la divagación como la eficiencia. Probablemente los hallazgos extraordinarios, aquellos que desafían a la lógica, requieren divagar.

Entre los millones de clientes de AWS hay desde *start-ups* a grandes empresas y desde entidades gubernamentales a entidades benéficas, y todas ellas tratan de encontrar mejores soluciones para sus usuarios finales. Dedicamos mucho tiempo a pensar en lo que quieren esas organizaciones y en la gente que forma parte de ellas (desarrolladores, directores de desarrollo, directores de operaciones, directores de informática, directores de digitalización, directores de seguridad de la información, etc.).

Buena parte de lo que creamos en AWS se basa en las necesidades de nuestros clientes. La clave es preguntar a los clientes qué quieren, escuchar atentamente sus respuestas e idear un plan ingenioso y rápido (¡en los negocios el tiempo apremia!). Ningún negocio puede prosperar sin centrarse en el cliente. Pero eso tampoco es suficiente. Las cosas que realmente marcan la diferencia son aquellas que a los clientes no se les ocurre pedir. Debemos inventar por ellos. Tenemos que explorar nuestra imaginación para descubrir nuestro potencial.

Los propios AWS, en su conjunto, son un buen ejemplo de ello. Nadie pidió AWS. Nadie. Resulta que en realidad el mundo estaba preparado y ansioso porque llegara una oferta como la de AWS, pero no lo sabía. Tuvimos una corazonada, nos dejamos llevar por nuestra curiosidad, asumimos los riesgos financieros necesarios y empezamos a diseñarlo —rehaciendo, experimentando e iterando innumerables veces a medida que avanzábamos.

Dentro de AWS, se ha repetido muchas veces ese mismo patrón. Por ejemplo, inventamos DynamoDB, una base de datos clave-valor, de baja latencia y altamente escalable que ahora utilizan cientos de clientes de AWS. Y en lo que respecta a escuchar atentamente a los clientes, estos nos reiteraron que las empresas se sentían limitadas por sus opciones de bases de datos comerciales y que llevaban décadas insatisfechos con sus proveedores de estos sistemas —nos decían que sus ofertas eran caras, exclusivas y muy restringidas, y que las condiciones de sus licencias eran punitivas—. Dedicamos muchos años a crear nuestro propio motor de almacenamiento de datos, Amazon Aurora, un servicio totalmente gestionado por MySQL y compatible con PostgreSQL que tiene tanta o más durabilidad y disponibilidad que los motores comerciales, pero a una décima parte del coste. No nos sorprendió que funcionara.

Pero también fuimos optimistas con las bases de datos especializadas para cargas de trabajo específicas. Durante los últimos veinte o treinta años, las empresas han gestionado la mayoría de sus cargas de trabajo utilizando bases de datos relacionales. La familiaridad de los desarrolladores con las bases de datos relacionales las convirtieron en la tecnología preferida incluso cuando no era la más ideal. Aunque no eran óptimas, el tamaño de sus respectivos conjuntos de datos a menudo era lo suficientemente pequeño y las latencias de consulta aceptadas eran lo suficientemente largas como para que pudieran funcionar. Pero hoy muchas aplicaciones están almacenando grandes cantidades de datos, terabytes y petabytes. Y los requisitos para las aplicaciones han cambiado. Las aplicaciones modernas están impulsando la necesidad de bajas latencias, el procesamiento en tiempo real y la capacidad de procesar millones de solicitudes por segundo. No se trata solo de tiendas de clave-valor como DynamoDB, sino también de bases de datos en memoria como Amazon ElastiCache, memoria de bases de datos de series temporales como Amazon Timestream y soluciones de libro mayor como Amazon Quantum Ledger Database. Disponer de la herramienta adecuada para el trabajo adecuado ahorra dinero y favorece que tu producto llegue antes al mercado.

También estamos apostando por ayudar a las empresas a sacar partido del aprendizaje automático. Hemos estado trabajando en esto durante mucho tiempo e, igual que ya sucedió con otros avances importantes, nuestros intentos iniciales por externalizar algunas de nuestras primeras herramientas internas fracasaron. Nos llevó años de divagación —experimentación, iteración y perfeccionamiento, así como valiosas impresiones de nuestros clientes— hasta dar con SageMaker, que lanzamos hace solo dieciocho meses. SageMaker elimina el trabajo pesado, la complejidad y la estimación de cada paso del proceso de aprendizaje automático, democratizando la tecnología informática. Además de servirse de AWS, hoy miles de clientes utilizan SageMaker para crear modelos de aprendizaje automático. Continuamos mejorando el servicio, incluso añadiendo nuevas capacidades de aprendizaje reforzado. Este último tiene una curva de aprendizaje pronunciada y muchas partes móviles, por lo que en gran medida hasta ahora había estado fuera del alcance de la mayoría de las organizaciones, excepto de las tecnológicas y de las bien financiadas. Nada de esto habría sido posible sin una cultura de curiosidad insaciable y la voluntad de probar cosas totalmente nuevas en beneficio de los clientes. Y los clientes están respondiendo bien a nuestra atención y a nuestras divagaciones centradas en ellos; gracias a ello, actualmente AWS es un negocio en rápida expansión con una tasa de proyección anual de 30.000 millones de dólares.

Imaginar lo imposible

Hoy por hoy, Amazon sigue siendo una empresa pequeña en el ámbito del comercio minorista global. Representamos un pequeño porcentaje de un solo dígito en el mercado minorista, y en cada país en que operamos existen minoristas mucho más grandes que nosotros. Esto se debe en gran medida a que casi el 90 % de la venta minorista sigue realizándose fuera de la red, en tiendas físicas. Durante muchos años consideramos la posibilidad de servir a nuestros clientes en tiendas físicas, pero tuvimos la sensación de que primero necesitábamos inventar algo que realmente pudiera satisfacer a los clientes en ese ámbito. Nuestra gran visión fue Amazon Go. Teníamos que librarnos del mayor problema de la venta minorista física: las líneas de caja. A nadie le gusta tener que hacer cola. Así que, en su lugar, concebimos una tienda donde puedes entrar, coger lo que te apetezca e irte.

Era un reto técnicamente difícil que requirió el esfuerzo de cientos de hábiles científicos e ingenieros de todo el mundo. Teníamos que diseñar y construir nuestras propias cámaras y nuestros propios estantes e inventar nuevos algoritmos de visión por ordenador, así como desarrollar la capacidad de juntar las imágenes de cientos de cámaras cooperativas. Y teníamos que hacerlo de forma que la tecnología funcionara tan bien que quedara en un segundo plano, es decir, que fuera invisible. La recompensa ha sido la respuesta de los clientes, que han descrito como «mágica» la experiencia de compra en Amazon Go. Ahora tenemos diez tiendas en Chicago, San Francisco y Seattle, y estamos entusiasmados con el futuro.

Los fracasos también tienen que crecer

A medida que una empresa crece, todo necesita aumentar, incluso el tamaño de tus experimentos fallidos. Si la magnitud de tus fracasos no va en aumento, la escala de tus innovaciones realmente no va a marcar la diferencia. Amazon experimentará a una escala acorde con una empresa de nuestra envergadura si de vez en cuando tenemos fracasos multimillonarios. Lógicamente, emprenderemos estos experimentos con precaución. Trabajaremos con diligencia para que sean buenas apuestas, pero, en última instancia, no todas ellas darán buenos resultados. Los riesgos que asumimos a gran escala forman parte del servicio que como gran empresa podemos proporcionar a nuestros clientes y a la sociedad. La buena noticia para los accionistas es que, con que solo una de esas grandes apuestas tenga éxito, ya podremos cubrir con creces el coste de muchos otros retos fallidos.

Fire Phone y Echo empezaron a desarrollarse casi al mismo tiempo. Aunque el Fire Phone fue un fracaso, pudimos sacar conclusiones (tanto nosotros como los desarrolladores) y acelerar nuestros esfuerzos para crear Echo y Alexa. La visión de Echo y Alexa se inspiró en el ordenador de *Star Trek*. La idea tuvo su origen en otros dos ámbitos en los que habíamos estado divagando y habíamos desarrollado durante años: el aprendizaje automático y la nube. Desde los inicios de Amazon, el aprendizaje automático fue una parte esencial de nuestras recomendaciones de productos, y AWS nos permitió estar en la vanguardia de las capacidades de la nube. Después de muchos años de desarrollo, Echo debutó en 2014, controlado por Alexa, el asistente que habita la nube de AWS.

Ningún cliente nos pidió Echo, sino que fue un mero producto de nuestras divagaciones. Los estudios de mercado no ayudan. Si en 2013 le hubiéramos dicho a un cliente si quería un cilindro negro encendido permanentemente en su cocina del tamaño de un bote de Pringles al que le puedas hablar y hacer preguntas, que también enciende la luz y pone música, ya os garantizo que habrían fruncido el ceño y os habrían respondido con un rotundo «No, gracias».

Desde el lanzamiento de la primera generación de Echo, los clientes han comprado más de 100 millones de dispositivos compatibles con Alexa. El año pasado mejoramos más de un 20 % la capacidad de Alexa para entender peticiones y responder preguntas, y añadimos miles de millones de datos para que Alexa sea más experta que nunca. Los desarrolladores doblaron el número de funcionalidades de Alexa hasta más de 80.000, y los clientes hablaron con Alexa decenas de millones de veces más en 2018 que en 2017. El número de dispositivos controlados por Alexa se dobló en 2018. Ahora hay más de 150 productos distintos disponibles que cuentan con nuestra asistente integrada, desde auriculares y PC hasta coches, pasando por dispositivos domésticos. ¡Y lo que queda por llegar!

Una última cosa antes de terminar. Como dije en la primera carta a los accionistas hace más de veinte años, nuestro objetivo es contratar y retener empleados versátiles y talentosos que puedan pensar como nuestros propietarios. Conseguirlo requiere invertir en nuestros empleados y, como sucede con muchas otras cosas en Amazon, no solo nos servimos del análisis, sino también de la intuición y del corazón para encontrar el camino que seguir.

El año pasado aumentamos nuestro salario mínimo a quince dólares la hora para todos los trabajadores a jornada completa, a tiempo parcial y temporales en los Estados Unidos. Este incremento salarial benefició a más de 250.000 empleados de Amazon, así como a más de 100.000 empleados temporales que trabajaron en nuestras instalaciones de todo el país durante las pasadas Navidades. Creemos firmemente que invertir en nuestros empleados será beneficioso para nuestro negocio. Sin embargo, no es eso lo que nos llevó a tomar esa decisión. Siempre habíamos ofrecido salarios competitivos, pero decidimos que era el momento de dar un paso al frente y ofrecer mejores salarios que la competencia. Lo hicimos porque nos pareció que era lo correcto.

Hoy desafío a nuestros principales competidores minoristas (¡Ya sabéis quiénes sois!) a igualar los beneficios de nuestros empleados y nuestro salario mínimo de quince dólares la hora. ¡Hacedlo! Mejor aún, subidlo a dieciséis dólares la hora y recogeremos el guante. Si competimos será beneficioso para todos.

También hemos puesto la misma dosis de corazón que de razón en otros de los muchos programas que hemos puesto en marcha para nuestros empleados. Ya he hablado anteriormente del programa Career Choice, que financia hasta el 95 % de la matrícula y de las tasas para obtener un certificado o un diploma en ámbitos de estudio cualificados, lo que permite a nuestros empleados cursar carreras de alta demanda, incluso si esos estudios los llevan a seguir su trayectoria profesional fuera de Amazon. Más de 16.000 empleados ya se han beneficiado del programa, que continúa en expansión. De forma similar, nuestro programa

Career Skills da formación a nuestros empleados por horas en competencias laborales clave como elaborar un currículum, comunicarse con eficiencia y adquirir conocimientos informáticos básicos. En octubre del año pasado, para seguir con estos compromisos, firmamos el Compromiso del Presidente con los Trabajadores de los Estados Unidos y anunciamos que aumentaremos las competencias de 50.000 empleados estadounidenses a través de nuestra innovadora gama de programas de formación.

Nuestras inversiones no se limitan a nuestros empleados actuales. Para formar a la mano de obra del mañana, nos hemos comprometido a destinar 50 millones de dólares, incluyendo nuestro programa Amazon Future Engineer, que anunciamos recientemente, para apoyar los estudios de ciencias, tecnología, ingeniería y matemáticas (CTIM) y de ciencias informáticas en todo el país para estudiantes de primaria, secundaria y universidad, con un especial interés en atraer a más chicas y a más minorías a estas profesiones. También seguimos sacando partido del magnífico talento de nuestros veteranos. Vamos camino de cumplir nuestro compromiso de contratar a 25.000 veteranos y cónyuges de militares para 2021. Y, a través del programa Amazon Technical Veterans Apprenticeship, estamos proporcionando a los veteranos formación en el puesto de trabajo en ámbitos como la computación en la nube.

Quiero dar las gracias de todo corazón a nuestros clientes por darnos la oportunidad de servirles y porque siempre nos desafían a hacerlo mejor todavía, a nuestros accionistas por su apoyo constante y a nuestros empleados de todo el mundo por vuestro duro trabajo y vuestro espíritu pionero. ¡Todos los equipos de Amazon escuchan a sus clientes y divagan en su beneficio!

Seguimos en el día 1.

Avanzar por el buen camino
2019

A nuestros accionistas:

Una cosa que hemos aprendido desde la crisis de la COVID-19 es la importancia que Amazon tiene para nuestros clientes. Queremos que sepáis que nos tomamos muy en serio esta responsabilidad y estamos orgullosos del trabajo que están haciendo nuestros equipos para ayudar a nuestros clientes en estos tiempos tan difíciles.

Los *amazonians* están trabajando a contrarreloj para entregar suministros básicos a la gente que los necesita directamente en sus domicilios. La demanda de productos esenciales que hemos tenido ha sido y sigue siendo muy alta. Pero a diferencia de la predecible oleada de la época navideña, esta subida ha llegado sin avisar, lo que ha supuesto un gran reto para nuestros proveedores y nuestra red de reparto. Priorizamos rápidamente el almacenamiento y reparto de productos de primera necesidad, de suministros médicos y de otros productos esenciales.

Nuestras tiendas Whole Foods Market han seguido abiertas, proporcionando alimentos frescos y otros bienes indispensables a los clientes. Hemos tomado medidas para ayudar a los más vulnerables ante el virus, reservando cada día la primera hora de compra en Whole Foods para la gente mayor. Hemos cerrado temporalmente las tiendas Amazon Books, Amazon 4-start y Amazon Pop Up porque no venden productos esenciales, y hemos ofrecido a los empleados de estas tiendas la posibilidad de continuar trabajando en otros sectores de Amazon tras el cierre.

Mientras gestionamos estos servicios esenciales, creemos que es de vital importancia centrarnos en la seguridad de nuestros empleados y contratistas de todo el mundo; por ello, estamos profundamente agradecidos por su heroico trabajo y estamos comprometidos con su salud y bienestar. Tras consultar con expertos médicos y con las autoridades sanitarias, hemos implantado más de 150 cambios significativos en los procesos en nuestra red de operaciones y en las tiendas Whole Foods Market para preservar la salud de todos los miembros de nuestros equipos, y cada día llevamos a cabo auditorías sobre las medidas adoptadas. Hemos distribuido mascarillas y establecido comprobaciones de temperatura en centros de todo el mundo para ayudar a proteger a los empleados y al personal de refuerzo. Desinfectamos regularmente las manijas de las puertas, los pasamanos de las escaleras, las taquillas, los botones de los ascensores y las pantallas táctiles, y los productos para la desinfección de manos ahora son habituales en toda nuestra red.

También hemos adoptado importantes medidas de distanciamiento social para ayudar a proteger a nuestros empleados. Hemos eliminado las reuniones de pie durante los turnos, hemos sustituido las reuniones de intercambio de información por tablones de anuncios, hemos dividido los turnos de descanso y hemos separado las sillas en las salas de descanso. Mientras afrontamos el reto de formar a los nuevos empleados respetando las nuevas normas de distanciamiento, seguimos asegurándonos de que cada nuevo empleado recibe seis horas de formación segura. Hemos cambiado los protocolos de formación para que los empleados no tengan que reunirse en un mismo lugar, y hemos adaptado nuestros procesos de contratación para facilitar el distanciamiento social.

Un próximo paso para proteger a nuestros empleados podría ser hacer test frecuentes a todos los *amazonians,* incluso a aquellos que no presenten síntomas. Hacer test frecuentes a escala global en todas las empresas ayudaría a mantener la seguridad de los trabajadores y permitiría relanzar la economía. Para conseguirlo, como sociedad necesitaríamos disponer de mucha más capacidad para hacer pruebas que la que tenemos actualmente. Si cada persona tuviera la posibilidad de hacerse regularmente las pruebas de la COVID-19, la lucha contra este virus cambiaría radicalmente. Aquellos que dieran positivo podrían guardar cuarentena y ser atendidos, mientras que todo aquel que diera negativo podría reincorporarse a su puesto de trabajo con total confianza.

Nos hemos puesto manos a la obra para aumentar la capacidad de hacer este tipo de pruebas. Un conjunto de *amazonians* —desde científicos, investigadores y gestores de programas hasta especialistas de compras e ingenieros de software— han dejado a un lado sus actividades habituales y han formado un equipo dedicado a trabajar en esta iniciativa. Hemos empezado a reunir el material necesario para construir nuestro primer laboratorio, y esperamos poder empezar a hacer pruebas a nuestros empleados de primera línea muy pronto. No sabemos si llegaremos muy lejos en esta carrera científica a contrarreloj, pero creemos que vale la pena intentarlo y estamos dispuestos a compartir todo aquello que descubramos.

Mientras buscamos soluciones a largo plazo, también estamos comprometidos en ayudar a nuestros empleados. Incrementamos nuestro salario mínimo hasta finales del mes de abril en dos dólares la hora en los Estados Unidos, dos dólares la hora en Canadá, dos libras la hora en el Reino Unido y dos euros la hora en muchos países europeos. Y estamos pagando a nuestros empleados el doble de nuestra tarifa habitual por cualquier hora extra trabajada —un mínimo de treinta y cuatro dólares por hora—, lo que supone un incremento del 150 % del salario habitual. Estos incrementos salariales tendrán un coste de más de 500 millones de dólares hasta finales de abril, y probablemente será superior a medida que pasa el tiempo. Aunque sabemos que supone un coste considerable, creemos que es lo que debemos hacer en las circunstancias actuales. También creamos Amazon Relief Fund —con una financiación inicial de 25 millones de dólares— para apoyar a nuestros socios independientes del servicio de reparto y a sus conductores, a los colaboradores de Amazon Flex y a los empleados temporales que atraviesan dificultades financieras.

En marzo convocamos 100.000 nuevas plazas en toda nuestra red logística y de reparto. A principios de esta semana, después de cubrir estos puestos, anunciamos que estábamos creando otros 75.000 empleos para satisfacer la demanda de los clientes. Estas nuevas contrataciones están ayudando a los clientes que dependen de nosotros a cubrir sus necesidades básicas. Somos conscientes de que muchas personas de todo el mundo están pasando por dificultades económicas por la pérdida o la suspensión temporal del empleo. Por ello, nos complace tenerlas en nuestros equipos hasta que la situación vuelva a la normalidad, es decir, hasta que sus antiguos empleadores puedan reincorporarlas o hasta que puedan acceder a nuevos empleos. Hemos dado la bienvenida a Joe Duffy, que se unió a nosotros tras perder su empleo como mecánico en el aeropuerto de Neward y se enteró de que había un puesto de trabajo en Amazon a través de un amigo que trabaja con nosotros como analista de operaciones. La maestra de preescolar de Dallas Darby Griffin se unió a nosotros después de que su escuela cerrara el 9 de marzo, y ahora ayuda a gestionar nuevo inventario. Estamos encantados de tener a Darby con nosotros hasta que pueda retomar sus clases.

Amazon está actuando decididamente para proteger a nuestros clientes de los oportunistas que intentan aprovecharse de la crisis. Hemos retirado más de medio millón de ofertas de nuestras tiendas debido a la imposición de precios abusivos a costa de la COVID-19, y hemos suspendido más de 6.000 cuentas de vendedores por violar nuestras políticas de precios justos. Amazon ha enviado información a cuarenta y dos fiscales generales sobre vendedores que sospechamos se vieron envueltos en el abuso de precios de productos en el contexto de la COVID-19. Para acelerar nuestra respuesta ante estos abusos, hemos creado un canal especial de comunicación con los fiscales generales para remitir rápida y fácilmente las quejas que nos han hecho llegar los clientes.

Amazon Web Services también está teniendo un papel destacado en esta crisis. En la situación que estamos viviendo es vital que las organizaciones puedan acceder a una potencia computacional escalable, fiable y extremadamente segura —ya sea para realizar tareas de asistencia sanitaria básica, garantizar que los estudiantes puedan continuar sus clases o permitir que un número sin precedentes de empleados puedan teletrabajar desde sus casas—. Redes de hospitales, empresas farmacéuticas y laboratorios de investigación están utilizando AWS para atender a sus pacientes, investigar tratamientos y mitigar el impacto de la COVID-19, respectivamente. Instituciones académicas de todo el mundo están pasando a impartir sus clases en línea y están utilizando AWS para garantizar la continuidad del aprendizaje. Asimismo, los Gobiernos están aprovechando AWS como una plataforma segura para desarrollar nuevas capacidades en sus esfuerzos por erradicar esta pandemia.

Estamos colaborando con la Organización Mundial de la Salud proporcionando tecnologías avanzadas en la nube y conocimientos técnicos para rastrear el virus, identificar los brotes y contener su propagación. La OMS está utilizando nuestra nube para construir lagos de datos a gran escala, agregar datos epidemiológicos por país, traducir vídeos de formación médica a varias lenguas con rapidez y contribuir a que los trabajadores del sistema sanitario de todo el mundo ofrezcan una mejor atención a sus pacientes. De forma independiente, en AWS estamos creando un gran lago de datos público sobre la COVID-19 que pueda servir como repositorio centralizado de información actualizada y precisa en relación con la propagación y las características del virus y su enfermedad asociada a fin de que los expertos puedan acceder a él y analizar los últimos datos en la lucha contra la enfermedad.

También hemos lanzado la iniciativa AWS Diagnostic Development, un programa para apoyar a los clientes que trabajan para sacar al mercado soluciones más precisas de diagnóstico de la COVID-19. Los diagnósticos más rápidos y precisos contribuyen a acelerar el tratamiento y mantener el virus controlado. Destinamos 20 millones de dólares a impulsar esta iniciativa y a ayudar a nuestros clientes a sacar partido de Internet para afrontar este reto. Si bien creamos el programa en respuesta a la COVID-19, también será útil en un futuro, ya que financiaremos proyectos de investigación de pruebas de diagnóstico que contribuirán a mitigar la propagación de futuras enfermedades infecciosas.

Clientes de todo el mundo se han servido de la nube para aumentar sus servicios y responder con contundencia ante esta crisis sanitaria. Nos hemos unido a la iniciativa New York City COVID-19 Rapid Response Coalition para desarrollar un agente conversacional que permita a los neoyorkinos de riesgo y de edad avanzada recibir información precisa y oportuna sobre sus necesidades médicas y otras cuestiones relevantes. En respuesta a una solicitud del Distrito Escolar Unificado de Los Ángeles de habilitar clases virtuales para que 700.000 alumnos pudieran estudiar desde casa, AWS ayudó a establecer un centro de atención telefónica para resolver dudas sobre tecnología informática, proporcionar asistencia remota y facilitar que el personal pudiera atender llamadas. Estamos proporcionando servicios de Internet a los centros de control y prevención de enfermedades (CDC, por sus siglas en inglés) para ayudar a cientos de médicos y miembros del personal sanitario de la salud pública a recopilar datos sobre la COVID-19 e informar sobre las medidas de contención necesarias. En el Reino Unido, AWS proporciona la infraestructura de computación en la nube para un proyecto que analiza los niveles de ocupación de los hospitales, la capacidad de las salas de urgencias y los tiempos de espera de los pacientes para ayudar al sistema sanitario del país a decidir dónde es conveniente destinar recursos. En Canadá, OTN —una de las mayores redes virtuales de asistencia sanitaria del mundo— está aumentando su servicio de asistencia por videoconferencia a través de AWS para poder cubrir un incremento del 4.000 % de la demanda de atención a los ciudadanos mientras dure la pandemia. En Brasil, AWS proporcionará al Gobierno estatal de São Paulo infraestructura de computación en nube para garantizar las clases online de un millón de estudiantes de las escuelas públicas de todo el estado.

Siguiendo las directrices de los CDC, nuestro equipo sanitario de Alexa creó una funcionalidad que permite a nuestros clientes estadounidenses comprobar su nivel de riesgo ante la COVID-19 desde sus casas. Los clientes pueden preguntar a Alexa: «¿qué hago si creo que tengo la COVID-19?» o «¿qué hago si creo que tengo el coronavirus?». Entonces, Alexa formula una serie de preguntas sobre sus síntomas y sobre su posible exposición al virus. Según sus respuestas, Alexa les ofrece una serie de consejos basados en las directrices de los CDC. También creamos un sistema similar en Japón siguiendo las directrices del Ministerio de Salud, Trabajo y Bienestar japonés.

Estamos facilitando a los clientes el uso de Amazon.com o Alexa para realizar donaciones directamente a la primera línea de la crisis de la COVID-19, en la que operan organizaciones como Feeding America, Cruz Roja Americana y Save the Children. Los usuarios de Echo tienen la opción de decirle a Alexa: «Haz una donación para Feeding America COVID-19 Response Fund». En Seattle nos hemos asociado con una empresa de catering para distribuir 73.000 comidas a 27.000 residentes de riesgo y de la tercera edad de Seattle y King County durante la pandemia, y hemos donado 8.200 portátiles para ayudar a los alumnos de las escuelas públicas de Seattle a tener acceso a un dispositivo mientras se imparten las clases a distancia.

Más allá de la COVID-19

Estos tiempos tan difíciles nos hacen ser muy conscientes de que las actividades de nuestra empresa pueden cambiar la vida de las personas. Los clientes saben que vamos a estar ahí, y nosotros nos sentimos orgullosos de poder ayudarles. Con nuestra calidad y nuestro potencial para innovar rápidamente, Amazon puede ejercer un impacto muy positivo y constituir una fuerza que promueva el progreso.

El pasado año cofundamos la Promesa del Clima con Christiana Figueres, ex secretaria ejecutiva de la ONU para el Cambio Climático y fundadora de Global Optimism, y nos convertimos en el primer signatario del acuerdo. Con ello, Amazon se compromete a cumplir los objetivos del Acuerdo de París diez años antes y a eliminar sus emisiones de carbono para 2040. Amazon debe afrontar retos significativos para conseguir esta meta porque no solo difundimos información, también tenemos una potente infraestructura física y distribuimos más de diez mil millones de artículos al año en todo el mundo. Y creemos que, si Amazon puede llegar a eliminar sus emisiones de carbono diez años antes, cualquier compañía puede hacerlo, por lo que queremos trabajar juntamente con todas las empresas para lograrlo.

En este sentido, nos estamos aliando con otras empresas para que firmen la Promesa del Clima. Los signatarios se comprometen a medir y a dar cuenta de sus emisiones de gases de efecto invernadero con regularidad, a implementar estrategias de descarbonización según el Acuerdo de París y a conseguir la eliminación total de emisiones de carbono para 2040. (Anunciaremos los nuevos signatarios próximamente).

Nuestra estrategia para cumplir la promesa pasa en parte por comprar 100.000 furgonetas de reparto eléctricas Rivian, un fabricante de vehículos eléctricos establecido en Michigan. Amazon tiene el objetivo de disponer de 10.000 furgonetas eléctricas Rivian trabajando a pleno rendimiento a partir de 2022, y de

100.000 vehículos eléctricos en las calles para 2030. Es una buena noticia para el medio ambiente, pero nuestro compromiso no termina aquí. Este tipo de inversión es un mensaje directo al mercado para que se empiecen a inventar y desarrollar nuevas tecnologías que permitan a las empresas iniciar la transición hacia una economía de bajas emisiones de carbono.

También nos comprometemos a utilizar un 80 % de energía renovable para 2024 y a abastecernos únicamente de energía renovable para 2030. (El equipo está haciendo todo lo posible para llegar al 100 % para 2025 y tiene un plan factible para lograrlo). A nivel global, Amazon tiene 86 proyectos solares y eólicos con capacidad para generar 2.300 MW y proporcionar anualmente más de 6,3 millones de MWh de energía —suficiente para abastecer a más de 580.000 hogares estadounidenses.

Hemos hecho grandes progresos para reducir la generación de residuos de embalaje. Hace más de diez años creamos el programa Frustration-Free Packaging para animar a los fabricantes a empaquetar sus productos en embalajes fáciles de abrir y 100 % reciclables que permiten enviarlos a los clientes sin una caja de envío adicional. Desde 2008, este programa ha ahorrado más de 810.000 toneladas de material de embalaje y ha evitado el uso de 1.400 millones de cajas de envío.

Estamos haciendo estas importantes inversiones para conseguir tener una huella de carbono cero a pesar de que comprar online ya es mucho más sostenible que hacerlo en una tienda física. Los científicos expertos en sostenibilidad de Amazon se han pasado tres años desarrollando los modelos, las herramientas y los indicadores necesarios para medir nuestra huella de carbono. Sus análisis detallados han revelado que comprar online genera sistemáticamente menos carbono que ir en coche a una tienda física, ya que un único viaje de una furgoneta de reparto contamina el equivalente a la media de las emisiones que producirían cien viajes de ida y vuelta en coche. Nuestros científicos realizaron un estudio para comprobar la cantidad de carbono emitida al hacer un pedido online al supermercado de alimentos Whole Foods Market frente a conducir a tu tienda Whole Foods Market más cercana. El resultado mostró que, partiendo de la media del número de artículos adquiridos en una misma compra, los pedidos online de productos de alimentación generan un 43 % menos de emisiones de carbono por artículo en comparación con las tiendas físicas. Los pedidos cuyo número de artículos está por debajo de la media generan incluso menos emisiones todavía si los compramos online.

AWS también es esencialmente más eficiente que los centros de datos internos tradicionales. Esto se debe principalmente a dos causas: el alto nivel de utilización y el hecho de que nuestros servicios e instalaciones son más eficientes que los que muchas empresas pueden conseguir gestionando sus propios centros de datos. Los centros de datos de una empresa particular suelen utilizar aproximadamente un 18 % de la capacidad de utilización del servidor. Necesitan ese exceso de capacidad para afrontar periodos de máxima utilización. AWS se beneficia de patrones de uso para varios clientes y opera con porcentajes de utilización del servidor mucho más elevados. Además, AWS ha tenido un gran éxito en el aumento de la eficiencia energética de sus instalaciones y de su equipamiento; por ejemplo, utilizando un enfriamiento evaporativo más eficiente en ciertos centros de datos, en lugar del aire acondicionado tradicional. Un estudio realizado por 451 Research reveló que la infraestructura de AWS tiene un consumo 3,6 veces más eficiente que la media de centros de datos de las empresas estadounidenses encuestadas. Junto con el uso de energía renovable, estos factores permiten que AWS desempeñe las mismas tareas que los centros de datos tradicionales, generando un 88 % menos de emisiones de carbono. Y estoy seguro de que vamos a conseguir estos doce puntos anteriores. Lograremos que AWS reduzca la huella de carbono al 100 % realizando más inversiones en proyectos de energía sostenible.

La mejor forma de abrirse camino

Durante los últimos diez años ninguna empresa ha creado más empleo que Amazon. Amazon emplea directamente a 840.000 trabajadores en todo el mundo; más de 590.000 en los Estados Unidos, 115.000 en Europa y 95.000 en Asia. En total, Amazon proporciona directa e indirectamente 2 millones de empleos en los Estados Unidos, incluyendo 680.000 empleos adicionales creados por las inversiones de Amazon en sectores como la construcción, la logística y los servicios profesionales, además de otros 830.000 empleos creados por pequeñas y medianas empresas que venden en Amazon. A nivel global, garantizamos cerca de 4 millones de empleos. Estamos especialmente orgullosos de que muchos de ellos sean puestos de trabajo que no requieren experiencia previa y que propicien que mucha gente tenga la oportunidad de incorporarse al mercado laboral por primera vez.

Amazon ha sido pionera en garantizar un salario mínimo de quince dólares la hora y una amplia cobertura de prestaciones. Más de 40 millones de estadounidenses —muchos de los cuales perciben el salario mínimo federal de 7,25 dólares la hora— tienen un sueldo por debajo del salario mínimo que percibe un trabajador de Amazon. Cuando aumentamos nuestro salario mínimo de entrada a quince dólares la hora en 2018, esto tuvo un impacto inmediato y significativo en cientos de miles de trabajadores de nuestros centros logísticos. Queremos que otros grandes empresarios sigan nuestro ejemplo y aumenten el salario mínimo a sus empleados, y seguimos reclamando que el salario mínimo federal sea de quince dólares la hora.

Queremos mejorar las vidas de los empleados más allá de los salarios. En Estados Unidos, Amazon proporciona a cada empleado a tiempo completo un seguro médico, un plan de ahorros para la jubilación y veinte semanas pagadas de permiso por maternidad, además de otros beneficios. Estos beneficios son exactamente los mismos que reciben los altos directivos de Amazon. Y en el marco de una economía que cambia a gran velocidad, nos parece esencial que los trabajadores desarrollen continuamente sus capacidades para que estén al día de las nuevas tecnologías. Es por ello por lo que estamos invirtiendo 700 millones de dólares para que 100.000 *amazonians* puedan acceder a programas de formación, en sus puestos de trabajo, en ámbitos muy demandados como la atención sanitaria, la computación en la nube o el aprendizaje automático. Desde 2012 venimos ofreciendo Career Choice, un programa de formación pagada por adelantado para los trabajadores de nuestros centros logísticos que quieran desempeñar empleos altamente demandados. Amazon paga hasta el 95 % de la matrícula y de las tasas necesarias para obtener un certificado o un diploma en ámbitos de estudio cualificados que dan a nuestros empleados la oportunidad de acceder a trabajos de alta demanda. Desde su lanzamiento, más de 25.000 *amazonians* han recibido formación para poder desempeñar empleos especialmente demandados.

Para garantizar que las futuras generaciones tengan las competencias necesarias para incorporarse a un mercado laboral regido por las nuevas tecnologías, el año pasado empezamos un programa anual llamado Amazon Future Engineer, que está diseñado para formar y capacitar a jóvenes desfavorecidos y con bajos ingresos para que cursen la carrera de Informática. Tenemos un reto ambicioso: ayudar cada año a cientos de miles de estudiantes a aprender informática y programación. En la actualidad, Amazon Future Engineer financia clases de Introducción a las Ciencias Informáticas y clases de informática avanzada para el examen de acceso a los estudios de Ciencias Informáticas en más de 2.000 escuelas en comunidades desfavorecidas de todo el país. Cada año, Amazon Future Engineer concede cien becas universitarias al año de 40.000 dólares para estudiantes de informática con escasos recursos. A los beneficiarios de las becas también se les garantizan prácticas remuneradas en Amazon después de su primer año de universidad. Nuestro programa en el Reino Unido financia 120 estancias de prácticas para estudiantes de ingeniería y ayuda a estudiantes con pocos recursos a completar sus estudios relacionados con las nuevas tecnologías.

Por ahora, mi tiempo y mi pensamiento siguen centrados en la COVID-19 y en cómo Amazon puede ayudar mientras dure la pandemia. Agradezco de todo corazón a mis compañeros *amazonians* la determinación y creatividad que están mostrando en el transcurso de esta crisis. Tened por seguro que buscaremos conocimientos y conclusiones más allá de la crisis actual para poder aplicarlos en un futuro.

Reflexionad sobre esta frase de Theodor Seuss Geisel: «Cuando algo malo ocurre, tienes tres opciones: dejar que te defina, que te destruya o que te haga más fuerte».

Soy optimista y sé muy bien qué opción escogerá nuestra sociedad.

A pesar de las circunstancias, seguimos en el día 1.

SEGUNDA PARTE

VIDA Y OBRA

El don de mi vida

En la vida a uno le conceden distintos dones, y en la mía dos de los mejores han sido mi madre y mi padre.

Las personas por las que profeso mayor admiración son aquellas —todos conocemos a alguna, yo incluido— que, pese a tener unos padres nefastos, supieron romper el círculo vicioso y salir adelante de una manera admirable. Yo no viví esa situación. A mí siempre me quisieron. Mis padres me amaron de forma incondicional y, por cierto, no lo tuvieron fácil en la vida. Mi madre no suele hablar mucho de eso, pero me tuvo a los diecisiete años. Iba al instituto en Albuquerque, en Nuevo México. Preguntádselo a ella si queréis, pero estoy bastante seguro de que en Albuquerque, allá por 1964, no era nada divertido ir al instituto estando embarazada. De hecho, mi abuelo —otra figura increíblemente importante en mi vida— fue al instituto a pelear por ella porque querían expulsarla, pues en Albuquerque no se permitía que las chicas embarazadas fuesen al instituto. Sin embargo, mi abuelo dijo: «No pueden expulsarla. Este es un colegio público. Mi hija tiene derecho a estudiar». Negociaron durante un rato y al final el director dijo: «De acuerdo, puede quedarse y terminar la secundaria, pero no va a poder hacer actividades extracurriculares y no tendrá taquilla». A lo que mi abuelo, que era un hombre muy sabio, dijo: «Trato hecho», y así mi madre pudo terminar el instituto.

Después de tenerme, mi madre se casó con mi verdadero

padre. Mi padre no es mi padre biológico. Se llama Mike. Es un inmigrante cubano que llegó a los Estados Unidos a raíz de la Operación Peter Pan y, de hecho, fue acogido por una misión católica en Wilmington (Delaware). Más adelante consiguió una beca para ir a la universidad en Albuquerque, y fue allí donde conoció a mi madre. Así que mi historia es, más o menos, como un cuento de hadas. Mi abuelo, posiblemente porque mis padres eran muy jóvenes, me llevaba cada verano a su espectacular rancho. Desde los cuatro a los dieciséis años, pasé todos los veranos trabajando junto a él en el rancho. Fue el hombre con más recursos que he conocido. En el rancho hacía también de veterinario. Incluso se fabricaba sus propias agujas: golpeaba un alambre con un soplete de soldar, le hacía un pequeño orificio y lo afilaba; así tenía una aguja para suturar el ganado. Algunos animales incluso sobrevivían. Era un hombre extraordinario y tuvo una importancia enorme en nuestras vidas. Para mí, mi abuelo fue como un segundo padre.

Un momento crucial en Princeton

Nací en Albuquerque, pero nos mudamos cuando tenía tres o cuatro años. Nos trasladamos a Texas y finalmente fui al instituto en Miami (Florida). Me gradué en un gran instituto público, el Miami Palmetto Senior High, en 1982. (¡Vamos, Panthers!). En mi promoción había setecientos cincuenta chavales. Me encantó ir al instituto. Me lo pasé en grande. Me castigaron sin poder hacer uso de la biblioteca porque me reía demasiado fuerte. Esto lleva ocurriéndome toda la vida. Durante varios años mi hermano y mi hermana no querían ir a ver películas conmigo porque mi risa les resultaba demasiado embarazosa. No sé por qué tengo esta risa. Simplemente me río a menudo y con facilidad. Preguntádselo a mi madre o a cualquiera que me conozca bien y os lo dirán: «Si Jeff está enfadado, esperad cinco minutos, porque no puede aguantar el enfado». Será que tengo buenos niveles de serotonina o algo así.

Yo quería ser físico teórico, por eso fui a la Universidad de Princeton. Era un estudiante muy bueno, con matrícula de honor en casi todo. Me inscribí en el itinerario avanzado de física, en el que empiezan cien estudiantes y, al llegar a la asignatura de Mecánica Cuántica, quedan unos treinta. Pues allí estaba, en la asignatura de Mecánica Cuántica, probablemente en el tercer año, después de haber cursado asignaturas de informática e ingeniera electrónica, que también me encantaban. Pero no podía resolver una ecuación diferencial en derivadas parciales muy difícil. Había estado estudiando con mi compañero de habitación, Joe, que también era muy bueno en mates. Los dos pasamos tres horas tratando de resolver el problema sin encontrar la solución. Al final nos miramos uno a otro desde cada extremo de la mesa y al mismo tiempo dijimos: «Yosanta». Ese chico era el tío más listo de Princeton. Entonces fuimos a su habitación. Yosanta es de Sri Lanka y en el directorio de información personal —el Facebook de la época, que entonces era un libro físico— su nombre ocupaba tres líneas; supongo que en Sri Lanka cuando haces algo bueno por el rey te añaden sílabas al apellido. En fin, que tenía un apellido superlargo y era un tipo de lo más humilde y genial. Le mostramos el problema y él le echó un vistazo. Me miró fijamente un momento y dijo: «Coseno». Y yo: «¿A qué te refieres?»; y él respondió: «Esa es la respuesta». Y yo: «¿Esa es la respuesta?». «Sí, mirad, os lo enseño». Nos invitó a sentarnos y se puso a escribir tres páginas de álgebra detallada. Al final, se cancelaba todo y la respuesta era coseno. Yo le dije: «Oye, Yosanta, ¿todo eso lo has hecho mentalmente?». Y dijo: «No, hombre, habría sido imposible. Hace tres años resolví un problema muy parecido, así que ahora he podido aplicarlo a este, por eso me ha parecido obvio al instante que la respuesta era coseno». Esa escena fue crucial para mí porque fue el momento exacto en el que me di cuenta de que nunca iba a ser un gran físico teórico. Así que empecé un periodo de reflexión profunda. En la mayor parte de las profesiones, un 90 % o más de la gente va a hacer contribuciones en su ámbito. En física teórica, tienes que ser uno de los cincuenta mejores del mundo o no aportarás gran cosa. Estaba muy claro. Le vi las orejas al lobo y enseguida me cambié de especialización, pasé de Física a Ingeniería Electrónica e Informática.

Somos las decisiones que tomamos

Discurso ante la promoción de graduados del año 2010
de la Universidad de Princeton

De niño pasaba los veranos con mis abuelos en su rancho de Texas. Ayudaba a arreglar molinos de viento, a vacunar el ganado y a hacer otras tareas en la finca. También veía telenovelas todas las tardes, sobre todo *Days of Our Lives*. Mis abuelos eran miembros de un club de propietarios de caravanas Airstream que viajan juntos por los Estados Unidos y Canadá. Enganchábamos la caravana al coche de mi abuelo y partíamos formando un largo séquito con trescientos aventureros más. Quería y veneraba a mis abuelos, y me hacía mucha ilusión hacer aquellos viajes. En uno de ellos, cuando tenía unos diez años, yo iba revolcándome por el gran asiento trasero del coche. Mi abuelo iba al volante y mi abuela en el asiento del copiloto. Ella fumaba durante todo el viaje, y yo detestaba el olor de tabaco.

A esa edad, aprovechaba cualquier excusa para hacer estimaciones y cálculos aritméticos sencillos: calculaba, por ejemplo, el consumo de gasolina por kilómetro o estadísticas inútiles como el gasto en comida. Llevaba un tiempo oyendo una campaña sobre el consumo de tabaco. No lo recuerdo con detalle, pero el anuncio venía a decir que cada calada de un cigarrillo quitaba no sé cuántos minutos de vida: creo que serían dos minutos por calada. Fuera la cantidad que fuera, decidí hacer las cuentas en el caso de mi abuela. Hice una estimación del número de cigarrillos por día, el número de caladas por cigarrillo, etc. Cuando me pareció haber obtenido un número razonable, asomé la cabeza por entre los asientos delanteros, le toqué el hombro a mi abuela y proclamé con orgullo: «¡A dos minutos por calada, te has quitado nueve años de vida!».

Me acuerdo perfectamente de lo que ocurrió entonces, que no fue lo que yo había previsto. Esperaba que me aplaudieran por mi inteligencia y mis habilidades aritméticas: «¡Jeff, qué listo eres! Has tenido que hacer varias estimaciones complicadas, averiguar el número de minutos que tiene un año y hacer divisiones». Pero esto no es lo que sucedió. Lo que pasó es que mi abuela se echó a llorar. Yo estaba sentado en el asiento trasero y no sabía qué hacer. Mientras mi abuela seguía llorando, mi abuelo, que hasta entonces había conducido en silencio, se detuvo en el arcén de la autopista. Se bajó del coche, se acercó, abrió la puerta y esperó a que le siguiera. ¿Acaso me había metido en un lío? Mi abuelo era un hombre tranquilo y muy inteligente. Nunca había tenido palabras duras conmigo, pero quizá esa iba a ser la primera vez. O quizá me pediría que volviera al coche y me disculpara ante mi abuela. Nunca había vivido una situación como esa con mis abuelos y no tenía forma de prever cuáles podían ser las consecuencias. Nos detuvimos al lado de la caravana. Mi abuelo me miró y, tras unos segundos de silencio, amablemente y con calma, me dijo: «Jeff, un día entenderás que cuesta más ser amable que listo».

De lo que quiero hablaros hoy es de la diferencia entre los dones y las elecciones. La inteligencia es un don; la amabilidad, una elección. Los dones no cuestan: al fin y al cabo, nos vienen dados. Las elecciones, en cambio, pueden ser difíciles. Si no estás atento, puedes dormirte en los laureles; y si lo haces, probablemente tus elecciones saldrán perjudicadas.

Vosotros sois un grupo de personas con muchos dones. Estoy seguro de que uno de vuestros dones es el de poseer una mente inteligente y competente. Estoy convencido de que es así porque la admisión en Princeton es un proceso competitivo y, de no existir algún indicio de que sois inteligentes, el responsable de admisiones no os habría concedido una plaza aquí.

Vuestra inteligencia os va a ser útil porque viajaréis por un país de maravillas. Los humanos —gracias a nuestra laboriosidad— vamos a asombrarnos a nosotros mismos. Inventaremos formas de generar energía limpia y abundante. Átomo a átomo, fabricaremos diminutas máquinas que penetrarán en las paredes celulares y nos curarán. Este mes se ha publicado la extraordinaria —y al mismo tiempo inevitable— noticia de que hemos sintetizado la vida. En los años venideros no solo la sintetizaremos, sino que también la modelaremos siguiendo ciertas especificaciones. Creo que vosotros incluso veréis cómo la humanidad llega a entender el cerebro humano. Jules Verne, Mark Twain, Galileo, Newton: todos los espíritus inquietos y curiosos de otras épocas habrían querido vivir en nuestro tiempo. Como civilización, tendremos muchos dones, del mismo modo que vosotros también tenéis numerosos dones individuales.

¿Cómo usaréis estos dones? ¿Os enorgulleceréis de vuestros dones o de vuestras elecciones?

Tuve la idea de crear Amazon hace dieciséis años. Me di cuenta de que el uso de Internet estaba creciendo a un 2.300 % anual. Nunca había visto ni oído nada que creciera tan deprisa, y la idea de montar una librería virtual con millones de títulos —algo que sencillamente no podía existir en el mundo físico— me parecía muy emocionante. Acababa de cumplir treinta años y llevaba un año casado. Le conté a mi mujer, MacKenzie, que quería dejar mi trabajo y ponerme manos a la obra con aquella locura que probablemente no saldría bien, pues la mayoría de las *start-ups* fracasan, y no estaba seguro de lo que iba a ocurrir después de aquello. MacKenzie (que también se graduó en Princeton y que está sentada aquí delante, en la segunda fila) me animó a seguir adelante. De adolescente, yo había sido uno de esos tipos que inventan cosas en su garaje. Había inventado un cierre automático para puertas hecho con neumáticos rellenos de cemento, una cocina solar —que no funcionaba muy bien— hecha con un paraguas y papel de aluminio, y trampas de alarma hechas con moldes de horno para atrapar a mis hermanos. Siempre había querido ser inventor, y MacKenzie quería que siguiera mi pasión.

Entonces yo trabajaba en una empresa financiera en Nueva York con un puñado de personas muy inteligentes y tenía un jefe brillante al que admiraba mucho. Fui a hablar con él y le conté que quería montar una empresa de venta de libros por Internet. Él me invitó a dar un largo paseo por Central Park, me escuchó con atención y finalmente me dijo: «Parece una idea muy buena, pero sería aún mejor para alguien que no tuviera un buen trabajo». Ese argumento me pareció razonable, y mi jefe me convenció para que me lo pensara durante cuarenta y ocho horas antes de tomar una determinación. Visto así, parecía una decisión difícil, pero al final consideré que debía intentarlo. No pensaba que fuera a arrepentirme por probarlo y fracasar. En cambio, sí creía que me arrepentiría toda la vida de no haberlo intentado. Tras darle muchas vueltas, opté por el camino menos seguro y seguí mi pasión, decisión de la que me enorgullezco.

Mañana, en un sentido prácticamente literal, empieza vuestra vida: la vida de la que seréis autores desde cero vosotros mismos y nadie más.

¿Cómo utilizaréis vuestros dones? ¿Qué decisiones tomaréis?

¿Os guiará la inercia o seguiréis vuestras pasiones?

¿Seguiréis dogmas o seréis originales?

¿Elegiréis una vida fácil o una vida de servicio y aventura?

¿Os vendréis abajo ante las críticas o persistiréis en vuestras convicciones?

Cuando os equivoquéis, ¿eludiréis la responsabilidad o pediréis disculpas?

Cuando os enamoréis, ¿protegeréis vuestro corazón ante el rechazo o actuaréis?

¿Iréis a lo seguro o seréis arriesgados?

En los momentos duros, ¿os rendiréis u os mantendréis firmes?

¿Seréis cínicos o constructivos?

¿Os aprovecharéis de los demás o los trataréis bien?

Me arriesgaré a hacer una predicción. Cuando tengáis ochenta años y, en un momento tranquilo de reflexión, examinéis para vuestros adentros la versión más personal de vuestra trayectoria vital, veréis que la parte más densa y significativa será el conjunto de decisiones que hayáis tomado. Al fin y al cabo, somos las decisiones que tomamos. Procurad que vuestra vida sea un gran relato. ¡Gracias y buena suerte!

Saber espabilarse

Mi hermano y yo tuvimos una infancia muy afortunada. Pudimos pasar mucho tiempo con nuestros abuelos. Con los abuelos aprendes cosas distintas de las que aprendes con los padres. Sencillamente, la relación con ellos es distinta. Yo pasé todos los veranos desde los cuatro a los dieciséis años en el rancho de mi abuelo. Mi abuelo era una persona increíblemente autosuficiente. Si estás en medio de la nada, en una zona rural, cuando algo se estropea no coges el teléfono y llamas a alguien. Lo arreglas tú mismo. De niño, pude verlo resolver todos los problemas por sí mismo.

Una vez, mi abuelo compró un tractor Caterpillar D6 de segunda mano por cinco mil dólares. Era una verdadera ganga. Debería haber costado mucho más, pero era tan barato porque estaba en pésimo estado. La caja de cambios estaba desmontada y el sistema hidráulico no funcionaba. Así que dedicamos todo un verano a repararlo. Llegaron unos engranajes gigantes que compramos por correo a la empresa Caterpillar. Como no podíamos ni moverlos, lo primero que hizo mi abuelo fue construir una grúa para lograrlo. Eso es ser autosuficiente y saber espabilarse.

Mi abuelo era prudente, conservador, parco en palabras e introvertido, nada propenso a hacer locuras. Un día llegó a la puerta de la verja del rancho. Al detener el coche, se olvidó de poner el freno de mano. Cuando llegó a la puerta tras salir del vehículo, se dio cuenta de que el coche estaba descendiendo poco a poco en dirección a la verja. Entonces pensó: «Fantástico, me da tiempo de quitar el cerrojo y abrir la puerta, de forma que el coche entrará solo. Magnífico». Casi había quitado el cerrojo cuando el coche chocó contra la puerta: el pulgar, al quedar atrapado entre esta y el poste de la verja, perdió gran parte del músculo que lo sujeta, que quedó colgando de un delgado trozo de piel.

Estaba tan enfadado consigo mismo que arrancó el pedazo que se había desgajado y lo tiró a los matorrales; luego volvió a subirse al coche y condujo hasta el hospital en Dilley (Texas), a unos veinticinco kilómetros. Al llegar a urgencias, le dijeron: «Perfecto. Podemos reconstruirle el pulgar. ¿Dónde está lo que falta?». Él contestó: «Ah, lo tiré a unos matorrales». Entonces volvieron todos al rancho, él junto con el equipo médico. Estuvieron horas buscando, pero no encontraron la parte que se había desgarrado, probablemente se la había comido algún animal. Volvieron a trasladarlo a urgencias y le dijeron: «Mire, tenemos que hacerle un injerto de piel. Podemos coserle el pulgar en la barriga y dejarlo ahí durante seis semanas. Esa es la mejor forma de hacerlo. O podemos cortarle un pedazo de piel de las nalgas y suturárselo en el dedo: no es una opción tan buena, pero la ventaja es que no va a tener el pulgar cosido en la barriga durante seis semanas». Y él dijo: «Me decanto por la segunda opción. Háganme el injerto con piel del culo». Y eso es lo que hicieron. Salió muy bien, y el pulgar le funcionó perfectamente. Pero lo más divertido de esta historia es que tengo unos recuerdos increíblemente vívidos —todos los tenemos— de mi abuelo. Sus mañanas estaban completamente ritualizadas. Se levantaba, desayunaba cereales, leía el periódico y se afeitaba con una maquinilla eléctrica durante mucho rato, aproximadamente unos quince minutos. Cuando terminaba de afeitarse la cara con aquella maquinilla, se daba dos pasadas por el pulgar porque le salían pelillos de culo. Lo cual, por cierto, nunca le molestó en absoluto.

Lo bueno de hacer avanzar un proyecto es que te encuentras con problemas, fallos y cosas que no funcionan. Entonces tienes que dar un paso atrás e intentarlo de nuevo. Cada vez que sufres un contratiempo, te levantas y vuelves a intentarlo. Pones en juego tus recursos, tu autosuficiencia; intentas encontrar formas de arreglártelas. En Amazon tenemos montones de ejemplos y casos en los que tuvimos que hacerlo. Hemos fracasado tantas veces... Y considero que Amazon es un lugar magnífico para fracasar. Se nos da bien, tenemos mucha práctica.

Os pongo un ejemplo: hace muchos años queríamos poner en marcha la venta de productos de terceros porque sabíamos que de esa forma podíamos ampliar la oferta de nuestra tienda. Entonces sacamos Amazon Auctions. Pues no vino nadie. Luego abrimos una cosa llamada zShops, que eran subastas a precio fijo, y de nuevo no vino nadie. Cada uno de esos fracasos se alargó como un año o un año y medio. Finalmente, se nos ocurrió la idea de poner la oferta de otras empresas en las mismas páginas de información del producto como si formara parte de nuestro propio inventario. Le pusimos el nombre de Marketplace y empezó a funcionar enseguida. Esa capacidad para probar cosas nuevas y anticiparse —¿qué quieren realmente los clientes?— resulta extraordinariamente útil. Incluso en la vida cotidiana. ¿Cómo hay que ayudar a los hijos? ¿Qué es lo correcto?

Cuando nuestros hijos tenían solo cuatro años, les dejábamos usar cuchillos afilados; y cuando tenían siete u ocho, les dejábamos utilizar ciertas herramientas que funcionan con electricidad. Mi mujer —eso dice mucho a su favor— tiene un dicho fantástico: «Prefiero tener un hijo con nueve dedos antes que uno que no sepa espabilarse», lo cual me parece una actitud magnífica ante la vida.

¿Por qué dejé un fondo de inversión para ponerme a vender libros?

Tras graduarme en Princeton, fui a Nueva York y terminé trabajando en un fondo de inversión, D. E. Shaw and Co., dirigido por David Shaw. Cuando empecé, en la empresa había solo treinta trabajadores y, al irme, unos trescientos. David es una de las personas más brillantes que haya conocido jamás. Aprendí mucho de él, y al crear Amazon me fueron muy útiles muchas de sus ideas y principios en ámbitos como los recursos humanos y la contratación a la hora de saber qué tipo de personas debía escoger.

En 1994, muy pero que muy poca gente había oído hablar de Internet. En ese momento lo usaban mayoritariamente científicos y físicos. En D. E. Shaw lo utilizábamos un poco para algunas cosas, pero no mucho, y me di cuenta de que la red —la World Wide Web— estaba creciendo un 2.300 % anual. Cualquier cosa que crezca tan deprisa, aunque su uso hoy en día sea diminuto, se convertirá en algo grande. Llegué a la conclusión de que debía encontrar una idea de negocio basada en Internet y que luego tenía que dejar que Internet creciera en torno a esa idea mientras yo seguía trabajando para mejorarla. Así que elaboré una lista de los productos que podía vender *online*. Empecé a clasificarlos, y escogí los libros porque tienen una característica poco habitual: la categoría «libro» contiene más elementos que cualquier otra categoría. Me di cuenta de que en el mundo había tres millones de libros distintos a la venta, mientras que las librerías más grandes disponían solamente de ciento cincuenta mil títulos.

Así que la idea con que se fundó Amazon fue poner a la venta una oferta universal de libros. Eso es lo que hice: contraté a un pequeño equipo y desarrollamos el software. Me trasladé a Seattle porque el mayor almacén de libros del mundo por aquel entonces estaba cerca de allí, en una ciudad llamada Roseberg (Oregón), y también por la disponibilidad de personal contratable debido a la proximidad de Microsoft.

Cuando le conté a mi jefe, David Shaw, mi proyecto, los dos dimos un largo paseo por Central Park y al final, tras escucharme largo rato, me dijo: «Jeff, es una idea muy buena. Creo que el proyecto está bien, pero sería una idea aún mejor para alguien que no tuviese ya un buen trabajo». Aquello me pareció muy sensato, y David me convenció para que me lo pensara durante un par de días antes de tomar una decisión definitiva. Fue una de esas decisiones que tomé con el corazón y no con la cabeza, ya que no quería dejar escapar una gran oportunidad. Cuando tenga ochenta años, quiero arrepentirme del menor número de cosas posible, y la mayor parte del arrepentimiento suele provenir de cosas que no hemos intentado, de caminos que no hemos explorado. Esas son las cosas que nos persiguen obsesivamente.

Al principio tenía que ir personalmente a correos a entregar los libros. Ahora ya no lo hago, aunque lo hice durante años. Durante el primer mes empaquetaba cajas con las manos arrodillado sobre un duro suelo de cemento. Un día le dije a la persona que tenía al lado: «A ver, necesitamos rodilleras, porque esto me está destrozando las rodillas», a lo que él contestó: «Lo que necesitamos son mesas para empaquetar». Era la idea más brillante que había oído jamás. Al día siguiente fui a comprar mesas para empaquetar y doblamos la productividad.

El nombre de Amazon viene del río más grande del planeta, una referencia a la «oferta más grande de la Tierra». Pero el primer nombre de la empresa fue Cadabra. Al trasladarme a Seattle, quería ponerme a trabajar enseguida. Quería tener la empresa constituida y una cuenta corriente activa. Llamé a un amigo y él me recomendó a su abogado, que en realidad era un experto matrimonialista. Pero, en cualquier caso, él constituyó la sociedad en mi nombre y abrió las cuentas en el banco. Durante el proceso, me llamó y me dijo: «Necesito saber el nombre que quieres ponerle a la empresa para los papeles de constitución». Yo le dije: «Cadabra, como abracadabra». Y él respondió: «¿Cadáver?». Entonces yo dije: «Vale, esto no va a funcionar, pero de momento pon Cadabra y ya lo cambiaré». Así que, al cabo de unos tres meses, lo cambié por Amazon.

Después de vender libros, empezamos a vender música y luego vídeos. Entonces tuve una idea inteligente: mandé un correo electrónico a mil clientes escogidos al azar y les pregunté qué les gustaría que vendiéramos aparte de lo que ya vendíamos. Y la respuesta que obtuve fue increíblemente variada. Los clientes respondieron que les gustaría ver en Amazon lo que estuvieran buscando en ese momento. Recuerdo que una de las respuestas fue: «Ojalá vendierais escobillas limpiaparabrisas, porque me hacen mucha falta». Yo pensé para mí: «Entonces podemos vender cualquier cosa». Así fue como empezamos a vender electrónica y juguetes y, con el tiempo, muchas otras categorías.

En el apogeo de la burbuja de Internet, nuestras acciones alcanzaron un máximo en torno a los ciento trece dólares, pero posteriormente, tras el estallido de la burbuja, en menos de un año bajaron a seis dólares. Mi carta anual a los accionistas del año 2000, como se recoge en la primera parte del libro, empieza con una frase de una sola palabra: «Ouch».

Todo ese periodo es muy interesante, porque las acciones no son la empresa y la empresa no son las acciones, así que mientras veía cómo las acciones se desplomaban de ciento trece a seis dólares, también observaba todos nuestros indicadores empresariales internos —número de clientes, beneficio por unidad, productos defectuosos..., cualquier cosa que podáis imaginar (encontraréis más detalles en la carta del año 2000)—. Absolutamente todos los parámetros relativos al negocio estaban mejorando a gran velocidad. Es decir: mientras que el precio de las acciones estaba yendo por el mal camino, dentro de la empresa todo marchaba correctamente y no teníamos que acudir de nuevo a los mercados de capital. Ya teníamos el dinero que necesitábamos, así que solo teníamos que seguir progresando.

Durante ese periodo salí en televisión en el programa de Tom Brokaw. Tom juntó a media docena de emprendedores digitales y nos entrevistó. Ahora somos buenos amigos, pero en esa ocasión me interpeló así: «Señor Bezos, ¿puede usted siquiera deletrear la palabra *profit* ["beneficio", en inglés]?». Y yo respondí: «Por supuesto: p-r-o-p-h-e-t ["profeta", en inglés]», y él soltó una carcajada. La gente siempre nos acusaba de vender duros a cuatro pesetas, así que yo dije: «Mire, esto puede hacerlo cualquiera para aumentar los ingresos». Pero nosotros no lo estábamos haciendo. Nosotros siempre teníamos márgenes de beneficios positivos. Como Amazon es un negocio de costes fijos, al observar los indicadores internos, me daba cuenta de que, llegando a un cierto nivel de ventas, cubriríamos los costes fijos y la empresa sería rentable.

Encontrar la raíz del problema

Yo también soy cliente de Amazon, y a veces también tengo problemas con un pedido. Estos problemas los trato de la misma forma en que trato un problema que me llega a través de un cliente: como una oportunidad para mejorar. Mi dirección de correo electrónico, jeff@amazon.com, es bien conocida. Mantengo esta dirección y leo los correos, aunque ya no los miro todos porque recibo demasiados. Pero leo muchos de ellos, y escojo algunos según la curiosidad que me generan. Por ejemplo, imaginémonos que recibo uno de un cliente sobre un fallo. Resulta que hemos hecho algo mal. Este es el motivo más habitual por el que la gente nos escribe —no siempre, pero normalmente nos escriben porque de algún modo les hemos estropeado el pedido—. A lo que iba: veo un correo y por alguna razón hay algo que me llama la atención. Entonces le pido al equipo de Amazon que realice un estudio del caso y que, tras encontrar la raíz real del problema, lo solucione de verdad. De esa forma, una vez resuelto, no has solucionado el tema solo a ese cliente. La solución te sirve para todos los clientes, y este proceso supone una parte enorme de lo que hacemos en Amazon. En resumen: si tengo problemas con un pedido o una mala experiencia como cliente, trato el caso exactamente de esa forma.

Generar riqueza

Aunque es algo que la gente suele preguntar por curiosidad, yo nunca he pretendido conseguir el título de «hombre más rico del mundo». Ya me estaba bien ser la segunda persona más rica del mundo. Me apetecería más ser conocido como inventor, emprendedor o padre. Para mí estas cosas son mucho más significativas, y son un indicador de los resultados conseguidos. Si nos fijamos en el éxito financiero de Amazon y en sus acciones, yo soy propietario de un 16 % de la compañía. El valor de Amazon es de aproximadamente un billón de dólares.[1] Esto significa que, a lo largo de veinte años, hemos generado 840.000 millones de dólares de riqueza para otras personas, y eso es lo que hemos hecho realmente desde un punto de vista financiero. Hemos generado 840.000 millones de dólares de riqueza para otras personas, lo que resulta fantástico. Así es como debería ser. Creo muy firmemente en la capacidad del capitalismo basado en el emprendimiento y en los mercados libres para resolver muchos de los problemas del mundo. No todos, pero sí muchos de ellos.

1. En fecha 13 de septiembre de 2018. Cuando se escribía este libro (6 de julio de 2020), el valor de Amazon era de 1,44 billones de dólares, de los que yo poseo un 11 %.

La idea de Amazon Prime

La mayor parte de los procesos de creación que realizamos en Amazon transcurren así: alguien tiene una idea, otras personas la mejoran, a otras se les ocurren objeciones de por qué nunca va a funcionar y luego resolvemos dichas objeciones. Es un proceso muy entretenido. Por ejemplo, siempre nos habíamos planteado cómo podíamos crear un programa de fidelización, y un día a un programador novel se le ocurrió la idea de que podíamos ofrecer a la gente una especie de bufé libre de envíos ilimitados rápidos y gratuitos.

Cuando el equipo financiero estudió la idea, los resultados fueron horripilantes. Enviar pedidos es caro, pero a los clientes les encantan los envíos gratis.

Hay que usar el corazón y la intuición. Hay que asumir riesgos y tener instinto. Todas las buenas decisiones hay que tomarlas de esa forma. Lo haces en grupo. Lo haces con gran humildad porque, por cierto, equivocarse no es algo tan malo. Ese es otro aspecto importante. Hemos cometido errores: maravillas como el Fire Phone y muchas otras cosas que simplemente no salieron bien. No voy a hacer una lista de todos nuestros experimentos fallidos, pero los grandes triunfos compensan los miles de experimentos que fracasaron.

Así pues, pusimos en marcha Prime, y al principio nos salía muy caro. Nos costaba mucho dinero porque ¿qué ocurre cuando ofreces un bufé gratis ilimitado? ¿Quiénes son los primeros en acercarse? Los comilones. Da miedo. Y dices: madre mía, ¿acaso dije que se podía comer el número de gambas que quisieras? Y eso es lo que sucedió, pero sí se veía una tendencia. Veíamos que se sumaban toda clase de clientes y que valoraban el servicio: eso es lo que condujo a Prime al éxito.

Pensar a tres años vista

Por la mañana me gusta tomarme las cosas con calma. Me levanto temprano. También me acuesto temprano. Me gusta leer el periódico. Me gusta tomarme mi café. Y me gusta desayunar con mis hijos antes de que vayan al colegio. Para mí ese rato sin prisas por la mañana es muy importante. Por eso pongo la primera reunión a las diez. Me gusta convocar las reuniones que requieren una elevada concentración antes de la comida. Cualquier cosa que vaya a suponer una verdadera exigencia mental se examina en una reunión a las diez de la mañana, porque a las cinco de la tarde..., en fin, estoy que ya no puedo pensar más en el asunto en cuestión. Dejémoslo para el día siguiente a las diez. Pero antes, ocho horas de sueño. Yo le doy gran prioridad a dormir, salvo que esté viajando a otras zonas horarias. A veces dormir ocho horas resulta imposible, pero me esfuerzo por conseguirlo, y es que las necesito. Pienso mejor, tengo más energía y estoy de mejor humor. Pensad una cosa: cuando eres un alto cargo directivo, ¿para qué te pagan? Pues para que tomes unas pocas decisiones de alta calidad. Tu trabajo no consiste en tomar miles de decisiones todos los días. En resumen, pongamos que durmiera seis horas, o digamos una locura, que durmiera cuatro horas al día. Ganaría cuatro de lo que llaman *horas productivas*. Por tanto, si antes tenía doce horas de tiempo productivo al día, ahora de repente tengo doce horas más cuatro: dieciséis horas productivas. Por tanto, tengo un 33 % más de tiempo para tomar decisiones.

Si antes tomaba, pongamos, cien decisiones, ahora puedo tomar esas cien y treinta y tres más. ¿Merece esto la pena si la calidad de estas decisiones puede resentirse porque estás cansado, de mala leche o un montón de cosas más? A ver, otra cosa es que la empresa sea de creación reciente. Cuando Amazon tenía cien trabajadores, no era como ahora, pero Amazon ya no es una *start-up,* y todos los altos directivos trabajan de la misma forma que yo. Trabajan pensando en el futuro. Viven en el futuro. Ninguna de las personas que despachan conmigo debería estar centrada realmente en el trimestre actual. Cuando la videoconferencia trimestral con Wall Street es positiva, la gente me para y me dice: «Felicidades por el trimestre», y yo les digo: «Gracias», pero lo que estoy pensando en realidad es que ese trimestre se fraguó tres años antes. Ahora mismo estoy trabajando en un trimestre que se va a materializar en algún momento de 2023, y eso es lo que debemos hacer. Tienes que pensar a dos o tres años vista, y si lo haces, ¿por qué tomar cien decisiones hoy? Si tomo, por ejemplo, tres decisiones buenas al día, ya es suficiente, y deberían ser de la mayor calidad posible. Warren Buffet dice que se conforma con tomar tres decisiones buenas al año, y creo que tiene toda la razón.

¿De dónde salió la idea de Amazon Web Services?

Trabajamos en Amazon Web Services (AWS) entre bambalinas durante mucho tiempo hasta que finalmente lo introdujimos en el mercado. AWS se ha convertido en una empresa muy grande que ha reinventado la manera en que las empresas gestionan sus necesidades de computación. Tradicionalmente, si eras una empresa y necesitabas servicios de computación, creabas un centro de datos y lo llenabas de servidores, y con el tiempo tenías que actualizar los sistemas operativos de esos servidores y mantener el funcionamiento de todo, etc. Nada de eso añadía valor a lo que hacía la empresa. Era una especie de requisito básico, un trabajo pesado que no te diferenciaba.

En Amazon también hacíamos eso mismo: montábamos nuestros propios centros de datos para uso interno. Sin embargo, en un momento dado, nos dimos cuenta de que nuestros ingenieros de programas y de redes —los que gestionan los centros de datos— desperdiciaban gran parte de su esfuerzo porque llevaban a cabo numerosas reuniones sobre todas esas tareas sin valor añadido. Así que dijimos: «A ver, lo que podemos hacer es desarrollar un conjunto de interfaces de programación de aplicaciones —API [por sus siglas en inglés]— consolidadas y seguras para que estos dos grupos —los ingenieros de programas y los de redes— solo lleven a cabo reuniones sobre cuestiones generales en lugar de esas reuniones tan pormenorizadas». Queríamos construir una arquitectura orientada a los servicios donde todos nuestros servicios estuvieran disponibles en API seguras lo suficientemente bien documentadas para que cualquiera pudiera usarlas.

En cuanto ideamos este plan para nosotros, nos pareció obvio de inmediato que cualquier empresa del mundo iba a querer tenerlo. Lo que nos sorprendió mucho fue que miles de desarrolladores acudieran en masa a esas API sin que Amazon hubiera hecho demasiada promoción o ruido. Y luego se produjo un milagro empresarial: tuvimos el mayor golpe de suerte de la historia del mundo empresarial, hasta donde yo sé. Durante siete años no tuvimos competencia. Increíble. Cuando puse en marcha Amazon.com en 1995, Barnes & Noble creó Barnesandnoble.com y entró en el mercado dos años después, en 1997. Dos años es un plazo habitual cuando inventas algo nuevo. Creamos Kindle; Barnes & Noble creó Nook dos años más tarde. Creamos Echo; Google creó Google Home dos años más tarde. Cuando eres pionero, si tienes suerte, dispones de una ventaja de dos años. Nadie tiene la suerte de contar con siete años de ventaja, así que fue increíble. Creo que las grandes compañías consolidadas de software para empresas no consideraron a Amazon como una compañía creíble de software para empresas, por lo que tuvimos vía libre para construir este increíble producto-servicio con abundantes herramientas tan adelantado a su tiempo. Y el equipo no se detiene. Este equipo, dirigido por Andy Jassy, presenta constantemente innovaciones del producto, y lo están gestionando todo muy bien. Estoy muy orgulloso de ellos.

Alexa, la IA y el aprendizaje automático

Alexa es el agente de Amazon en la nube y funciona con Internet. Echo es el aparato, provisto de varios micrófonos, que permite hacer reconocimiento de voz de campo lejano. Desde que empezamos a trabajar en este dispositivo en 2012, nuestra perspectiva era que —a largo plazo— se convertiría en el ordenador de *Star Trek*. Le podrías preguntar cualquier cosa —pedirle que hiciera cosas por ti o te encontrara cosas— y sería fácil conversar con él de una forma muy natural.

Trabajar en Alexa y Echo ha supuesto un gran desafío desde un punto de vista técnico. Hay miles de personas trabajando en estos dos elementos, con equipos en muchos lugares, entre ellos Cambridge (Massachusetts), Berlín o Seattle.

Con Echo había que resolver varias cosas. Una de las ideas clave que tuvimos cuando empezamos a plantar la semilla de Echo era que sería un aparato que iba a estar encendido siempre, un dispositivo que se conectaría a un enchufe para no tener que cargarlo. Podrías tenerlo en la habitación, en la cocina o en el salón y te pondría música, respondería preguntas e incluso sería tu forma de controlar algunos de los sistemas de tu hogar, como las luces o la temperatura. Decir «Alexa, por favor, sube la temperatura dos grados» o «Alexa, apaga todas las luces» es una manera muy natural de interactuar con un dispositivo de este tipo. Antes de Echo y Alexa, la forma habitual de interactuar con los sistemas domóticos no era muy fluida, pues tenías que hacerlo mediante una aplicación del móvil. Y cuando quieres regular las luces, no resulta muy práctico tener que buscar el móvil, abrir una aplicación determinada y encontrar la pantalla correcta para ello.

El equipo responsable de dispositivos ha llevado a cabo un trabajo asombroso, aunque queda mucho camino por recorrer. Tenemos una hoja de ruta fantástica para Echo y Alexa. Ahora contamos con un gran ecosistema junto con otras empresas que ha ido creando lo que llamamos *aptitudes* para Alexa, es decir, que de algún modo está ampliando las cosas que puede hacer.

Nosotros —como humanidad, como civilización, como civilización tecnológica— estamos muy lejos todavía de fabricar algo que sea tan mágico y espectacular como el ordenador de *Star Trek*. Ese ordenador ha sido un sueño durante mucho tiempo, una especie de escenario de ciencia ficción. Las cosas que estamos resolviendo hoy en día con el aprendizaje automático son extraordinarias, y nos encontramos realmente en un punto de inflexión en el que el progreso se está acelerando. Creo que estamos entrando en una época dorada del aprendizaje automático y de la inteligencia artificial (IA). No obstante, aún estamos muy lejos de ser capaces de lograr que las máquinas hagan las cosas de la forma en que las hacemos los humanos.

La inteligencia humanoide sigue siendo bastante misteriosa, incluso para los investigadores más avanzados en IA. Pensad en cómo aprenden los humanos: somos increíblemente eficientes en cuanto al uso de datos. Cuando entrenamos a un asistente como Alexa para que reconozca el lenguaje natural, usamos millones de datos. Y tienes que recopilar lo que se llama *una base de datos reales*. Eso requiere un esfuerzo enorme, y es costoso recabar esa base de datos a partir de la cual Alexa aprenderá.

Hoy en día, si estás diseñando y creando un sistema de aprendizaje automático para un coche autónomo, necesitas datos generados por millones de kilómetros de conducción para que el coche aprenda a conducir. En cambio, los humanos aprendemos de una forma increíblemente eficiente, pues no necesitamos conducir millones de kilómetros para aprender a manejar un coche. Probablemente hacemos algo llamado *aprendizaje por transferencia,* como se denomina en la jerga del aprendizaje automático.

Los humanos ya hemos adquirido muchas habilidades distintas y somos capaces de extrapolarlas a otras habilidades de una forma muy eficiente. El programa AlphaGo, que hace poco derrotó al campeón mundial de *go,* ha jugado millones de partidas de ese juego. El campeón humano ha jugado miles de partidas de *go,* no millones. Y ambos están casi al mismo nivel. Además, el humano hace algo totalmente distinto: lo sabemos porque nuestro consumo de energía es muy eficiente.

No recuerdo la cifra exacta, pero AlphaGo es un ejemplo de programa que consume miles y miles de vatios de energía. Creo que tiene más de mil servidores funcionando en paralelo. En cambio, Lee Se-dol, el campeón humano, consume solamente unos cincuenta vatios. De alguna forma, hacemos esos cálculos tan sumamente complejos con una eficiencia energética increíble: somos eficientes con los datos y con la energía. Así que, por lo que respecta a la IA, en el campo del aprendizaje automático nos queda mucho por aprender.

Pero eso es precisamente lo que lo convierte en un ámbito tan emocionante. Estamos resolviendo problemas extremadamente complejos no solo en materia de lenguaje natural y visión artificial, sino incluso en algunos casos fusionando ambas cosas.

Las organizaciones en defensa de la privacidad critican la intromisión que puede suponer el uso de ciertos dispositivos o servicios e intentan recuperar las leyes contra la invasión de la privacidad. De hecho, lo hacen todo el tiempo. Mediante procedimientos de ingeniería inversa tratan de comprobar si sus afirmaciones sobre la protección de la privacidad son ciertas. Y les doy gracias por ello, es un proceder muy positivo. Estas organizaciones han descubierto errores accidentales cometidos por empresas que tal vez no tuvieron suficiente cuidado.

Sin embargo, nuestro dispositivo no transmite nada a la nube hasta que oye la palabra *Alexa.* Y cuando la oye, se ilumina el círculo que hay en la parte superior. Cuando el círculo está iluminado, el aparato está mandando lo que oye a la nube. Tiene que hacerlo, porque necesita acceder a todos los datos de la nube para poder ejecutar todo el abanico de opciones disponibles; por ejemplo, comprobar qué tiempo va a hacer, entre otras muchas cosas.

El jaqueo es uno de los grandes problemas de nuestro tiempo; un problema que, como sociedad y civilización, debemos resolver a escala internacional. Y algunas de las soluciones se convertirán en leyes. Parte del problema consiste en que los Estados hacen cosas que no querríais que hicieran, y no está nada claro cómo se puede controlar esto.

Con la mayoría de los aparatos y tecnologías de que disponemos hoy, los Estados pueden escuchar fácilmente cualquier conversación haciendo entrar un rayo láser por una de las ventanas de nuestra casa o instalarnos un programa maligno *(malware)* en el móvil y encender todos los micrófonos. Hoy en día, un móvil típico de gama alta lleva cuatro micrófonos. Así que, como sociedad, debemos tener en cuenta que probablemente sea más fácil controlar ciertas instituciones, como el FBI, porque podemos aunar esfuerzos y decidir cómo deberían ser las normas y las leyes y cómo los tribunales deberían hacerlas cumplir. Pero, respecto a los ciberataques contra los Estados, considero que estamos ante un problema no resuelto. Y no sé cómo vamos a resolverlo.

No tengo respuesta para la pregunta de si una sociedad interconectada puede llegar algún día a ser verdaderamente segura. Llevamos mucho tiempo viviendo con estas tecnologías. La gente quiere llevar un móvil encima, y pienso que el fenómeno del móvil ha venido para quedarse. Pero este dispositivo está controlado completamente por software y lleva varios micrófonos, que a su vez están controlados por software. Además, la radio que lleva puede transmitir datos a cualquier parte del mundo.

Así pues, existe la capacidad técnica para convertir subrepticiamente cualquier teléfono móvil en un aparato de escucha. Con

Alexa, el equipo tomó una decisión muy interesante y, creo, digna de atención. Espero que otras empresas la imiten: se incluyó en el dispositivo Echo un botón de silenciamiento que apaga el micrófono. Al pulsar ese botón, el propio botón y el círculo superior se encienden con una luz roja, y esa luz está conectada al micrófono con una tecnología electrónica analógica. Por tanto, mientras la luz roja está encendida, es imposible que funcionen los micrófonos. Y eso no se puede modificar remotamente jaqueando el aparato. Pero los móviles no son como ese dispositivo.

Tiendas físicas y Whole Foods

Hace años que estamos muy interesados en las tiendas físicas, pero yo siempre he dicho que solamente nos interesaba tener una oferta que nos diferenciara, algo que no fuera lo habitual, porque el sector de las tiendas físicas ya está muy concurrido. Si íbamos a ofrecer más de lo mismo, yo sabía que no iba a funcionar. Nuestra cultura empresarial funciona mucho mejor cuando es pionera y crea cosas innovadoras; por tanto, en Amazon debemos idear cosas que sean distintas de lo habitual. Y Amazon Go es precisamente eso: algo completamente diferente. O Amazon Bookstore. Y nuestra intención es fusionar Prime y Whole Foods para transformar Whole Foods en una experiencia singular.

Amazon compra un montón de empresas. Normalmente son mucho más pequeñas que Whole Foods, pero todos los años compramos un puñado de empresas. Cuando me reúno con el emprendedor que fundó la empresa, antes que nada siempre trato de averiguar una cosa: ¿es esa persona un misionero o un mercenario? Los mercenarios intentan ganar mucho dinero en poco tiempo. En cambio, los misioneros se desviven por su producto o servicio y por sus clientes, e intentan crear un buen servicio. Por cierto, la gran paradoja es que habitualmente son los misioneros quienes ganan más dinero, uno se da cuenta de eso muy rápidamente al hablar con empresarios. Por ejemplo, Whole Foods es una empresa misionera, y John Mackey, su fundador, un misionero. Por tanto, lo que ahora podremos hacer es destinar parte de nuestros recursos y de nuestro saber hacer tecnológico para potenciar la misión de Whole Foods. Ellos tienen una gran misión, que es la de ofrecer alimentos ecológicos y nutritivos a todo el mundo, mientras que nosotros tenemos mucho que aportar en cuanto a recursos y también en términos de excelencia operativa y saber hacer tecnológico.

Comprar el *Washington Post*

Yo no estaba buscando un periódico ni tenía intención de comprar uno. Nunca me lo había planteado. No era uno de mis sueños de infancia. Pero mi amigo Don Graham, al que conozco desde hace más de veinte años, se puso en contacto conmigo a través de un intermediario para saber si estaría interesado en comprar el *Washington Post*. Le contesté que no lo haría porque no sabía nada sobre periódicos.

Sin embargo, Don, a lo largo de una serie de conversaciones, me convenció de que aquello no tenía importancia, pues en el *Washington Post* ya había muchas personas con talento que sí entendían de periódicos. Lo que necesitaban era alguien que conociera bien Internet: eso fue lo primero. Así es más o menos como empezó todo el proceso de reflexión; luego le di bastantes vueltas. El proceso que seguí hasta tomar la decisión fue claramente intuitivo y no producto del análisis. La situación financiera del *Washington Post* en ese momento, en 2013, era bastante delicada. Era un negocio de costes fijos que había perdido muchos ingresos durante los cinco o seis años anteriores, aunque no por culpa de las personas que trabajaban en el diario ni por el equipo directivo. De hecho, habían gestionado el periódico realmente bien. Su problema se debía a un cambio general y profundo, no a algo cíclico. Internet estaba quedándose con todas las ventajas de que disfrutaban tradicionalmente los periódicos locales. Se trataba de un problema de gran calado del que eran víctimas los periódicos locales de todo el país y del mundo entero. Así pues, inicié un periodo de reflexión en el que me pregunté si aquel proyecto era algo en lo que quería involucrarme. Si iba a hacerlo, iba a dedicarle valor y esfuerzo, pero decidí que solo lo haría si realmente creía que era una institución importante. Me dije: «Si esto fuera una empresa de aperitivos salados con problemas financieros, la respuesta sería no». Pero empecé a pensar que el *Washington Post* era una institución importante, el periódico de la capital del país más importante del mundo. El *Washington Post* tiene que desempeñar un papel muy destacado en esta democracia. De eso no me cabe ninguna duda.

Por tanto, en cuanto crucé esa puerta, solo me quedaba cruzar una más antes de decirle que sí a Don. Quería ser sincero conmigo mismo, mirarme en el espejo y, al pensar en la empresa, estar seguro de que veía con optimismo su futuro. Si no había esperanza, no me implicaría. Eché un vistazo a la situación del periódico y me invadió el optimismo, aunque el diario tenía que transformarse: dejar de ser una publicación nacional y convertirse en una internacional. Si bien es cierto que Internet lo destruye prácticamente todo, también concede un don a los periódicos: hace posible la distribución mundial gratuita. En la época de los periódicos de papel, tenías que construir imprentas en todas partes. Las operaciones logísticas para que tu periódico fuera auténticamente internacional o siquiera nacional conllevaban unas inversiones muy elevadas con una gran aportación de capital. De ahí que fueran tan pocos los periódicos que llegaban a ser realmente nacionales o internacionales. Pero hoy en día, con Internet, tienes ese don de la distribución gratuita. Así que teníamos que aprovechar ese regalo, y esa fue la estrategia básica. Tuvimos que pasar de un modelo de negocio en el que ganábamos mucho dinero por cada lector teniendo una cantidad relativamente baja de lectores, a ganar muy poco dinero por cada lector teniendo una enorme cantidad de lectores; y esa es la transición que hicimos. Tengo el placer de anunciar que actualmente el *Washington Post* es rentable. La redacción está creciendo. Marty Baron, que está al frente de la redacción, lo está haciendo de maravilla. Creo que es el mejor jefe de redacción que hay en el ámbito periodístico. Tenemos como editor a Fred Ryan y como responsable del editorial a Fred Hyatt. Estos tipos lo están haciendo genial. Y Shailesh Prakash, nuestro jefe de tecnología, es una superestrella. Así que el periódico funciona. Estoy muy orgulloso de este equipo, y sé a ciencia cierta que cuando tenga ochenta años o... —siempre me imagino con ochenta años, pero, a medida que me hago mayor, empiezo a subir hasta los noventa—, pues sé que cuando tenga noventa años esta será una de las cosas de las que estaré más orgulloso: tomé las riendas del *Washington Post* y contribuí a que llevara a cabo una transición muy dura.

Si eres el presidente de los Estados Unidos o, por ejemplo, el gobernador de un estado, asumes el cargo sabiendo que te examinarán con lupa. Evidentemente, todo lo que hagas se observará con atención, cosa que es saludable. Un presidente debería decir: «Eso está bien y es lo correcto. Estoy contento de que escudriñen cuidadosamente lo que hago». Esa actitud demostraría seguridad y confianza. En cambio, demonizar a los medios es muy peligroso. Como lo es también llamarlos escoria o decir que son el enemigo del pueblo. Vivimos en una sociedad en la que no solo las leyes del país nos protegen —tenemos libertad de prensa, la recoge la Constitución—, también las normas sociales. Todo funciona porque nos creemos esas palabras que están escritas en papel, pero cada vez que alguien ataca la Constitución se la está cargando un poco. En este país somos muy resistentes. A los medios no les pasará nada. Superaremos esta situación. Por cierto, Marty Baron siempre hace una aclaración muy importante cuando se reúne con la redacción: «Puede que la administración esté en guerra con nosotros, pero nosotros no estamos en guerra con la administración. Sencillamente, haced vuestro trabajo. Haced vuestro trabajo». Se lo he oído decir montones de veces. Y yo también insisto en ese mismo comentario cuando me reúno con periodistas en la sede del *Washington Post*.

Confianza

Para ganarse la confianza de la gente y tener una buena reputación, uno tiene que hacer bien cosas difíciles una y otra vez. El motivo por el cual, por ejemplo, el ejército de los Estados Unidos goza de tanta credibilidad y reputación según todas las encuestas es porque durante décadas ha hecho bien cosas muy difíciles.

En realidad, es así de sencillo. Y también así de complicado. No es fácil hacer bien cosas difíciles, pero es la única forma de ganarte la confianza de los demás. Y la palabra *confianza,* por supuesto, tiene numerosas acepciones. Significa ser íntegro, aunque también competente. Significa hacer lo que dijiste que ibas a hacer y aportar resultados. Y nosotros, en Amazon, aportamos resultados repartiendo miles de millones de paquetes todos los años; decimos que lo haremos y lo hacemos. También significa defender puntos de vista polémicos. A la gente le gusta cuando dices: «No, no vamos a hacerlo de esa forma. Sé que queréis que lo hagamos así, pero no vamos a hacerlo como queréis vosotros». Y aunque no estén de acuerdo, probablemente dirán: «Pese a no compartirla, respetamos su decisión. Sabe lo que se hace».

También es útil actuar con claridad. Si decimos abiertamente que vamos a hacer una cosa determinada, la gente puede elegir entre nuestra opción o la de otros. Pueden decir: «Bueno, pues no me gusta esta propuesta de Amazon, de Blue Origin o de AWS y no la voy a comprar». Y eso está bien. Vivimos en una gran democracia con diversidad de opiniones, así es el mundo en el que quiero vivir: un lugar en el que la gente pueda discrepar. No obstante, también me gustaría vivir en un lugar donde las personas, pese a sus discrepancias, sigan colaborando. Eso no quiero perderlo. La gente tiene derecho a tener su propia opinión, pero el cometido de un equipo de dirección es decir que no.

Dentro de las empresas tecnológicas hay grupos de empleados que piensan, por ejemplo, que dichas compañías no deberían colaborar con el Departamento de Defensa. En mi opinión, si las grandes tecnológicas le dan la espalda al Departamento de Defensa, este país tendrá un problema. Esto no puede suceder. Por tanto, el equipo de dirección tiene que decirles a los empleados: «Mirad, sabemos que estos temas son sensibles. No tenemos que estar de acuerdo en todo, pero la empresa va a actuar así. Vamos a apoyar al Departamento de Defensa. Este país es importante. Todavía lo es».

Ya sé que hay personas que son muy sensibles con respecto a este tema y tienen opiniones distintas, pero en el mundo existe la verdad. Nosotros somos los buenos. Lo creo de veras. Ya sé que es una cuestión compleja, pero lo que cabe preguntarse es lo siguiente: ¿queréis una defensa nacional fuerte o no? Yo creo que sí la queréis. Por eso tenemos que contribuir a que lo sea.

Todos hablamos de defender la civilización. No es algo exclusivo de los Estados Unidos. Pero ¿qué clase de civilización queréis? ¿Queréis libertad? ¿Queréis democracia? Estos son los grandes principios que subyacen a las demás preguntas. Esta reflexión es algo que no deberíais perder de vista.

Armonía entre el trabajo y la vida personal

Doy clases de liderazgo en Amazon a nuestros directivos de mayor rango. Pero también hablo con gente que está en prácticas. Y tanto unos como otros me preguntan siempre por el equilibrio entre el trabajo y la vida personal o familiar. Esa expresión —*equilibrio entre el trabajo y la vida*— a mí ni siquiera me gusta, me parece confusa. Yo prefiero llamarlo *armonía entre el trabajo y la vida.* Estoy convencido de que si trabajo con energía, si estoy contento en el trabajo, si tengo la sensación de que aporto valor y de que formo parte de un equipo —lo que sea que a uno le dé energía—, todo eso me hace mejor persona en casa; es decir, me convierte en un mejor marido y en un mejor padre. Y al revés: si estoy contento en casa, eso me convierte en un mejor empleado o en un mejor jefe. Puede haber periodos decisivos en los que haya que dedicarle muchas horas al trabajo, pero eso no es lo que realmente importa, sino si tienes energía o no. ¿El trabajo te está quitando o dando energía?

Todos conocemos a personas que pertenecen a uno u otro grupo. Por ejemplo, estás en una reunión y entra en la sala una de las personas del primer grupo. Solo con entrar ya aporta energía. Por el contrario, las personas del segundo grupo, cuando entran en la sala, provocan que la reunión decaiga. Son personas que absorben la energía de la reunión. Pues bien, cada uno tiene que decidir cuál de estas dos clases de persona va a ser. Y en casa ocurre lo mismo.

La relación entre vida y trabajo hay que verla como una rueda o un círculo, no como una balanza. Por eso esta metáfora es tan peligrosa, porque da a entender que existe una simetría estricta entre ambos mundos. Sin embargo, puede darse el caso de un parado —es decir, alguien que tiene todo el tiempo del mundo para su familia— que esté tan deprimido y desmoralizado por su situación laboral que su familia no quiera estar cerca de él. Lo que querrían sus familiares es que no tuviese que estar todo el tiempo con ellos. Así pues, lo que importa no es el número de horas, eso no es lo principal. A ver, supongo que, si uno se volviera loco y trabajara cien horas a la semana o algo así, sería excesivo... Pero yo nunca he tenido problemas, y supongo que esto se debe a que ambas partes de mi vida me aportan energía. Y eso es, por tanto, lo que les recomiendo tanto a los trabajadores en prácticas como a los ejecutivos.

Contratar talento: ¿queremos mercenarios o misioneros?

En Amazon pagamos salarios muy competitivos, pero no hemos instaurado esa cultura de club de campo en el que ganas masajes gratis y cualquier otro beneficio que se ofrezca en ese momento. Además, yo siempre he sido un poco escéptico ante ese tipo de beneficios porque me preocupa que la gente se quede en una empresa por motivos equivocados. Lo que quieres es que los empleados se queden en la empresa por la misión. No quieres tener mercenarios en tu empresa, quieres tener misioneros.

A los misioneros les importa su misión. De hecho, la idea es muy simple. En cambio, al ofrecerles masajes gratis puedes confundir a los trabajadores, que pueden terminar pensando: «Pues la misión de la empresa no es que me guste mucho, pero como me encanta que me den masajes gratis...».

¿Cómo se puede contratar a gente fantástica y conseguir que no se vayan? Ofreciéndoles, ante todo, una gran misión, algo que tenga un verdadero propósito, que tenga sentido. Eso es lo que quiere la gente, que su vida tenga sentido. Y esa es una gran ventaja con la que cuenta el ejército norteamericano: quienes lo integran tienen una auténtica misión. Lo que hacen tiene un sentido. Y eso es algo importantísimo y supone una gran ventaja a la hora de contratar personal.

No obstante, también puedes provocar que la gente valiosa se vaya; por ejemplo, ralentizando mucho la toma de decisiones. ¿Qué razón tendría alguien para quedarse en una organización donde no logra que salgan adelante sus proyectos? Al cabo de un tiempo miraría a su alrededor y pensaría: «Sí, me encanta la misión de esta empresa, pero no logro hacer mi trabajo porque la toma de decisiones es demasiado lenta». Así que las empresas grandes como Amazon tienen que esforzarse para que eso no les ocurra.

Decisiones

Existen formas de acelerar la toma de decisiones, y lograr esa aceleración es extraordinariamente importante. Si se me permite la osadía de aconsejar a otros altos ejecutivos, les diría que una de las cosas que hay que tener en cuenta —yo lo veo en Amazon— es que hay directivos de rango inferior que se inspiran en altos cargos a la hora de tomar decisiones. Es normal, pero luego se acostumbran a recurrir a los directivos superiores para inspirarse. Y gran parte de eso se hace de forma subconsciente. El problema es que esta inspiración no consciente puede pasar por alto el hecho de que hay distintos tipos de decisiones.

Concretamente, existen dos tipos de decisiones. Están las que son irrevocables y cruciales, que nosotros llamamos *puertas solo de entrada* o *decisiones de tipo 2*. Hay que tomarlas poco a poco y con prudencia. En Amazon a menudo me veo actuando como «director de ralentización»: «A ver, quiero que analicemos esta decisión diecisiete veces más porque es crucial e irrevocable». El problema es que la mayor parte de las decisiones no son así. La mayoría son puertas de entrada y salida.

Puedes tomar la decisión y cruzar la puerta. Y si resulta que te equivocaste, luego puedes dar marcha atrás. Sin embargo, lo que sucede en las grandes organizaciones —a diferencia de las empresas emergentes— es que todas las decisiones terminan tomándose mediante un laborioso proceso que en realidad solo está pensado para las decisiones irrevocables y cruciales. Y eso es catastrófico. Cuando hay que tomar una decisión, uno debe preguntarse: «¿Se trata de una puerta de entrada y salida o solo de entrada?». Si es de entrada y salida, toma la decisión con un pequeño equipo o incluso únicamente con una persona muy bien informada. Adelante, tómala. Si te equivocas, no pasa nada, ya la modificarás. Pero si es una puerta solo de entrada, analízala de cinco formas distintas y sé prudente, porque en esos casos ir despacio equivale a evitar problemas, y evitar problemas equivale a ir deprisa.

No es recomendable tomar decisiones de este tipo con prisas. Vale la pena llegar a consensos o por lo menos fomentar mucha reflexión y debate.

Otra cosa que también puede acelerar mucho la toma de decisiones, además de preguntarse si dicha decisión será revocable o no, es enseñar el principio de la discrepancia y compromiso. Puesto que has contratado a misioneros apasionados —que es lo correcto—, a todos ellos les importan las decisiones y, si no vas con cuidado, el proceso de decisión puede convertirse en una guerra de desgaste. El que tenga más resistencia ganará, y, finalmente, la otra parte —con la opinión contraria— capitulará: «No puedo más. Venga, hagámoslo a tu manera».

Este es el peor proceso de toma de decisiones del mundo, ya que deja a todos los participantes desmoralizados y además obtienes una especie de resultado aleatorio. Un enfoque mucho mejor es que el directivo de mayor rango acuda a directivos que estén por encima de él. Las decisiones controvertidas deben elevarse al siguiente nivel rápidamente. No puedes dejar que dos directivos de rango bajo pasen un año discutiendo y terminen agotados. Esto es algo que hay que enseñárselo a los directivos más jóvenes.

Si en tu equipo surge un pique, eleva la decisión a un rango superior. Hazlo rápido. Cuando ese directivo de rango superior haya escuchado los distintos puntos de vista, puede decir: «Mirad, ninguno de nosotros sabe cuál es la decisión correcta, pero quiero que os arriesguéis conmigo. Quiero que, aun discrepando, os comprometáis. Lo haremos de esta forma. Pero de verdad quiero que, aunque discrepéis, os comprometáis».

Y aquí surge una cuestión importante: a veces esa discrepancia se produce entre un directivo de mayor rango y un subordinado. El subordinado realmente quiere hacerlo de una forma y el directivo cree firmemente que debería hacerse de otro modo. Entonces, lo que debería suceder con más frecuencia es que sea el directivo de mayor rango quien, aun discrepando, se acabe comprometiendo. Yo lo hago todo el tiempo, me comprometo aunque discrepe. Por ejemplo, me paso una hora, un día o una semana debatiendo sobre algo, pero al final digo: «Mira, discrepo mucho de tu propuesta, pero tú conoces ese aspecto mejor que yo. Lo haremos a tu manera. Y te prometo que nunca voy a decirte "Ya te lo dije"».

De hecho, esto genera mucha tranquilidad, porque supone asumir la realidad de que la persona de mayor rango tiene una excelente capacidad de juicio. Esa capacidad es muy valiosa, por lo que de vez en cuando no tiene más remedio que desestimar la propuesta de un subordinado aunque este conozca mejor el tema; es su prerrogativa. En cambio, otras veces, debe pensar: «Conozco a esa persona, llevo años trabajando con ella. Sé que tiene una gran capacidad de juicio. No está para nada de acuerdo conmigo, y conoce este asunto mucho mejor que yo. Pues venga, voy a comprometerme con su propuesta aunque discrepe tanto de ella».

Competencia

Los juegos de suma cero son increíblemente infrecuentes. Un ejemplo de este tipo de juegos son los encuentros deportivos. Dos equipos entran en un estadio. Uno va a ganar; otro va a perder. Otro ejemplo: las elecciones. Un candidato va a ganar; otro va a perder. No obstante, en el mundo empresarial varios competidores pueden obtener buenos resultados. Es algo normal. Lo más importante para hacerlo bien frente a la competencia —en los negocios y, creo yo, también frente a adversarios militares— es mostrarse sólido a la vez que ágil. Y todo depende de la escala. Por ejemplo, es magnífico formar parte del ejército norteamericano porque es una institución de grandes dimensiones. Ello supone una ventaja enorme porque te da solidez: puedes encajar un puñetazo. Pero también resulta práctico poder esquivarlo. Y esto es ser ágil. A mayor tamaño, mayor solidez.

El factor más importante para ser ágil es ser rápido en la toma de decisiones. Y el segundo más relevante es tener voluntad de experimentar. Hay que tener la voluntad de asumir riesgos. Debes tener la voluntad de fracasar, pero el problema es que a la gente no le gusta fracasar.

Yo siempre señalo que hay dos tipos de fracasos. Por una parte, está el fracaso experimental: es el tipo de fracaso del que uno debería sentirse satisfecho. Y, por otra, está el fracaso operativo. A lo largo de los años, en Amazon hemos construido cientos de centros de distribución y sabemos cómo hacerlo. Por tanto, si construimos un centro de distribución nuevo y es un desastre, es que la ejecución no ha sido correcta. No se trata de un fracaso bueno. Por el contrario, cuando estamos desarrollando un producto o un servicio nuevos o estamos experimentando en algún aspecto novedoso y no funciona, no pasa nada. Estos fracasos son fantásticos. En resumen, hay que distinguir entre estos dos tipos de fracasos y hay que perseguir con verdadero ahínco la invención y la innovación.

Para sostener esa capacidad de inventar, necesitas a la gente adecuada; necesitas gente innovadora. Pero las personas innovadoras se marcharán de una organización si no pueden tomar decisiones y asumir riesgos. Aunque consigas contratarlos, no vas a retenerlos mucho tiempo. A la gente creadora le gusta crear. Si bien todo esto es fácil de entender, es difícil de hacer. Y otra cosa relevante sobre la competencia es que no quieres jugar en igualdad de condiciones, quieres jugar con ventaja. Por eso hay que ser innovador, sobre todo en ámbitos como el espacial o el cibernético.

Jugar en igualdad de condiciones es fantástico para el partidillo de los lunes por la noche. Pero nosotros hemos podido jugar con cierta ventaja en sectores como el espacial y el tecnológico durante décadas. Por ello, me pone muy nervioso ver que esto está cambiando con rapidez. La única forma de seguir en cabeza y mantener esa ventaja —que es lo que uno quiere, sin lugar a dudas— es innovando.

En el ámbito espacial, nos enfrentamos a adversarios que van a innovar. Este es el auténtico problema. Por el contrario, si te enfrentas a contrincantes que no son buenos innovando, entonces no tienes por qué ser bueno innovando.

Por lo que respecta a competir con otras empresas, ser uno de los mejores no es suficiente. ¿Realmente quieres hacer planes pensando en un futuro en el que tal vez tengas que pelear con alguien que sea igual de bueno que tú? Yo no querría.

Someter a escrutinio al Gobierno y entender la función de las grandes empresas

A todas las grandes instituciones —sean del tipo que sean— se las analiza, se las somete a escrutinio y se las inspecciona, y así es como debe ser. Hay que controlar a los Gobiernos. Las instituciones públicas, los grandes centros educativos, las grandes organizaciones sin ánimo de lucro y las grandes empresas: todos estos entes van a ser sometidos a escrutinio. No es algo personal. Es lo que como sociedad queremos que se haga, e internamente en Amazon les recuerdo a los empleados que no se tomen ese escrutinio como algo personal. Vamos a desperdiciar mucha energía si nos preocupamos por eso. Que te observen con lupa es normal. De hecho, es algo positivo y saludable, porque queremos vivir en una sociedad en la que la gente se preocupe por las grandes instituciones.

Creo que somos tan creativos que las regulaciones —se promulguen las que se promulguen e impliquen lo que impliquen— no van a ser un obstáculo para que sirvamos a nuestros clientes. En cualquier marco regulatorio que pueda concebir, los clientes van a seguir queriendo que se les ofrezcan precios bajos, envíos rápidos y una gran oferta de productos entre los que escoger. Estos elementos son fundamentales y son los que tenemos en cuenta en Amazon. Y ahí yo añadiría también que es muy importante que los políticos y los demás agentes entiendan el valor que aportan las grandes empresas y que no demonicen o menosprecien a las empresas en general o a las grandes compañías en particular por la sencilla razón de que hay ciertas cosas que solo pueden hacer estas últimas. De eso me he dado cuenta a lo largo de la andadura de Amazon: sé lo que podía hacer Amazon cuando éramos diez personas; sé lo que podíamos hacer cuando éramos mil; sé lo que podíamos hacer cuando éramos diez mil; y sé lo que podemos hacer hoy, cuando somos más de medio millón.

Permitidme que os ponga un ejemplo más ilustrativo. Siento fascinación por los emprendedores de garaje e invierto en muchas de las empresas que ellos crean. Conozco a muchos de ellos. No obstante, nadie va a construir en su garaje un Boeing 787 enteramente con fibra de carbono y eficiente en cuanto al consumo de combustible. Algo así no va a suceder. Para fabricar un avión como ese te hace falta Boeing. Si te gusta tu *smartphone*, necesitas a Apple o a Samsung para que lo fabriquen. Estas son las cosas que hace de maravilla el capitalismo basado en el emprendimiento cuando funciona bien. Y hay fracasos de mercado de los que nadie se preocupa, por lo que hay que recurrir a la filantropía y a las instituciones públicas para que se hagan cargo de ellos. Así que necesitas modelos distintos para cosas distintas. Pero, sin lugar a dudas, este mundo sería mucho peor sin, por ejemplo, Boeing, Apple y Samsung.

Asumir un compromiso por el clima

En septiembre de 2019, Amazon dio a conocer el manifiesto Climate Pledge ('Compromiso por el clima'), del cual fue el primer signatario, y cuyo propósito es alcanzar los objetivos de los Acuerdos de París diez años antes de lo previsto. Los textos que podréis leer a continuación se extrajeron de la rueda de prensa en la que se presentó esta iniciativa. Incluyen también comentarios de Dara O'Rourke, que dirige el equipo de ciencia y sostenibilidad de Amazon.

Quienes suscriben el manifiesto Climate Pledge se comprometen, en primer lugar, a calcular sus emisiones y darlas a conocer regularmente y, en segundo lugar, a desplegar estrategias de descarbonización en la línea de los Acuerdos de París, lo cual significa fundamentalmente que dichas estrategias se traduzcan en acciones reales que se lleven a cabo en sus empresas y modifiquen la actividad empresarial con el objetivo de eliminar el consumo de carbono.

En tercer lugar, con respecto a las emisiones restantes que no puedan eliminarse llevando a cabo un cambio real, se comprometen a acometer acciones compensatorias que sean creíbles. Y ¿a qué nos referimos cuando decimos que sean *creíbles*? Pues a soluciones basadas en la naturaleza.

El Climate Pledge solo puede llevarse a cabo en colaboración con otras grandes empresas, puesto que todas nuestras cadenas de suministro están entrelazadas. Así que debemos trabajar conjuntamente para alcanzar nuestros objetivos. Hay que hacerlo de esa forma. Amazon ha firmado este compromiso para que las dimensiones y la influencia de nuestra empresa sirvan para ponernos al frente y proporcionar un modelo a seguir. No obstante, para nosotros supone un reto difícil en razón de nuestra infraestructura física, grande y extensa. No solo transportamos información de un lado a otro, sino paquetes. Repartimos más de 10.000 millones de paquetes al año, lo cual requiere tener infraestructuras físicas a escala real. Por tanto, podemos decir —y pensamos hacerlo muy apasionadamente— que, si nosotros podemos, cualquiera puede hacerlo. Será complicado, pero sabemos que podemos y debemos hacerlo.

Tal objetivo solo puede conseguirse si detrás de cada acción de Amazon hay verdadera honestidad científica. Dara O'Rourke explicó el enfoque de Amazon:

> Desde 2016 varios equipos de toda la compañía han estado trabajando para cartografiar y calcular el impacto medioambiental total de la empresa. Han estado poniendo la base de modelos científicos y sistemas de datos con el fin de crear sostenibilidad de una manera muy al estilo Amazon. Es decir, enlazando ciencia, tecnología y nuestra obsesión por servir al cliente para dar respuesta a la gran envergadura de los retos de sostenibilidad a que nos enfrentamos.
>
> Durante los últimos años, la parte principal de este trabajo ha consistido en recopilar datos, elaborar modelos y construir herramientas. No solo para que los equipos puedan monitorizar sus emisiones al medio ambiente —el carbono que generan—, sino también para permitirles reducirlas radicalmente en toda la empresa y en las cadenas de suministro.
>
> Amazon es una empresa muy grande y compleja, lo cual nos ha obligado a crear uno de los sistemas de contabilización de las emisiones de carbono más sofisticados del mundo. Hemos tenido que establecer un sistema que pudiera recabar datos detallados a lo

largo y ancho de la compañía para darles a los equipos opciones de innovar y para tener una visión de conjunto de la empresa. Si se quiere aprovechar los datos, hace falta este nivel de concreción. Nuestro sistema es integral —abarca toda la compañía— al tiempo que lo suficientemente preciso como para permitir que se optimice cada nivel del sistema.

Podemos desglosar, pues, el impacto medioambiental de productos, procesos o servicios concretos. Con Echo, por ejemplo, debemos tener en cuenta desde el impacto de la fabricación hasta el de los centros de datos que alimentan Alexa, así como el de los aviones, los camiones y los paquetes que reparten el dispositivo hasta el domicilio del cliente.

Hasta la fecha, hemos elaborado cinco modelos basados en una técnica académica llamada *evaluación del ciclo de vida medioambiental*. Cuatro son modelos de proceso que atañen al transporte, al embalaje, al consumo eléctrico —tanto de nuestros centros de distribución como de los centros de datos— y a los aparatos. Combinamos datos operativos internos —datos físicos procesados con datos financieros— con datos científicos externos para ponerlo todo en común y determinar nuestra huella de carbono.

También estamos usando estos datos en nuestro análisis del riesgo climático. Hemos colaborado con Amazon Web Services para alojar más de cincuenta y cinco conjuntos de datos básicos sobre el tiempo, el clima y la sostenibilidad. De esa forma aprovechamos la infraestructura de AWS, provista de herramientas punteras de aprendizaje automático que ya están empleando ONG, instituciones académicas y Gobiernos de todo el mundo para resolver problemas climáticos.

El proceso se lleva a cabo de la siguiente forma. Primero recabamos datos de una actividad concreta de la empresa. Luego los conectamos a modelos de emisiones. Y, finalmente, los pasamos por un proceso de orquestación que lo une todo para obtener herramientas que ayuden a tomar decisiones: tablas, indicadores y mecanismos que los equipos de toda la empresa pueden usar para eliminar emisiones. Todos estos modelos se basan en una lógica y unos datos detallados.

A modo de ejemplo, el modelo relativo al transporte está centrado en los principales causantes de las emisiones de dióxido de carbono, es decir, los tipos de vehículos, los tipos de combustible y las rutas. Esto nos permite analizar nuestras redes y logística actuales y, asimismo, tener en cuenta las tecnologías emergentes, los vehículos emergentes y los combustibles alternativos. Hoy por hoy somos capaces de modelizar los vehículos electrónicos (VE) y los drones del futuro, y de concebir la próxima innovación en transporte. A fin de cuentas, esto nos permite incorporar la sostenibilidad en el diseño de nuestros futuros servicios, tecnologías e innovaciones para los clientes.

Estos indicadores, estos datos, proporcionan una información a los equipos de Amazon que de otra forma no tendrían; les permiten, por ejemplo, llegar a conclusiones que pueden parecer contradictorias. Tal es el caso de los envíos en el mismo día, que, de hecho, son la opción con el nivel más bajo de emisiones de carbono, puesto que disponer de existencias cerca de los clientes casi siempre beneficia la sostenibilidad.

Estos sistemas que hemos elaborado —modelos e indicadores— permiten a los equipos de toda la empresa disponer de una perspectiva detallada que los ayuda a reducir las emisiones de carbono. Estamos pasando de una visión global de nuestras emisiones totales a una gestión específica de emisiones concretas, y estamos diseñando innovaciones para los clientes de Amazon y en beneficio del planeta.

Queremos liderar esta transición y ser un modelo a seguir. En esta cuestión hemos sido uno más del rebaño, pero ahora queremos dar un paso adelante y ponernos al frente. Queremos ser líderes. Queremos decirles a las demás empresas que, si una compañía con la complejidad, el tamaño, la envergadura y la infraestructura física de Amazon puede hacerlo, ellas también pueden.

Actualmente, Amazon funciona en un 40 % con energía renovable. Este porcentaje lo hemos alcanzado construyendo quince instalaciones solares y eólicas de gran escala. Hemos instalado paneles en los tejados de los centros de distribución y en los centros de clasificación de todo el mundo.

¿Hacia dónde nos estamos encaminando? Pues bien, por lo que respecta a la energía renovable, de momento nos hemos comprometido a que un 80 % de nuestro consumo energético total se nutra de energías renovables para 2030 y estamos tratando de alcanzar un 100 % para 2040. De hecho, el equipo responsable se está esforzando para lograr ese 100 % antes de 2025 y tiene un plan factible para conseguirlo.

Por otro lado, Amazon también dispone de muchas furgonetas de reparto, hoy por hoy todas consumen combustibles fósiles. Por eso en septiembre de 2019 hicimos un pedido de cien mil furgonetas eléctricas a la empresa Rivian. Un compromiso como el Climate Pledge impulsará la economía a ponerse a crear los productos y los servicios que las grandes compañías necesitan para cumplir tales compromisos. De ahí que hayamos invertido 440 millones de dólares en Rivian.

Asimismo, hemos firmado un acuerdo de colaboración con la ONG The Nature Conservancy para financiar el fondo Right Now Climate, al que hemos aportado 100 millones de dólares que se destinarán a la reforestación. Dicha actividad es un ejemplo magnífico de una solución basada en la naturaleza que sirve para eliminar dióxido de carbono de la atmósfera de la Tierra.

El hecho de que esta economía se desarrolle y de que la gente tome verdadera conciencia de que debe reducir las emisiones a cero mediante la implantación de cambios reales en sus actividades empresariales reales supone enviar un fuerte mensaje al mercado para que empiecen a inventarse y desarrollarse las nuevas tecnologías que las compañías internacionales van a necesitar para poder cumplir con este compromiso. En este sentido, es una razón por la que debemos trabajar juntos. Tenemos que conseguir que muchas empresas firmen el compromiso por el clima para mandar un mensaje potente al mercado. Amazon es una empresa grande, pero si conseguimos que muchas grandes compañías se comprometan a hacer lo mismo, el mensaje que enviaremos al mercado será aún más contundente, sobre todo porque las cadenas de suministro están muy interconectadas. Colaborar es la única solución.

El Bezos Day One Fund

El Bezos Day One Fund fue creado en 2018 y cuenta con 2.000 millones de dólares. Tiene como objetivo hacer contribuciones significativas y duraderas en dos ámbitos: por una parte, financiando organizaciones sin ánimo de lucro ya existentes que ayudan a familias sin hogar y, por otra, creando una red de jardines de infancia nuevos, sin ánimo de lucro y de primer nivel en comunidades con bajos ingresos.

El Day 1 Families Fund otorga asignaciones económicas anuales a organizaciones y asociaciones que llevan a cabo labores caritativas transformadoras encaminadas a proporcionar un techo y ayuda alimenticia para satisfacer las necesidades inmediatas de familias jóvenes. Su planteamiento proviene de la inspiradora organización Mary's Place, de Seattle: que ni un solo niño duerma en la calle.

El Day 1 Academies Fund está creando una organización para poner en marcha en comunidades necesitadas una red de jardines de infancia de alta calidad, totalmente becados e inspirados en la pedagogía Montessori. Durante el proceso vamos a tener la oportunidad de aprender, inventar y mejorar. Y para ello nos basaremos en los mismos principios que han constituido el eje de Amazon. Lo más importante es que nos guiará una pasión auténtica e intensa por servir al cliente. El grupo de clientes al que este equipo de misioneros dará servicio es simple: los niños pertenecientes a comunidades necesitadas de los Estados Unidos.

Los comentarios que aparecen a continuación se formularon en el Economic Club de Washington el día 13 de septiembre de 2018 en una conversación con el presidente de la entidad, David Rubenstein.

El proceso que seguí para crear el Day One Fund fue muy fructífero. Pedí ideas mediante un llamamiento abierto por Internet y literalmente recibí como 47.000 respuestas, tal vez incluso un poco más. Algunas me llegaron a mi correo, pero la mayoría me llegaron por las redes sociales; la cuestión es que terminé leyendo miles y miles de propuestas. Después mi equipo las clasificó en varias categorías y surgieron algunos temas recurrentes. Un aspecto fascinante de pedir colaboración por Internet es lo variadas que son las respuestas que llegan. La gente tiene interés por intentar ayudar al mundo de muchas maneras distintas, pero todas son previsibles. Hay gente muy interesada en las artes y la ópera, y cree que tales ámbitos están poco financiados. A muchas personas les interesan la medicina y ciertas enfermedades concretas, por eso creen que estos aspectos merecen más inversión en I+D. Todas esas personas tienen razón. Por otro lado, un montón de gente —entre la que me incluyo— está muy interesada por el sinhogarismo. Y a muchas personas les interesan cuestiones relacionadas con la educación, desde las becas universitarias hasta los programas de formación profesional.

A mí me interesan mucho los primeros años del recorrido educativo; en este aspecto, de tal palo tal astilla. Mi madre, que dirige la Bezos Family Foundation, se ha convertido en una experta en educación preescolar. Además, yo soy un producto de las escuelas Montessori; a los dos años empecé a ir a una institución de esta corriente pedagógica. Allí la maestra se quejaba a mi madre porque yo me centraba demasiado en una tarea concreta y ella no lograba que me dedicara a otra cosa. Al final, tenía que cogerme y cambiarme de sitio ella misma. Y, por cierto, si le preguntáis por mi manera de trabajar a la gente que me rodea, probablemente os dirán que sigo trabajando así hoy en día.

Nuestras escuelas serán gratuitas y se inspirarán en la pedagogía Montessori. Además, seremos una organización sin ánimo de lucro. He contratado ya a un equipo ejecutivo y a un equipo directivo. Gestionaremos estas escuelas y las abriremos en vecindarios de bajos ingresos. Sabemos a ciencia cierta que un crío que queda rezagado lo tiene muy pero que muy difícil para ponerse al día; así que, si puedes echarle una mano cuando tiene dos, tres o cuatro años, cuando llegue a la escuela primaria es mucho menos probable que se quede atrás. Puede ocurrir igualmente, pero has conseguido que tenga muchas más probabilidades de progresar. La mayoría de la gente es muy consciente de que debe brindar a sus hijos una muy buena educación preescolar para que tengan una buena base inicial. Un buen comienzo tiene un efecto potenciador fantástico. Si puedes empezar a construir esa base a partir de los dos, tres o cuatro años, el efecto multiplicador será enorme. En eso radica su verdadera importancia. El dinero destinado a esa educación va a generar unos dividendos enormes durante décadas.

No obstante, desde el fondo que creé, también vamos a conceder becas al estilo tradicional. Voy a contratar un equipo a jornada completa para identificar y financiar centros para familias sin hogar.

Estamos en el día uno. Todo lo que he hecho ha comenzado siempre siendo pequeño. Amazon empezó con unas pocas personas. Blue Origin empezó con cinco personas y un presupuesto minúsculo, mientras que su presupuesto actual es de más de 1.000 millones de dólares al año. Amazon empezó literalmente con diez personas; hoy hay más de 750.000. A otros les cuesta recordarlo, pero para mí es como si fuera ayer. Yo mismo llevaba los paquetes a correos y tenía la esperanza de que un día pudiéramos permitirnos una carretilla. Así que para mí, que he visto cómo se hacían grandes cosas pequeñas, esto forma parte del espíritu del primer día. Me gusta tratar las cosas como si fueran pequeñas. Aunque Amazon sea una gran compañía, yo quiero que tenga el corazón y el espíritu de una pequeña. Y así también va a ser el Day One Fund. También divagaremos un poco. Tenemos algunas ideas muy concretas de lo que queremos hacer, pero creo en el poder de la divagación. De hecho, todas las buenas decisiones que he tomado en los negocios y en la vida las he tomado con el corazón, la intuición y el instinto, no analizándolas. Si puedes tomar una decisión basándote en el análisis, adelante, hazlo; pero, en realidad, las decisiones más importantes de la vida siempre se toman con instinto, intuición, deseo y corazón, y así vamos a actuar también en el Day One Fund. Actuar así forma parte del espíritu del primer día que he mencionado antes. A medida que vayamos creando esa red de escuelas sin ánimo de lucro, aprenderemos cosas nuevas y averiguaremos cómo hacerlo mejor.

El cliente será el niño o niña. Esto es muy importante, porque es el ingrediente secreto de Amazon. Los cimientos de Amazon están constituidos por varios principios, pero el número uno —el que nos ha reportado un mayor éxito con diferencia— ha sido centrarnos prioritariamente en el cliente en lugar de preocuparnos por la competencia. Hablo muy a menudo con otros directores ejecutivos, así como con fundadores de empresas y emprendedores, y puedo deciros que, aunque estén hablando de los clientes, en el fondo no les quitan ojo a los competidores. Para cualquier empresa supone una ventaja enorme ser capaz de permanecer centrado en tu cliente en lugar de preocuparte por tu competidor. Tienes que identificar quién es tu cliente. En el *Washington Post*, por ejemplo, ¿son nuestros clientes los anunciantes? No. El cliente es el lector y punto. ¿Y dónde quieren estar los anunciantes? Pues quieren estar donde haya lectores, así que no es tan complicado. ¿Quiénes son los clientes en una escuela? ¿Son los padres? ¿Los maestros? No, son los niños. Conclusión: nos centraremos primordialmente en los críos. Y cuando podamos, adoptaremos una actitud científica al tomar decisiones, pero cuando haga falta recurriremos al corazón y a la intuición.

Tengo la intención de donar mi fortuna. Lo que no sé es qué

cantidad voy a donar, ya que también voy a invertir mucho en Blue Origin.

Yo me pongo a trabajar partiendo de una misión, y, cuando tienes una misión, hay tres maneras de llevarla a cabo: mediante las instituciones públicas, mediante una organización sin ánimo de lucro o mediante una empresa, es decir, con fines lucrativos. Si uno logra averiguar cómo hacerlo con una estructura con fines lucrativos, obtiene un montón de ventajas por muchas razones. Una de ellas es la autosuficiencia. Pensad en el iPhone. Lo último que necesitamos es una organización sin ánimo de lucro que fabrique móviles: ya hay un ecosistema saludable y competitivo al que le gusta fabricar esas cosas. Este es un caso en el que el mercado funciona. En cambio, si tu objetivo es la producción de vacunas que puedan conservarse a temperatura ambiente —como es el caso de la Fundación Gates—, estás en un ámbito que no tiene mercado, pues todas las personas que pueden permitirse una vacuna también pueden permitirse una nevera; en consecuencia, debes ponerte a solucionar problemas que no tienen solución de mercado. Y luego hay otros ámbitos —como el sistema judicial o las fuerzas armadas, entre otros— en los que es imposible siquiera imaginar un modelo sin ánimo de lucro.

Así pues, ¿dónde terminará mi dinero? La respuesta a esta pregunta es que voy a donar mucho dinero siguiendo un modelo sin fines lucrativos como el Day One Fund, pero al mismo tiempo voy a invertir mucho en Blue Origin, un proyecto que cualquier inversor racional diría que es una inversión muy mala, pero que a mi juicio reviste gran importancia. Quiero que Blue Origin sea una empresa próspera y autosuficiente.

El propósito de ir al espacio

Las siguientes observaciones se expusieron el día 9 de mayo de 2019 en la ciudad de Washington, en el acto de presentación del módulo de alunizaje Blue Moon, de la empresa Blue Origin.

Blue Origin es la iniciativa más importante en la que estoy trabajando. Estoy convencido de la importancia de este proyecto, que se basa en un argumento simple: la Tierra es el mejor planeta de todos.

La gran pregunta que debemos plantearnos es la siguiente: ¿por qué necesitamos ir al espacio? Mi respuesta es distinta del manido argumento del «plan B», según el cual, dado que la Tierra será destruida, querremos estar en alguna otra parte. Es un argumento descorazonador y a mí no me sirve. Cuando iba al instituto, una vez escribí: «La Tierra es finita, y, si la economía y la población mundiales siguen creciendo, la única salida será ir al espacio». Y sigo pensando lo mismo.

La pregunta de cuál es el mejor planeta del sistema solar es fácil de contestar porque hemos enviado sondas a todos ellos. Algunas inspecciones se han llevado a cabo solamente sobrevolándolos, pero los hemos examinado todos. La conclusión es que la Tierra es el mejor de todos, y por goleada. Este planeta está muy bien. Así que cuando alguno de mis amigos me dice que quiere irse a vivir a Marte, yo le digo: «Hazme un favor: primero vete a pasar un año en la cima del Everest a ver qué tal, porque, comparado con Marte, es un paraíso». Y con Venus, ni te digo.

Fijaos en la Tierra. Es un planeta increíble. Jim Lovell, uno de mis verdaderos héroes, mientras estaba orbitando alrededor de la Luna durante la misión del Apolo 8, hizo algo asombroso. Levantó un pulgar y se dio cuenta de que, con el dedo extendido, podía tapar toda la Tierra. Todo lo que conocía lo podía tapar con el pulgar, y entonces dijo algo maravilloso. Ya sabéis el viejo dicho: «Cuando muera, espero ir al cielo». Pues él dijo: «En ese instante, me di cuenta de que vamos al cielo cuando nacemos». La Tierra es el paraíso.

El astrónomo Carl Sagan era muy poético: «En ese puntito azul es donde todas las personas que conoces, todas las personas de las que has oído hablar y todo ser humano que ha existido nunca vivieron toda su vida. Un escenario muy pequeño en un gran estadio cósmico». Durante toda la historia de la humanidad, la Tierra nos ha parecido grande, y, de hecho, no es erróneo decir que ha sido grande. La humanidad ha sido pequeña. Pero esto ya no es cierto. La Tierra ya no es grande; la humanidad, en cambio, sí lo es. Aunque nos parezca grande, la Tierra es finita. Debemos darnos cuenta de que hay problemas inmediatos, cosas que debemos resolver, y ya lo estamos haciendo. Se trata de asuntos urgentes. Me refiero a la pobreza, el hambre, el sinhogarismo, la contaminación o la sobrepesca en los océanos. La lista de problemas inmediatos es muy larga, y debemos arremangarnos para solucionar esos temas urgentemente aquí y ahora. No obstante, también hay problemas de largo alcance en los que también debemos trabajar, ya que tardaremos en resolverlos. No podemos esperar a que dichos problemas se vuelvan urgentes para abordarlos. Podemos hacer ambas cosas: podemos trabajar en los problemas más acuciantes y al mismo tiempo empezar a abordar los problemas de largo alcance.

Queremos ir al espacio para proteger este planeta. Por eso la empresa que creé se llama Blue Origin ('Origen Azul') en honor al planeta azul, del que venimos los seres humanos. Pero no queremos tener que vivir en una civilización estancada, que acabará siendo el auténtico problema si nos quedamos solamente en este planeta: este es el problema a largo plazo.

Un problema de gran calado es que a la larga agotaremos la energía de la Tierra. Lo sabemos por pura aritmética: va a ocurrir. Los humanos —en cuanto animales— consumimos noventa y siete vatios de energía —ese es nuestro índice metabólico—, pero, como miembros del mundo desarrollado, consumimos diez mil vatios de energía, lo cual nos aporta muchos beneficios. Vivimos en una época de dinamismo y crecimiento. Vivimos mejor que nuestros abuelos, y nuestros abuelos vivieron mejor que sus abuelos, un bienestar que se deriva en gran medida de la abundancia de energía que hemos sido capaces de producir y consumir para nuestro beneficio. Ocurren muchas cosas buenas cuando consumimos energía. Por ejemplo, cuando vamos al hospital, consumimos mucha energía. El equipamiento médico, el transporte, el entretenimiento del que disfrutamos, los medicamentos que tomamos: todas estas cosas requieren una cantidad enorme de energía. Y no queremos dejar de consumir energía. Sin embargo, nuestro nivel de consumo es insostenible.

El índice de aumento del consumo energético mundial es de un 3 % anual. No parece que sea demasiado, pero a lo largo de los años el efecto acumulativo se vuelve muy elevado. Un 3 % compuesto anual equivale a doblar el consumo energético humano cada veinticinco años. Si tomamos como referencia el consumo energético mundial actual, se podría satisfacer toda la demanda cubriendo todo el estado de Nevada con paneles solares. Sí, parece complicado, pero también posible, y a fin de cuentas se trata de una zona mayoritariamente desértica. Sin embargo, dentro de tan solo un par de siglos, a ese ritmo de aumento de un 3 %, tendremos que cubrir toda la superficie de la Tierra con paneles solares. Y eso no va a ocurrir. Sería una solución impracticable y, sin lugar a dudas, no funcionaría. Así pues, ¿qué podemos hacer?

Una opción es apostar por la eficiencia, lo cual es buena idea. El problema, no obstante, es que esto ya se ha hecho. A medida que hemos ido aumentando el consumo energético un 3 % anual durante siglos, también hemos ido mejorando la eficiencia. Dejadme que os ponga un par de ejemplos. Hace doscientos años una persona tenía que trabajar ochenta y cuatro horas para poder permitirse una hora de luz artificial. Hoy en día solo hay que trabajar 1,5 segundos para que uno pueda permitirse una hora de luz artificial. Pasamos de las velas a las lámparas de aceite, luego a las bombillas incandescentes y finalmente a la tecnología led, con lo cual hemos conseguido unas mejoras tremendas en cuanto a la eficiencia. Otro ejemplo es el transporte aéreo. En el medio siglo que llevamos de aviación comercial, la eficiencia se ha multiplicado por cuatro. Hace cincuenta años, hacían falta unos 412 litros de combustible para transportar una persona de costa a costa de los Estados Unidos. Actualmente, en un moderno avión 787, hacen falta solamente noventa. La mejora ha sido increíble, espectacular.

¿Y qué decir de la computación? La eficiencia computacional se ha incrementado un billón de veces. El UNIVAC podía hacer quince cálculos con un kilovatio-segundo de energía, mientras que un procesador moderno puede hacer diecisiete billones de cálculos con un kilovatio-segundo de energía. Ahora bien, ¿qué ocurre cuando alcanzamos una gran eficiencia? Que consumimos más. La luz artificial se ha vuelto baratísima, así que consumimos muchísima. El transporte aéreo se ha vuelto baratísimo, pues viajamos mucho más. La computación se ha vuelto baratísima, pues incluso tenemos SnapChat.

La demanda de energía en el mundo no para de crecer. E incluso teniendo en cuenta el incremento de la eficiencia, vamos a consumir más y más energía. Ese 3 % de crecimiento compuesto del consumo ya incorpora las grandes mejoras futuras en materia de eficiencia energética. ¿Y qué ocurre cuando una demanda ilimitada se cruza con unos recursos finitos? La respuesta es increíblemente sencilla: hay que recurrir al racionamiento. Ese es el camino al que nos dirigimos, que comportará que, por primera vez, nuestros nietos y los nietos de nuestros nietos tengan una vida peor que la nuestra. Y es un mal camino.

Pero hay buenas noticias: si nos desplazamos por el sistema solar, dispondremos, a todos los efectos prácticos, de recursos ilimitados. Así que podemos escoger: ¿queremos estancamiento y racionamiento? ¿O queremos dinamismo y crecimiento? La elección es fácil, sabemos lo que queremos. Simplemente tenemos que ponernos manos a la obra. El sistema solar podría albergar un billón de humanos, lo cual significa que tendríamos mil Mozarts y mil Einsteins. Esa civilización sería increíble.

¿Cómo podría ser ese futuro? ¿Dónde viviría ese billón de seres humanos? Gerard O'Neill, profesor de Física en la Universidad de Princeton, analizó esta cuestión con gran detenimiento y se planteó una pregunta muy precisa que nadie se había formulado antes: «¿Una superficie planetaria es el mejor lugar para que los humanos se expandan por el sistema solar?». Sus alumnos y él se pusieron a trabajar para responder a esa pregunta, y llegaron a una conclusión muy sorprendente que contradecía su intuición: no. ¿Por qué no? Pues porque se les ocurrieron una serie de problemas. Uno es que las demás superficies planetarias no son muy extensas. Estaríamos hablando quizá de doblar lo que tenemos, en el mejor de los casos, lo cual no es mucho. Además, están lejísimos. Para ir y volver de Marte se tardan años, y solamente se dan las condiciones para despegar rumbo al planeta rojo una vez cada veintiséis meses, lo cual supone un problema logístico muy considerable. Y, finalmente, la distancia es tal que no podríamos establecer comunicaciones en tiempo real con la Tierra. Estaríamos limitados por cierto desfase aun comunicándonos a la velocidad de la luz.

Asimismo, lo más fundamental es que esas otras superficies planetarias no tienen ni pueden tener una gravedad parecida a la de la Tierra. Vas a quedar limitado por el campo gravitacional que tengan. En el caso de Marte, es de una tercera parte de *g* (el símbolo en física de la gravedad de la Tierra). Por tanto, O'Neill y sus alumnos idearon mundos artificiales, que estarían en rotación para generar gravedad mediante la fuerza centrífuga. Esas estructuras serían muy grandes, de muchos kilómetros, y acogerían a un millón de personas o más cada una de ellas.

Una colonia espacial sería algo muy distinto de la Estación Espacial Internacional. Dentro habría medios de transporte de alta velocidad, zonas agrícolas y ciudades. No todas las estaciones tendrían por qué tener la misma gravedad. Podría haber una colonia recreativa que tuviera una *g* de valor cero para que la gente pudiera volar con sus propias alas. Otras serían parques nacionales. Esas colonias de O'Neill serían lugares muy agradables donde vivir. Algunas podrían optar por reproducir ciudades terrícolas. Se podrían escoger ciudades históricas y copiarlas de alguna manera. Habría estilos arquitectónicos totalmente nuevos. Habría climas ideales. Podríamos tener un Maui en su mejor día durante todo el año: sin lluvia, ni tormentas ni terremotos.

¿Qué aspecto tendría la arquitectura cuando su objetivo principal ya no fuera diseñar viviendas? Ya lo descubriremos. Pero esas colonias serán hermosas —la gente querrá vivir en ellas— y podrían estar cerca de la Tierra, de tal forma que se pueda volver, lo cual es importante, porque la gente va a querer regresar a la Tierra. No querrán irse para siempre. Además, será muy fácil viajar entre colonias. Ir de una a otra —para visitar amigos o familiares o para ir a un área de recreo— requeriría cantidades bajísimas de energía para trasladarse rápidamente. Consistiría en un viaje de un día.

El profesor O'Neill salió una vez en televisión junto al célebre escritor de ciencia ficción Isaac Asimov. El presentador le hizo a Asimov una excelente pregunta: «¿Algún autor de ciencia ficción había predicho alguna vez [las colonias O'Neill]? En caso negativo, ¿por qué?». Asimov dio una respuesta muy buena: «Nadie lo hizo porque todos hemos sido unos chovinistas planetarios.

Hemos creído siempre que la gente debería vivir en la superficie de un planeta, en un mundo. En mis obras he ideado colonias en la Luna. Y lo mismo han hecho cientos de escritores más. Lo más cerca que estuve de concebir un mundo de nueva creación en el espacio vacío fue sugerir que iríamos hasta el cinturón de asteroides y utilizaríamos esos cuerpos para fabricar naves. Nunca se me ocurrió escribir que traeríamos el material desde los asteroides hasta la Tierra, donde las condiciones son más agradables, y que construiríamos mundos aquí».

¡Chovinistas planetarios! ¿Adónde nos llevará construir este proyecto, esas colonias de O'Neill? ¿Qué va a significar eso para la Tierra? Nuestro planeta va a acabar reservado para usos residenciales y la industria ligera. Será un lugar hermoso para vivir. Un sitio bonito para visitar. Un lugar hermoso para ir a la universidad y donde se instalará cierta industria ligera. Pero la industria pesada y toda la industria contaminante —todo lo que está dañando el planeta— se establecerán fuera de la Tierra.

Así preservaríamos esta maravilla de planeta, que es completamente insustituible. No hay ningún plan B. Debemos salvar nuestra Tierra, pero al mismo tiempo no tenemos por qué renunciar a que los nietos de nuestros nietos puedan gozar de un futuro dinámico y de crecimiento. Podemos conseguir ambas cosas.

¿Quién va a encargarse de esta labor? Yo no. Este proyecto es de gran envergadura y se tardará mucho en hacerlo realidad. Quienes se encargarán de ello serán los chicos y chicas que ahora van al colegio y sus hijos. Ellos crearán sectores completamente nuevos con miles de empresas que abarcarán ecosistemas enteros. Habrá actividad emprendedora, lo cual propiciará que surjan ideas novedosas sobre cómo utilizar el espacio. Pero esas empresas emprendedoras no pueden existir hoy en día. Es imposible porque ahora mismo los requisitos básicos para hacer cosas interesantes en el espacio son demasiado costosos. Porque no hay infraestructuras.

Ese no era el caso cuando creé Amazon en 1994. Por aquel

entonces, todas las infraestructuras pesadas necesarias para que Amazon existiera ya estaban ahí. No tuvimos que crear un sistema de transporte para repartir paquetes. Ya existían tales sistemas. Si hubiésemos tenido que construirlos, habríamos necesitado miles de millones de dólares de capital. Pero ya estaban ahí. Se llamaban US Postal Service, Deutsche Post, Royal Mail, UPS y FedEx. Pudimos recurrir a esa infraestructura. Y lo mismo puede decirse del sistema de pagos. ¿Acaso tuvimos que inventar un sistema de pagos e implantarlo? Eso nos habría supuesto miles de millones de dólares y muchas décadas. Pero no hubo que hacerlo porque ya había uno: se llamaba *tarjeta de crédito*. ¿Tuvimos que inventar los ordenadores? No, en la mayoría de los hogares ya había alguno, aunque en su mayor parte solo se usaban para jugar; pero ahí estaban. Esas infraestructuras ya existían. ¿Tuvimos que construir una red de telecomunicaciones, lo cual hubiera requerido miles de millones de dólares? No. Ya había una, principalmente para hacer llamadas de larga distancia y creada por operadores internacionales de telecomunicaciones como AT&T y sus equivalentes en todo el mundo. Las infraestructuras permiten a los emprendedores hacer cosas asombrosas.

Esas colonias de O'Neill serán construidas por los niños de hoy y sus hijos y sus nietos. Mi generación comenzará a crear las infraestructuras necesarias para que puedan fundarse. Vamos a construir una vía para ir al espacio, y luego ocurrirán cosas asombrosas. Después surgirá el emprendimiento: habrá emprendedores espaciales que crearán una empresa en un cuarto de una residencia universitaria. Pero hoy por hoy eso no es posible.

Así que ¿cómo vamos a construir colonias O'Neill? Nadie lo sabe. Yo tampoco. Los detalles los especificarán las futuras generaciones. Pero sí sabemos que hay ciertas puertas que hay que cruzar, que hay que cumplir ciertos prerrequisitos. Si no hacemos esto antes, nunca lo conseguiremos, y lo bueno de saber de qué cosas se trata es que puedes trabajar en ellas con plena confianza en su utilidad. Evolucione en la dirección que evolucione este proyecto de futuro, dos cosas serán esenciales. En primer lugar, debemos reducir radicalmente el coste de los sistemas de lanzamiento espacial, porque hoy en día son demasiado caros. Y en segundo lugar, tenemos que aprovechar recursos del espacio. La Tierra tiene un campo gravitacional muy potente, por lo que enviar todos nuestros recursos desde la Tierra no es una opción factible. Tenemos que poder aprovechar recursos que ya estén en el espacio.

El New Shepard —llamado así en homenaje al astronauta de la nave Mercury Alan Shepard, el primer estadounidense que viajó al espacio— es el sistema de cohetes suborbitales reutilizable de Blue Origin, diseñado para llevar astronautas y equipos de investigación más allá de la línea de Kármán, el límite reconocido internacionalmente como la frontera entre la atmósfera y el espacio exterior. El New Glenn —en homenaje a John Glenn— es una lanzadera espacial de etapa única y gran capacidad de carga, capaz de transportar personas y cargas pesadas de forma rutinaria hasta la órbita de la Tierra y más allá.

En cuanto al New Shepard, lo que me entusiasma es que vamos a utilizarlo para adquirir mucha práctica. Los vehículos que realizan más horas de vuelo suelen utilizarse un par de docenas de veces al año para transportar cargas hasta la órbita. Pero nunca llegas a ser bueno de verdad en algo si solo lo haces un par de docenas de veces al año.

Pongamos que vas a someterte a cierta operación quirúrgica. Deberías asegurarte de que el cirujano practica dicha operación por lo menos cinco veces a la semana, pues los datos confirman que una intervención es mucho más segura si tu cirujano la practica con esa frecuencia. Por eso tenemos que ir al espacio muy a menudo, de forma rutinaria. Uno de los motivos de que la aviación hoy en día sea tan segura es que tenemos mucha práctica.

Debemos llevar a cabo más misiones. Si tus cargas cuestan cientos de millones de dólares, en realidad cuestan más que el lanzamiento. Esto pone mucha presión sobre la lanzadera, ya que no puede sufrir alteraciones, tiene que ser muy estable: la fiabilidad se vuelve mucho más importante que el coste. Esto, de hecho, te lleva en la dirección equivocada: a hacer menos lanzamientos y a fabricar satélites muy caros, como sucede en numerosas ocasiones.

En Blue Origin queremos intentar ir ganando experiencia con la práctica, y para hacerlo debemos tener un vehículo reutilizable operativo. La clave está en la operatividad. Los transbordadores espaciales solo eran reutilizables en un sentido muy poco alentador. En realidad, la NASA traía de vuelta el transbordador, lo inspeccionaba concienzudamente y luego volvía a mandarlo al espacio. Mejor habría sido tener un vehículo desechable. No puedes pilotar un avión 767 hasta su destino y luego radiografiarlo de arriba abajo, desmontarlo y pretender que los costes sean aceptables. Por tanto, la clave reside en lograr una capacidad de reutilización parecida a la de los aviones, frente a la de los transbordadores espaciales. Nuestro objetivo es reducir los costes apostando por la reutilización y averiguar cómo propiciar un verdadero emprendimiento dinámico en el sector espacial.

Estoy enormemente orgulloso de los impresionantes progresos que el equipo de Blue Origin ha logrado con el New Shepard en el ámbito de los vehículos de lanzamiento reutilizables. Hemos llevado a cabo once aterrizajes consecutivos. Hemos usado dos propulsores: uno ha volado cinco veces consecutivas y el otro seis. Y eso sin que se hicieran apenas retoques entre vuelos. Así es como se reducen los costes de lanzamiento, teniendo vehículos reutilizables. Porque hasta ahora se lanzaban vehículos una vez para luego desecharlos. Y, por otro lado, tampoco son factibles esas falsas reutilizaciones, en las que, tras traer el vehículo de vuelta, tienes que realizar numerosos retoques, lo cual también resulta muy caro. En definitiva, es extraordinariamente emocionante pensar que pronto vamos a transportar humanos en el New Shepard.

Cuando construimos el New Shepard, un vehículo suborbital diseñado para el turismo espacial, tomamos algunas decisiones tecnológicas muy curiosas. En primer lugar, está propulsado con hidrógeno líquido, el combustible para cohetes con mayor rendimiento, aunque también aquel con el que es más difícil trabajar. Para misiones suborbitales como las que hemos hecho no sería necesario, pero lo escogimos porque sabíamos que íbamos a necesitarlo en la siguiente fase. Queríamos practicar con el propelente más difícil de usar y a la vez más eficiente. Tomamos la misma decisión con respecto al aterrizaje vertical del New Shepard, a pesar de que, para la escala con la que trabajábamos entonces, otros mecanismos de aterrizaje habrían bastado. La gran ventaja del aterrizaje vertical es que funciona muy bien al aumentar la escala. Parece muy contradictorio, pero cuanto mayor es el vehículo, más fácil es este tipo de aterrizaje. Para entendernos, es como sostener una escoba apoyándola en la yema de un dedo. Con una escoba se puede, pero probadlo con un lápiz. El momento de inercia del lápiz es demasiado pequeño. Desde el principio nuestro objetivo fue construir un sistema apto para transportar humanos, de modo que nos viéramos forzados a tener en cuenta la seguridad y la fiabilidad y a idear sistemas de emergencia: todas las cosas que sabíamos que tendríamos que haber practicado para construir nuestro vehículo de siguiente generación. Porque es que todo depende de la práctica.

El New Glenn es el hermano mayor del New Shepard, con un tamaño suficiente para que este último quepa en su bodega de carga. Es un vehículo muy grande, con un poco más de 17 millones de newtons de empuje. De vez en cuando me hacen una pregunta muy interesante: «Jeff, ¿qué va a cambiar durante los próximos diez años?». Y a mí me encanta jugar con la respuesta, porque da para una agradable sobremesa. Sin embargo, hay una cuestión aún más importante que casi nunca me preguntan: «¿Qué no habrá cambiado en los próximos diez años?». La gran importancia de esta pregunta estriba en que puedes diseñar tus planes a partir de la respuesta. Así pues, sé con toda seguridad que los clientes de Amazon van a seguir queriendo precios bajos dentro de diez años. Esto no va a cambiar. Y van a seguir queriendo disfrutar de envíos rápidos y de una gran oferta de productos. Así que todas las energías que hemos dedicado en estos ámbitos seguirán reportando dividendos. Es imposible imaginar que un cliente, dentro de diez años, venga a decirme: «Jeff, me encanta Amazon, pero ojalá el envío de los paquetes fuera un poco más lento» u «Ojalá los precios fueran un poco más caros». Eso no va a ocurrir. Si puedes determinar qué elementos se mantendrán bajo casi cualquier circunstancia, entonces puedes dedicarles tus energías.

En este sentido, con respecto al New Glenn, sabemos cuáles son esos elementos: el coste, la fiabilidad y la puntualidad de los lanzamientos. Cada uno de ellos necesita mejorarse antes de que podamos pasar a la siguiente fase —salir de verdad al sistema solar— y sé que seguirán siendo importantes a lo largo del tiempo. Dentro de diez años nadie me dirá: «Jeff, ojalá el cohete fallara un poco más a menudo» u «Ojalá fuera más caro u ojalá os demorarais en las fechas de lanzamiento». De hecho, la disponibilidad y la puntualidad de los lanzamientos son problemas verdaderamente relevantes que la mayor parte de la gente que no está directamente relacionada con el sector espacial infravalora. Los retrasos complican el proceso y cuestan mucho dinero a los clientes de la carga. Así que estos elementos no van a cambiar, por lo que vamos a dedicarles muchas energías. Todo el vehículo está diseñado en torno a estos tres elementos.

La capacidad de reutilización es absolutamente crucial para reducir de manera drástica los costes de lanzamiento. La gente a veces se pregunta por el coste del combustible y si este es un problema; sin embargo, en realidad, el gas natural licuado es muy barato. Pese a que hay varias toneladas de propelente en el New Glenn, su coste es de menos de un millón de dólares: una cantidad insignificante en comparación con otros elementos del proyecto. La necesidad de desechar maquinaria es la razón de que, hoy en día, poner algo en órbita sea tan caro. Es como ir con tu coche al centro comercial y luego tirarlo tras un solo viaje. De ser así, los viajes al centro comercial resultarían carísimos.

La segunda puerta que tenemos que cruzar tiene que ver con el aprovechamiento de los recursos disponibles en el espacio. Hay que usarlos, y en ese aspecto tenemos un regalo: ese cuerpo cercano llamado Luna. Ahora sabemos muchas cosas acerca de nuestro satélite que no sabíamos en los tiempos del Apolo o siquiera hace veinte años. Una de las cosas más importantes que sabemos es que en la Luna hay agua —un recurso extremadamente valioso— en forma de hielo. Se encuentra en los cráteres de sombra permanente que hay en los polos de nuestro satélite. Mediante un proceso de electrólisis podemos descomponer el agua en hidrógeno y oxígeno para disponer de propelentes. Otro aspecto magnífico de la Luna, otro motivo por el que es un regalo, es que está cerca, a tan solo tres días. Y no presenta los inconvenientes de Marte, como permitir lanzamientos únicamente cada veintiséis meses. A la Luna se puede ir prácticamente siempre que a uno le apetezca. Además, cuenta con algo muy importante para la construcción de grandes estructuras en el espacio: tiene seis veces menos gravedad que la Tierra, con lo cual, al extraer recursos de la Luna, puedes llevarlos al espacio a un coste muy bajo. Concretamente, para levantar un kilo en la Luna hace falta veinticuatro veces menos energía de la que se necesita en la Tierra. La ventaja es enorme.

Sin embargo, la Luna también requiere infraestructuras. Una forma de construirlas será mediante vehículos como el Blue Moon, una enorme plataforma de alunizaje de 3,6 toneladas en la que llevamos años trabajando y que permitirá efectuar alunizajes controlados con gran precisión. Su módulo de aterrizaje lunar autónomo podrá depositar cargas de hasta 6,5 toneladas en la superficie lunar. La cubierta está diseñada con la máxima simplicidad, de modo que se puedan colocar en ella todo tipo de cargas y asegurarlas en su parte superior. Con su sistema de pescantes, inspirado en los sistemas navales, los bultos se sacan por la cubierta y se descargan sobre la superficie lunar. Además, los pescantes pueden adaptarse a los distintos tipos de carga.

Jeff Bezos en la presentación de la plataforma de alunizaje Blue Moon el 9 de mayo de 2019 (© Blue Origin).

Queda mucha investigación científica por hacer en la Luna, sobre todo en los polos, y Blue Origin ha creado un Consejo Científico Asesor para garantizar que dicha investigación se haga bien y proporcione resultados satisfactorios. Además, ya contamos con clientes para el Blue Moon, que quieren llevar a cabo misiones científicas en la Luna. La gente está entusiasmada con la posibilidad de desembarcar material, *rovers* y equipos científicos sobre la superficie lunar de forma controlada y precisa. Actualmente no existe tal capacidad.

El vicepresidente de los Estados Unidos, Mike Pence, dijo que la administración de Donald Trump está firmemente decidida a volver a llevar astronautas estadounidenses a la Luna en los próximos cinco años. A mí esta idea me encanta. Es lo que hay que hacer. (Ah, y para los que estáis haciendo los cálculos en casa, esto sería en 2024.) Nosotros, por nuestra parte, podemos contribuir a hacer posible este plazo. Es hora de volver a la Luna, esta vez para quedarse.

Debemos lograr que nuestros nietos y sus nietos tengan un futuro dinámico. No podemos dejar que caigan víctimas del estancamiento y el racionamiento. Así que el cometido de esta generación es crear esa vía hacia el espacio para que las generaciones futuras puedan dar rienda suelta a su creatividad. Cuando esto sea posible, es decir, cuando existan las infraestructuras para los futuros emprendedores espaciales —al igual que yo las tuve a mi disposición en 1994 al crear Amazon—, veréis que suceden cosas asombrosas, y deprisa. Os lo garantizo. La gente es muy creativa una vez que se le da rienda suelta. Si esta generación construye la vía hacia el espacio, si levanta esas infraestructuras, podremos ver cómo miles de futuros emprendedores articulan una auténtica industria espacial, y yo quiero que vean en mí un modelo inspirador. Este proyecto parece muy grande, y sin duda lo es. Nada de todo eso es sencillo, al contrario; pero yo quiero animaros. Así que recordad esto: lo grande empieza siendo pequeño.

En los Estados Unidos conservamos el espíritu del primer día

Gracias, señor presidente Cicilline, señor Sensenbrenner y demás miembros de esta subcomisión. Mi nombre es Jeff Bezos. Creé Amazon hace veintiséis años con la misión a largo plazo de convertir aquel proyecto en la empresa con mayor vocación de servicio al cliente del mundo.

Mi madre, Jackie, me tuvo a los diecisiete años, cuando estudiaba en el instituto en Albuquerque, en Nuevo México. Estar embarazada durante la secundaria no era algo bien visto en Albuquerque en 1964. Aquella situación fue difícil para ella. Cuando intentaron expulsarla del colegio, mi abuelo fue a pelear por ella. Después de negociar un poco, el director dijo: «De acuerdo, puede quedarse y terminar la secundaria, pero no podrá participar en las actividades extracurriculares y no podrá disponer de taquilla». Mi abuelo aceptó el trato, y así mi madre pudo terminar el instituto, aunque no le permitieron subir al escenario con sus compañeros de promoción a recoger el diploma. Decidida a continuar formándose, siguió estudiando en modalidad nocturna y eligiendo los cursos cuyos profesores dejaban que llevara a su bebé a clase. Ella se presentaba en el aula con dos bolsas: una llena de libros y otra atestada de pañales, biberones y cualquier cosa que me tuviera entretenido y callado durante unos minutos.

Mi padre se llama Miguel. Me adoptó cuando yo tenía cuatro años. Él tenía dieciséis cuando llegó a los Estados Unidos procedente de Cuba en el marco de la Operación Peter Pan, poco después de que Castro tomara el poder. Mi padre llegó a los Estados Unidos solo. Sus padres creían que aquí iba a estar más seguro. Como su madre pensaba que en los Estados Unidos haría frío, le hizo una chaqueta cosiendo trapos de limpieza, el único material de que disponían. Todavía tenemos esa chaqueta: está colgada en el salón de la casa de mis padres. Mi padre pasó dos semanas en Camp Matecumbe, un centro de refugiados en Florida, pero posteriormente lo trasladaron a una misión católica en Wilmington (Delaware). Tuvo suerte de ir a parar a aquella misión, pero, aun así, como no hablaba inglés, no tuvo un camino fácil. Lo que sí tenía era mucho coraje y determinación. Más adelante le otorgaron una beca para ir a la Universidad en Albuquerque, donde conoció a mi madre. En la vida se nos conceden distintos dones, y uno de mis mayores dones han sido mi madre y mi padre. Ellos han sido unos maravillosos modelos a seguir para mí y para mis hermanos durante toda la vida.

De los abuelos uno aprende cosas distintas de las que aprende con los padres, y yo tuve la oportunidad de pasar los veranos desde los cuatro a los dieciséis años en el rancho de mis abuelos en Texas. Mi abuelo era funcionario y ganadero —trabajó en temas relacionados con la tecnología espacial y con los sistemas de defensa antimisiles en los años cincuenta y sesenta para la Comisión de la Energía Atómica—, y era una persona autosuficiente que sabía espabilarse. Cuando estás en medio de la nada, no coges el teléfono y llamas a alguien si algo se estropea. Lo arreglas tú mismo. De niño, pude ver a mi abuelo resolver por sí solo muchos problemas aparentemente irresolubles, ya fuera reparar un desvencijado tractor Caterpillar o hacer de veterinario. Él me enseñó que puedes enfrentarte a problemas difíciles. Cuando sufres un contratiempo, hay que levantarse e intentarlo de nuevo. Tú solo puedes buscarte la vida para estar mejor.

De adolescente, me tomé las lecciones de mi abuelo muy en serio y me convertí en un inventor de garaje. Inventé un cierre automático para puertas hecho con neumáticos rellenos de cemento, una cocina solar hecha con un paraguas y papel de aluminio, y alarmas hechas con moldes de horno para atrapar a mis hermanos.

El proyecto de crear Amazon se me ocurrió en 1994. Me entusiasmaba la idea de montar una librería online con millones de títulos: algo que en el mundo físico era, sencillamente, imposible. En ese momento yo trabajaba en una empresa de inversión en Nueva York. Cuando le conté a mi jefe que iba a dejar el trabajo, él me invitó a dar un paseo por Central Park. Tras escucharme con atención, me dijo: «Jeff, creo que es una buena idea, pero sería aún mejor para alguien que no tuviera ya un buen trabajo». Entonces me convenció para que me lo pensara un par de días antes de tomar una decisión definitiva. Aquella decisión la tomé con el corazón y no con la cabeza. Cuando tenga ochenta años y reflexione sobre mi vida, quiero arrepentirme del menor número de cosas posible, y la mayor parte del arrepentimiento suele provenir de lo que no hemos intentado, de caminos que no hemos explorado. Esas son las cosas que nos persiguen obsesivamente. Así que decidí que por lo menos debía intentarlo, porque, si no, iba a arrepentirme de no haber probado suerte en eso que llamaban Internet, que me parecía que iba a ser algo grande.

El capital inicial de Amazon.com salió principalmente de mis padres, que invirtieron una gran parte de sus ahorros en algo que no entendían. No apostaron por Amazon o por el concepto de una librería que vende por Internet. Apostaron por su hijo. Yo les dije que, según mis cálculos, había un 70 % de probabilidades de que perdieran la inversión y, a pesar de todo, no se echaron atrás. Hicieron falta más de cincuenta reuniones para recaudar un millón de dólares de inversores; unas reuniones en las que la pregunta más habitual fue: «¿Qué es Internet?».

A diferencia de muchos otros países del mundo, esta gran nación en la que vivimos apoya y no estigmatiza a los emprendedores que asumen riesgos. Yo dejé un trabajo fijo para meterme en un garaje de Seattle y crear mi *start-up* sabiendo perfectamente que podía no salir bien. Parece que fuera ayer cuando yo mismo llevaba los paquetes a correos soñando con que algún día pudiéramos permitirnos comprar una carretilla.

El éxito de Amazon no estaba predeterminado en absoluto. Invertir en Amazon en sus primeras etapas era una apuesta muy arriesgada. Desde la creación de la empresa hasta finales de 2001, nuestro negocio acumuló pérdidas por valor de casi 3.000 millones de dólares, y no tuvimos un trimestre rentable hasta el cuarto trimestre de ese año. Algunos destacados analistas predijeron que Barnes & Noble se nos llevaría por delante, y nos colgaron la etiqueta de Amazon.toast. En 1999, tras casi cinco años en funcionamiento, el semanario *Barron's* tituló una noticia sobre nuestra inminente ruina «Amazon.bomb». Mi carta anual a los accionistas del año 2000 empezaba con una interjección: «Ouch». En el apogeo de la burbuja de Internet, el precio de nuestras acciones alcanzó un máximo de ciento dieciséis dólares, pero después de que la burbuja estallase las acciones se desplomaron a seis dólares. Los expertos pensaban que Amazon se iba al garete. Hizo falta mucha gente inteligente con voluntad de asumir riesgos a mi lado y de mantenerse fiel a nuestras convicciones para que Amazon sobreviviera y finalmente alcanzara el éxito.

Y esto no fue solo en aquellos primeros años. Además de tener buena suerte y un capital humano magnífico, solo hemos sido capaces de triunfar como empresa porque no hemos dejado de asumir riesgos. Para inventar tienes que experimentar, pero si ya sabes de antemano que algo va a funcionar, entonces no es un experimento. Obtener rendimientos impresionantes es fruto de apostar en contra del sentido común, el problema es que el sentido común suele acertar. Muchos observadores caracterizaron Amazon Web Services como una distracción arriesgada cuando lo pusimos en marcha. «¿Qué tiene que ver ofrecer servicios de computación y almacenamiento con vender libros?», se preguntaban. Nadie se interesó por lo que era AWS. Pues resultó que el mundo estaba preparado y anhelaba computación en la nube, si bien aún no lo sabía. En el caso de AWS acertamos, pero la verdad es que también hemos asumido muchos riesgos que no han salido bien. De hecho, Amazon ha perdido miles de millones de dólares en proyectos fracasados. Fracasar va de la mano con crear y asumir riesgos, motivo por el cual intentamos que Amazon sea el mejor lugar del mundo para fracasar.

Desde el principio, en Amazon nos hemos esforzado por conservar la mentalidad que teníamos el primer día. Con ello me refiero a abordar todo lo que hacemos con la energía y el espíritu emprendedor del primer día. Aunque Amazon es una empresa grande, yo siempre he creído que, si nos comprometemos a mantener esa mentalidad como parte esencial de nuestro ADN, podemos compaginar el alcance y las capacidades de una gran empresa con el espíritu y el corazón de una pequeña.

En mi opinión, centrarse plenamente en servir al cliente es, de lejos, la mejor manera de conseguir y mantener esa vitalidad que se tiene el primer día. ¿Por qué? Pues porque los clientes siempre están hermosa y maravillosamente insatisfechos, incluso cuando afirman que están satisfechos y que la empresa es fantástica. Incluso cuando todavía no lo saben, los clientes quieren algo mejor: es por ello por lo que el deseo constante de complacer a los clientes nos alienta a crear constantemente en su nombre. En consecuencia, centrándonos plenamente en los clientes, nos sentimos internamente empujados a mejorar nuestros servicios, a añadirles beneficios y funciones, a inventar nuevos productos, a bajar los precios y a reducir los plazos de entrega; todo ello, antes de vernos obligados a hacerlo. Nunca los clientes le han pedido a Amazon que creara un programa Prime, pero desde luego resulta que lo querían. Y les podría poner muchos ejemplos similares. No todas las empresas adoptan este enfoque centrado ante todo en servir al cliente, pero nosotros sí; y es nuestro principal punto fuerte.

La confianza de los clientes es algo difícil de conseguir y fácil de perder. Cuando dejas que los clientes conviertan tu negocio en lo que es, ellos se mantienen leales a la empresa; ahora bien, solo hasta el momento en que alguien les ofrece un servicio mejor. Sabemos que los clientes son perspicaces e inteligentes. Asumimos como dogma de fe que, cuando nos esforzamos por hacer lo correcto, los clientes se dan cuenta, y, actuando así una y otra vez, nos ganamos su confianza. La confianza te la ganas poco a poco, con el tiempo, haciendo bien cosas difíciles: entregando los paquetes con puntualidad; ofreciendo constantemente precios bajos; haciendo promesas y cumpliéndolas; tomando decisiones basadas en unos principios, aunque sean impopulares; e inventando formas más cómodas de comprar, leer y automatizar el funcionamiento del hogar para permitir que los clientes pasen más tiempo con sus familias. Como llevo diciendo desde mi primera carta a los accionistas de 1997, en Amazon tomamos decisiones a partir del valor a largo plazo que creamos mientras inventamos cosas nuevas para satisfacer las necesidades del cliente. Cuando se nos critica por nuestras elecciones, nosotros escuchamos y nos miramos en el espejo. Cuando pensamos que quienes nos critican tienen razón, cambiamos. Y cuando cometemos errores, nos disculpamos. Pero cuando uno se mira en el espejo, sopesa las críticas y, a pesar de todo, cree que está haciendo lo correcto, absolutamente nada debería poder desviarle de su camino.

Afortunadamente, nuestro enfoque está funcionando. Un 80 % de los estadounidenses tienen una impresión favorable de Amazon en su conjunto, según destacados estudios independientes. Según un sondeo de Morning Consult realizado en enero de 2020, cuando se pregunta a los estadounidenses en quién confían en que «hace lo correcto», Amazon aparece entre los primeros lugares, solo superado por sus médicos de confianza y el ejército. Unos investigadores de las universidades de Georgetown y Nueva York hallaron en 2018 que Amazon se situaba únicamente por detrás del ejército al encuestar a un grupo de individuos sobre su confianza en instituciones y empresas. En el caso de los votantes republicanos, solo estábamos por detrás del ejército y de la policía local; en cuanto al votante demócrata, estábamos en cabeza, por delante de todos los poderes públicos, las universidades y la prensa. En el ranking del año 2020 de la revista *Fortune* sobre las empresas más admiradas del mundo, obtuvimos el segundo puesto (el primero fue para Apple). Estamos agradecidos de que los clientes se den cuenta del esfuerzo que llevamos a cabo en su beneficio y de que nos recompensen con su confianza. Trabajar para ganarnos esa confianza y conservarla es el motor más importante de la cultura que tenemos en Amazon, donde siempre actuamos como si fuera el primer día.

La empresa que la mayoría de ustedes conocen como Amazon es aquella que les envía pedidos que han solicitado por Internet en cajas marrones que llevan una sonrisa dibujada. Así es como empezamos, y el comercio minorista sigue representando, con diferencia, la mayor parte de nuestro negocio, con más del 80 % de nuestros ingresos totales. La esencia de este negocio es hacer llegar productos a los clientes. Estas operaciones tienen que estar cerca de los clientes, por lo cual no podemos externalizar los puestos de trabajo necesarios en China o en otra parte. Para cumplir con las promesas hechas a los clientes de este país, necesitamos trabajadores estadounidenses para hacer llegar productos a los clientes estadounidenses. Así pues, cuando los clientes compran en Amazon, están ayudando a crear puestos de trabajo en sus comunidades locales. Por consiguiente, Amazon da trabajo directamente a un millón de personas, muchas de ellas en puestos no especializados y pagados por horas. No solo damos trabajo a informáticos con mucha formación y a gente con másteres en Administración de Empresas en Seattle y en Silicon Valley. Contratamos y formamos a cientos de miles de personas en estados de todo el país, como Virginia Occidental, Tennessee, Kansas o Idaho. Esos empleados son mozos de almacén, mecánicos y encargados de planta. Para muchos, ese es su primer trabajo; para otros, esos trabajos son un trampolín antes de iniciar otras carreras profesionales, y estamos orgullosos de ayudarlos en eso. Destinamos más de 700 millones de dólares para dar acceso a más de cien mil empleados de Amazon a programas de formación en ámbitos como la salud, el transporte, el aprendizaje automático o la computación en la nube. Este programa se llama Career Choice y consiste en que Amazon sufraga el 95 % de los costes de matrícula para que el beneficiario obtenga un certificado o diploma en ámbitos con demanda elevada y salarios altos, independientemente de que esto sea relevante para su recorrido profesional en Amazon.

Patricia Soto, una de nuestras compañeras, es un ejemplo de las historias de éxito del programa Career Choice. Patricia siempre había querido dedicarse al ámbito sanitario para contribuir al cuidado de los demás, pero, al disponer solamente de estudios secundarios y debido a los costes de la enseñanza universitaria, no estaba segura de poder alcanzar su objetivo. Tras obtener un certificado de estudios sanitarios a través de Career Choice, Patricia dejó su trabajo en Amazon para empezar una nueva aventura profesional como auxiliar de enfermería en la Sutter Gould Medical Foundation, donde trabaja como asistente de un neumólogo. Career Choice ha dado a Patricia y a muchas otras personas la oportunidad de iniciar una segunda carrera profesional que les parecía fuera de su alcance.

Amazon ha invertido más de 270.000 millones de dólares en los Estados Unidos a lo largo de la última década. Aparte de nuestra propia plantilla, las inversiones de Amazon han creado casi 700.000 puestos de trabajo indirectos en sectores como el de la construcción y la hostelería. Nuestras contrataciones e inversiones han generado trabajos muy necesarios y han aportado cientos de millones de dólares de actividad económica en zonas como Fall River (Massachusetts), el área conocida como Inland Empire, en California, y en estados del denominado Rust Belt, como Ohio. Durante la crisis de la COVID-19, hemos contratado 175.000 trabajadores adicionales, entre los cuales se incluyen muchas personas que fueron despedidas de otros trabajos durante el parón de la economía. Hemos destinado más de 4.000 millones de dólares solamente en el segundo trimestre para hacer llegar productos esenciales a los clientes y para preservar la salud de nuestros empleados durante la crisis del coronavirus. Y un equipo especializado formado por trabajadores de todos los departamentos de la compañía ha creado un programa para realizar pruebas de la COVID-19 regularmente a los empleados. Esperamos poder compartir con otras empresas e instituciones públicas que estén interesadas lo que hemos aprendido.

El mercado minorista mundial en el que competimos es tremendamente grande y extraordinariamente competitivo. Amazon representa menos de un 1 % de los veinticinco billones de dólares del mercado minorista mundial y menos de un 4 % de las ventas minoristas en los Estados Unidos. A diferencia de sectores en que el ganador se lo lleva todo, en el comercio minorista hay margen para que haya muchos ganadores. Por ejemplo, más de ochenta empresas de venta minorista de los Estados Unidos obtienen más de 1.000 millones de dólares en ingresos anuales. Al igual que cualquier otra empresa minorista, nosotros sabemos que el éxito de nuestra tienda depende por completo de la satisfacción de los clientes con su experiencia al comprar en Amazon. Día tras día, Amazon compite con actores importantes y consolidados como Target, Costco, Kroger y, por supuesto, Walmart, una compañía el doble de grande que Amazon. Y pese a que nosotros siempre nos hemos centrado en ofrecer a los clientes una gran experiencia de compra por Internet, ahora las ventas online representan un área de crecimiento aún mayor para otras empresas. Las ventas por Internet de Walmart aumentaron un 74 % en el primer trimestre de este año. Y los clientes acuden cada vez más a servicios creados por otras marcas que Amazon aún no puede igualar, pues no dispone de las dimensiones de otras grandes compañías, como la recogida o la devolución de productos en la misma tienda. La pandemia de la COVID-19 ha puesto el foco en estas tendencias, que llevan años creciendo. En los últimos meses, la recogida en tienda de pedidos online se ha incrementado más de un 200 %, en parte debido a la preocupación por el virus. También nos enfrentamos a una nueva competencia por parte de empresas como Shopify e Instacart —compañías que permiten a los comercios físicos tradicionales crear una tienda online casi al instante y repartir productos directamente a los clientes de maneras nuevas e innovadoras— y a una creciente lista de modelos de negocio omnicanal. Como en casi cualquier otro sector de nuestra economía, en el comercio minorista la tecnología se utiliza en todas partes, lo cual no hace más que aportar competitividad al sector, ya sea online, en las tiendas físicas o en las distintas combinaciones de ambos aspectos que constituyen la mayoría de los negocios hoy en día. Y nosotros y todas las demás empresas de comercio minorista somos plenamente conscientes de que, independientemente de cómo se combinen las mejores funciones de las tiendas «online» y «físicas», todos competimos por los mismos clientes y damos servicio a los mismos clientes. El abanico de competidores minoristas y de servicios relacionados cambia constantemente, y la única constante en la venta minorista es que los clientes quieren precios bajos, un mejor surtido de productos y una compra cómoda.

También es importante entender que el éxito de Amazon depende mayoritariamente del éxito de las miles de pequeñas y medianas empresas que venden sus productos, entre otros sitios, en las tiendas Amazon. En 1999 tomamos la decisión —en aquel entonces, una apuesta sin precedentes— de acoger en nuestras tiendas a vendedores ajenos a Amazon y permitirles que ofertaran sus productos junto a los nuestros. Internamente, aquello fue extremadamente controvertido. Muchos empleados no estaban de acuerdo y predijeron que aquello sería el principio de una larga batalla que acabaríamos perdiendo. No teníamos por qué invitar a terceros a venir a nuestro negocio. Podíamos haber reservado nuestro valioso coto para nosotros mismos, pero nos comprometimos con la idea de que, a largo plazo, aquello incrementaría la oferta disponible para los clientes, y que tener clientes más satisfechos sería fantástico tanto para las empresas externas como para Amazon. Y eso es lo que ocurrió: un año después de haber dado entrada a aquellos vendedores, las ventas de terceros representaban un 5 % del total, con lo cual quedó claro enseguida que a los clientes les encantaba la comodidad de poder comprar los mejores productos y consultar los precios de distintos vendedores en la misma tienda virtual. Esas empresas pequeñas y medianas ahora hacen aumentar significativamente la oferta de productos de las tiendas de Amazon muy por encima de nuestras propias operaciones de venta minorista. Hoy por hoy, las ventas de terceros representan aproximadamente un 60 % de las ventas de productos físicos en Amazon, y estas ventas aumentan más rápido que las propias ventas minoristas de Amazon. Intuimos que aquello no iba a ser un juego de suma cero y acertamos: creció todo el pastel. En definitiva, los vendedores externos lo han hecho bien y están creciendo a un ritmo rápido, lo cual ha sido magnífico para los clientes y para Amazon.

Ahora hay 1,7 millones de empresas pequeñas y medianas en el mundo que venden a través de las tiendas virtuales de Amazon. En 2019 más de doscientos mil emprendedores de todo el mundo superaron los cien mil dólares de facturación en nuestros portales de venta. Además, calculamos que las empresas externas que venden sus productos en nuestras tiendas virtuales han creado más de 2,2 millones de nuevos puestos de trabajo en todo el mundo.

Uno de estos emprendedores es Sherri Yukel, que quería reorientar su carrera profesional para pasar más tiempo en casa con sus hijos. Sherri empezó a confeccionar regalos y material para fiestas de forma artesanal para sus amigos a modo de pasatiempo, pero terminó apostando por vender sus productos en Amazon. Hoy por hoy, la empresa de Sherri emplea casi a ochenta personas y tiene clientes en todo el mundo. Otro caso es el de Christine Krogue, un ama de casa de Salt Lake City con cinco hijos. Christine montó un negocio de venta de ropa de bebé a través de su propia web, pero luego probó suerte con Amazon. Desde entonces ha visto cómo sus ventas se doblaban y ha podido ampliar su gama de productos y contratar un equipo de trabajadores a media jornada. Vender en Amazon ha permitido a Sherri y Christine hacer crecer sus propios negocios y satisfacer a los clientes a su manera.

Y, sin embargo, es asombroso recordar lo reciente que es todo eso. No empezamos siendo el mercado virtual de mayor tamaño: eBay era mucho más grande. No fue sino centrándonos en apoyar a los vendedores y dándoles las mejores herramientas posibles como fuimos capaces de triunfar y finalmente superar a eBay. Una de esas herramientas es Fulfillment by Amazon, que permite a nuestros vendedores externos almacenar su inventario en nuestros centros de distribución, al tiempo que nos encargamos de toda la logística, el servicio al cliente y las devoluciones de productos. Simplificando drásticamente todos esos aspectos complejos de la experiencia de venta por un precio asequible, hemos ayudado a muchos miles de comerciantes a ampliar su negocio. Nuestro éxito permite explicar en parte la gran proliferación de mercados virtuales de toda clase y dimensiones en el mundo. Esto incluye a empresas estadounidenses como Walmart, eBay, Etsy y Target, pero también a empresas minoristas de otros países que operan a escala internacional, como Alibaba o Rakuten. Estos portales de venta online intensifican más aún la competencia en nuestro sector.

La confianza que día tras día depositan en nosotros los clientes ha hecho posible que durante los últimos diez años Amazon haya creado más puestos de trabajo en los Estados Unidos que cualquier otra empresa: cientos de miles de trabajos en cuarenta y dos estados. Los empleados de Amazon perciben un sueldo mínimo de quince dólares la hora, más del doble que el salario mínimo federal (hemos instado al Congreso a que lo aumente). Hemos retado a otras grandes compañías de comercio minorista a que igualen este sueldo mínimo de quince dólares. Target lo ha hecho recientemente, y justo la semana pasada Best Buy se sumó a la propuesta. Les damos la bienvenida, pero hasta la fecha siguen siendo las únicas empresas que han dado ese paso. Por otro lado, tampoco es que escatimemos los beneficios. Nuestros empleados que trabajan por horas a jornada completa obtienen los mismos beneficios que los asalariados que trabajan en nuestras sedes; beneficios entre los que se incluyen un seguro médico que empieza el primer día en que se trabaja, un plan de jubilación conforme a la legislación estadounidense 401(k) y un permiso de maternidad que incluye veinte semanas de baja retribuida. Los animo a comparar nuestros salarios y prestaciones con los de cualquiera de los competidores de nuestro sector.

Más de un 80 % de las acciones de Amazon está en manos de personas ajenas a la compañía, y durante los últimos veintiséis años —empezando desde cero— hemos creado más de un billón de dólares de riqueza para estos accionistas externos. ¿Quiénes son estos accionistas? Pues son fondos de pensiones: de bomberos, de policías y de maestros. Otros son fondos mutualistas vinculados a la legislación 401(k) que son propietarios de parte de Amazon. También hay fondos de dotaciones universitarias, y la lista sigue. Muchas personas tendrán una mejor jubilación gracias a la riqueza que hemos creado para tanta gente, de lo cual estamos inmensamente orgullosos.

En Amazon, la obsesión por servir al cliente nos ha hecho llegar a ser lo que somos y nos ha permitido encarar proyectos cada vez de mayor envergadura. Sé lo que Amazon podía hacer cuando éramos diez personas; sé lo que podía hacer cuando éramos mil; sé lo que podíamos hacer cuando éramos diez mil; y sé lo que podemos hacer hoy, cuando somos casi un millón. Me entusiasman los emprendedores de garaje; de hecho, yo también lo fui. Pero, al igual que el mundo necesita empresas pequeñas, también necesita empresas grandes. Hay cosas que las empresas pequeñas simplemente no pueden hacer. Por muy bueno que sea un emprendedor, no va a construir un Boeing 787 de fibra de carbono en su garaje.

Nuestro tamaño como empresa nos permite incidir significativamente en cuestiones sociales importantes. El manifiesto Climate Pledge es un compromiso que ha asumido Amazon y al que se han sumado otras empresas con el fin de alcanzar los objetivos de los Acuerdos de París diez años antes de lo previsto y reducir las emisiones de carbono a cero antes de 2040. Tenemos previsto cumplir el compromiso, entre otras cosas, por medio de la adquisición de 100.000 furgonetas eléctricas a Rivian, un fabricante de vehículos eléctricos con sede en Michigan. Amazon se ha marcado como objetivo tener 10.000 furgonetas eléctricas Rivian en circulación para 2022 y 100.000 para 2030. En conjunto, Amazon opera 91 proyectos de energía solar y eólica que tienen capacidad para generar más de 2.900 megavatios y distribuir más de 7,6 millones de megavatios-hora de energía al año: una cantidad suficiente para dar servicio a 680.000 hogares estadounidenses. Asimismo, Amazon está invirtiendo 100 millones de dólares en proyectos de reforestación a nivel internacional mediante el fondo Right Now Climate, que incluye los 10 millones que este mes de abril Amazon destinó a la conservación, recuperación y apoyo a la silvicultura sostenible, a la fauna y la flora y a las soluciones basadas en la naturaleza en la cordillera de los Apalaches mediante la financiación de dos proyectos innovadores en colaboración con Nature Conservancy. Cuatro compañías multinacionales —Verizon, Reckitt Benckiser, Infosys y Oak View Group— han suscrito recientemente el Climate Pledge, y seguimos animando a las demás empresas a que se nos unan en esta lucha. Juntos aprovecharemos nuestras dimensiones para abordar la crisis climática de inmediato. Además, el mes pasado Amazon creó el fondo Climate Pledge Fund, con una cantidad inicial de 2.000 millones de dólares de financiación procedente de la empresa. Este fondo financiará el desarrollo de tecnologías y servicios sostenibles, que a su vez permitirán a Amazon y a otras empresas cumplir con los objetivos del Climate Pledge. El fondo invertirá en emprendedores e innovadores visionarios que están concibiendo productos y servicios para ayudar a las compañías a reducir su huella de carbono y operar de una forma más sostenible.

Recientemente inauguramos el mayor centro de acogida para personas sin techo del estado de Washington, situado dentro de una de nuestras nuevas sedes en pleno centro de Seattle. El sitio de acogida ha sido construido para Mary's Place, una extraordinaria organización sin ánimo de lucro de Seattle. El centro, abierto gracias a los cien millones de dólares que Amazon ha donado a Mary's Place, consta de ocho plantas y puede acoger hasta doscientas personas cada noche. Tiene su propia clínica y ofrece herramientas y servicios esenciales para ayudar a las familias que no disponen de un techo a recuperarse económicamente. Además, cuenta con un espacio en el que Amazon ofrece talleres semanales gratuitos sobre cuestiones legales, donde se proporciona asesoramiento sobre problemas crediticios y de endeudamiento, daños personales, vivienda y derechos de arrendamiento. Desde 2018, el equipo jurídico de Amazon ha prestado ayuda a cientos de huéspedes de Mary's Place y ha dedicado un total de más de mil horas de voluntariado.

Amazon Future Engineer es un programa internacional que abarca desde la infancia hasta la entrada en el mundo laboral. Está diseñado para inspirar, formar y preparar a miles de niños y jóvenes de comunidades infrarrepresentadas y desatendidas con el objetivo de que acaben trabajando en el mundo de la informática. El programa financia trabajos académicos sobre informática, formación para profesores de cientos de escuelas primarias y cursos introductorios y avanzados de ciencias de la computación en más de dos mil escuelas de comunidades necesitadas de todo el país; además, aporta una dotación económica en forma de cien becas universitarias de cuatro años, por valor de cuarenta mil dólares cada una, para estudiantes de Ingeniería Informática de entornos con bajos ingresos. Los beneficiarios de dichas becas también tendrán garantizado un periodo de prácticas en Amazon. En el mundo tecnológico existe un problema de falta de diversidad, lo cual afecta en una proporción desmesurada a la comunidad negra. Nosotros queremos invertir para forjar la próxima generación de talento técnico de este sector y para ampliar las oportunidades de las minorías infrarrepresentadas. También queremos acelerar este cambio desde ahora mismo. Con el objetivo de encontrar el mejor talento para cubrir puestos de trabajo técnicos y no técnicos, estamos colaborando activamente con universidades tradicionalmente de mayoría negra para la contratación, la concesión de prácticas y la implantación de iniciativas enfocadas a la mejora de la capacitación profesional.

Déjenme terminar diciendo que creo que Amazon debería ser observado con lupa. Debemos someter a escrutinio todas las grandes instituciones, ya sean empresas, agencias públicas u organizaciones sin fines lucrativos. Nuestra responsabilidad como empresa es aprobar ese examen público de forma brillante.

No es casualidad que Amazon naciera en este país. Más que cualquier otro lugar del mundo, los Estados Unidos son un buen sitio para la creación, el crecimiento y el desarrollo de nuevas empresas. Nuestro país valora la capacidad de salir adelante y la autosuficiencia, y aprecia a los individuos con voluntad creadora que empiezan desde cero. Apoyamos a los emprendedores y a las empresas emergentes con la estabilidad del imperio de la ley, con el mejor sistema universitario del mundo, con la libertad del sistema democrático y con una cultura del riesgo profundamente arraigada. Desde luego, esta gran nación no es perfecta, ni mucho menos. Precisamente ahora que recordamos al congresista John Lewis y homenajeamos su legado, nos encontramos en medio de una muy necesaria reflexión sobre el racismo. También afrontamos los desafíos del cambio climático y de la desigualdad económica, y estamos atravesando a trompicones la crisis provocada por una pandemia mundial. Aun así, el resto del mundo ansiaría tomar siquiera un minúsculo sorbo del elixir del que gozamos aquí en los Estados Unidos. Los inmigrantes como mi padre son conscientes del tesoro que representa este país: ellos tienen perspectiva y a menudo pueden verlo con mayor claridad que los que tuvimos la suerte de nacer aquí. En este país conservamos el espíritu del primer día; e incluso ante los retos del presente, que nos recuerdan nuestra insignificancia, nunca me he sentido tan optimista con respecto a nuestro futuro.

Dicho lo cual, les agradezco la oportunidad de haber podido comparecer hoy ante ustedes; y ahora, con mucho gusto, quedo a su disposición para atender sus preguntas.